중국인 학습자 모어 특성에 따른
한국어교육 연구

저자 **박 덕 유** | 인하대학교 국어교육과 교수

이 혜 경 | 인하대학교 국어교육과 초빙교수

왕 정 | 중국 청도농업대학교 한국어과 교수

최 영 | 수원대학교 중어중문학과 교수

원 운 하 | 중국 루동대학교 한국어과 교수

유 경 옥 | 인하대학교 국어교육학과 박사과정 수료

고 산 | 인하대학교 국어교육학과 박사과정 수료

리 순 녀 | 중국 통화사범대학교 한국어과 교수

황 려 명 | 인하대학교 국어교육학과 박사과정 수료

중국인 학습자 모어 특성에 따른
한국어교육 연구

초 판 인 쇄	2018년 01월 12일
초 판 발 행	2018년 01월 20일

저 자	박덕유·이혜경·왕정·최영·원운하·유경옥·고산·리순녀·황려명
발 행 인	윤석현
발 행 처	도서출판 박문사
책 임 편 집	최인노
등 록 번 호	제2009-11호

우 편 주 소	서울시 도봉구 우이천로 353 성주빌딩 3층
대 표 전 화	02) 992 / 3253
전 송	02) 991 / 1285
홈 페 이 지	http://jnc.jncbms.co.kr
전 자 우 편	bakmunsa@hanmail.net

ⓒ 박덕유 외 2018 Printed in KOREA.

ISBN 979-11-87425-76-2　93700　　　　　　　　　　　　정가 17,000원

이 저서는 2016년도 인하대학교 교내연구비 지원에 의하여 발간되었음.

중국인 학습자 모어 특성에
따른 한국어교육 연구

박 덕 유 외

박문사

머리말

　21세기를 맞이하여 한국어 학습의 열기는 그 어느 때보다도 뜨겁다. 이에 각 나라별 학습자 모어 특성에 따른 한국어교육은 학습의 효율적인 측면에서 반드시 필요하다. 특히, 한국어교육의 수요자가 가장 많은 중국인 학습자를 위한 모어 특성에 따른 연구가 필요한 시점에서 본서는 크게 세 분야(문법, 교수법, 읽기와 말하기)로 나누어 집필하였다.

　우선 문법 분야로 "드라마 '도깨비'를 활용한 한국어의 구어 문법 교육 연구"에서는 중국인 고급 학습자를 대상으로 실제 의사소통 상황에서 필요한 구어 문법의 교육적 가치를 제시하고, 최근 한국에서 인기 드라마였던 '도깨비' 대사를 분석하여 구어 문법 교육을 찾아보고 이를 한국어 수업에 실제 적용할 수 있는 수업 절차에 따른 수업 방안을 마련하였다. 다음으로 "중국인 한국어 학습자 의문문 사용 양상 연구"에서는 기존 연구가 주로 의문형 종결어미와 의문사에 초점을 두어 진행되어 외국인 학습자들에게 어렵기 때문에 문장의 구성 요소를 분리해서 교육하기보다는 의문문이라는 통합체에서 교육하는 것이 효율적이므로 중국인 학습자와 한국어 모어 화자의 의문문 사용 양상을 대조 분석하고, 중국 내 대학에서 사용하고 있는 한국어 정독 교재에서 의문문 사용 양상을 분석하여 중국인 학습

자에 적합한 문법 교육을 제시하였다. 그리고 "중국인 한국어 학습
자의 보조용언 사용 양상 연구"에서는 중국인 학습자들이 사용하는
보조용언 사용 빈도를 작문 활동을 통해 조사하고, 작문 텍스트에서
나타난 보조용언의 오류 양상을 분석한 결과 주로 통사적 오류 현상
과 의미적 오용 현상임을 밝혔다.

　다음으로 교수법에 관련된 논문은 모두 세 편으로 "한·중 한국어
교수법의 연구 동향 대조 연구"에서는 중국에서 연구가 아직 미진한
교수법 관련 연구 동향에 초점을 맞추어 각 시기에 따라 한국어 교
수법 연구가 어떻게 이루어졌는지를 고찰함으로써 향후 한국어 교
수법 연구의 방향을 모색하는 데 도움을 줌은 물론, 한·중에서 이루
어진 교수법 연구의 경향 차이와 그 원인도 밝혀 효율적인 교수법
방안을 제안하고자 했다. "중국인 학습자를 위한 한국어 담화표지
'그냥' 교수·학습 연구"에서 담화표지는 사전적 의미와 다르게 사용
되기도 하고, 상황에 따라 여러 가지 의미로 실현되기도 하여 외국
인 학습자들의 원활한 의사소통에 어려움을 주고 있어 이를 해소하
기 위한 방안으로 담화표지 '그냥'의 기능 및 대응되는 중국어 표현
을 분석하여 교수 학습 모형을 제시함으로써 중국인 학습자들이 모
어 표현과 비교하여 한국어 담화표지를 쉽게 이해하고 학습할 수 있
게 기술하였다. 그리고 "중국인 학습자를 위한 한국어 피동 표현의
교수·학습 연구"에서는 중국 내 한국어과 학생들을 대상으로 한국
어 피동 표현에 대해 설문 조사 분석하여 오류 유형과 원인을 고찰
함으로써 효율적인 교수 학습 방안을 제시하였다.

　마지막으로 읽기와 말하기 영역에서 "중국인 학습자를 위한 스키

마 활성화한 읽기 전 활동 방안 연구"에서는 학습자들의 기존 지식
이나 경험을 활성화시키고 이에 새로운 지식이나 경험을 입력시키
고자 하는데, 무엇을 어떻게 활성화시킬 것인가를 해결하는 차원에
서 읽기 전 활동을 중심으로 그 방안을 마련함으로써 보다 효율적인
학습 효과를 추구하고자 했다. 그리고 "중국인 학습자를 위한 말하
기 교육 방안"에서는 중국에서 사용하고 있는 한국어 말하기 교재와
한국에서 사용하고 있는 말하기 교재를 비교 분석하여 장단점을 통
해 앞으로 말하기 교재 개선 방향에 기여하고자 기술했다.

끝으로 한국어를 공부하고 연구하는 과정 중에 있어 세련된 글은
아니지만 기꺼이 출판을 해주신 박문사 윤석현 사장님과 관계자 여
러분께 진심으로 고마움을 전한다.

2017년 12월 저자 씀

목차

머리말 / 5

제1장 문법　　　　　　　　　　　　　11

01. 드라마 '도깨비'를 활용한 한국어의 구어 문법 교육 연구　　13
　　 －중국인 고급 교환 학생을 중심으로－

02. 중국인 한국어 학습자의 의문문 사용 양상 연구　　　　39

03. 중국인 한국어 학습자의 보조용언 사용 양상 연구　　　81

제2장 교수법　　　　　　　　　　　　105

04. 한·중 한국어 교수법의 연구 동향 대조 연구　　　　107

05. 중국인 학습자를 위한　　　　　　　　　　　159
　　 한국어 담화표지 '그냥' 교수·학습 연구

06. 중국인 학습자를 위한 한국어 피동 표현의 교수·학습 연구　　195

제**3**장 읽기와 말하기

07. 중국인 학습자를 위한 스키마 활성화한 233
읽기 전 활동 방안 연구

08. 중국인 학습자를 위한 말하기 교육 방안 259
－교재 분석을 중심으로－

찾아보기/289

제1장

문법

중국인 학습자 모어 특성에 따른
한국어교육 연구

드라마 '도깨비'를 활용한
한국어의 구어 문법 교육 연구
─중국인 고급 교환 학생을 중심으로─

1. 서론

중국인 학습자들이 한국어에 관심을 갖고 학습을 시작하게 되는 계기 중의 하나로 드라마와 같은 문화 콘텐츠를 꼽을 수 있다.

많은 중국인 학습자들이 입국 전부터 한국의 드라마를 접하고 즐기지만 막상 자막 없이 드라마를 보게 되면 고급 학습자라 할지라도 축약어나 신조어를 비롯한 다양한 구어 변이 형태를 이해하지 못한다. 한국어는 구어와 문어의 차이가 큰 편이기 때문에 문어 문법 위주로 학습한 학습자들이 교실 밖 상황에서 구어적인 표현을 접할 때 생소하다고 느끼며 정확한 의미를 이해하지 못하는 것이다.

'문법'의 의미는 그리스어에서 그 기원을 찾을 수 있으며 '문자를 읽고 쓰는 기술'이라는 의미를 가지고 있다. 어원을 통해서도 알 수 있듯이 문법은 그간 문어를 중심으로 발달되어 왔으며 한국어 교육에서도 자연스러운 구어체 문장보다는 명제 중심적인 문어체 문장을 주된 작례로 들어 왔다(목정수, 2011:58, 92).

하지만 한국어의 구어적 특성을 무시한 채 문어체 문장과 표현을 위주로 교육이 이루어진다면 실제 의사소통 상황에서 딱딱하고 부자연스러운 인상을 주게 되어 학습자들도 교육 결과에 만족하지 못할 것이다.

본고에서는 중국인 고급 교환 학생을 대상으로 한 한국어 교육에서 구어 문법의 필요성을 논하고 드라마를 활용한 수업 구성 방법을 중점적으로 살펴보고자 한다[1]. 이를 위해 tvN 드라마 '도깨비' 1회 대사를 분석하여 구어적인 표현을 찾아보고 한국어 수업에 적용할 수 있도록 수업 모형을 제시하도록 하겠다.

---

[1] 연구자가 맡고 있는 수도권 소재 I 대학의 '외국인을 위한 대중매체 한국어' 강좌는 수강자 중 80% 정도가 중국에서 온 교환 학생들이다. 이 학생들은 한국어 숙달도가 대부분 고급 수준에 해당하지만 한국에서 생활한 기간이 짧아 구어 상황에 노출된 경험이 적고 숙달도에 비해 상대적으로 구어체 표현에 취약했다.

2 드라마를 통한 구어 문법 교육

2.1. 구어 문법의 교육적 가치

중국 내 대학의 한국어 교육과정은 강독이나 문법과 같은 과목을 통해 문어체를 중점적으로 다루고 있으며 구어에 관한 내용은 상대적으로 열세에 놓여 있다(최영, 2012:570-573). 이는 회화 교사의 부족뿐만 아니라 교재의 구성이 새 단어나 문법과 같은 언어 지식적 측면에만 맞춰져 있는 데서 기인한 것으로 보인다.

Canal & Swain(1980)은 의사소통 능력으로 문법적 능력 외에도 담화를 조직하는 능력과 사회언어학적 능력, 전략적 능력이 필요함을 주장하였다. 이는 실제 언어 사용 맥락을 이해하고 대화 상대자와 담화 유형을 고려하여 발화하는 능력을 길러야 함을 의미하는데 규범적인 문어 문법 위주의 교육만으로는 충분하지 않다.

말하기는 쓰기보다 상대적으로 비격식적인 상황에서 이루어지는 경우가 많고 시간상의 제약을 받아 즉시성, 순간성 등의 특징을 가지므로 음운, 어휘, 문법, 화용 표현 등에서 쓰기와 구별되는 구어체를 많이 사용한다[2].

구어 문법에 대한 정의로 지현숙(2006:16)에서는 '즉각적으로 문법에 맞는 구어를 만들어 내는 정신적인 규칙을 의미하는 것이며,

---

2 노대규(1996)에서는 구어의 특징으로 다양성, 즉각성, 친교성, 표현성, 포함성, 순간성, 동태성, 모호성, 비논리성, 비격식성, 상황의존성의 특징을 가진다고 하였다.

15

문법적인 규칙에 대한 지식과 사용을 위한 기술 발휘가 결합되는 메타언어 체계'라고 하였다. 정명숙(2011)에서는 이러한 '문법에 맞는 구어'를 무엇으로 보느냐에 따라 구어 문법의 정의가 달라지며 문법성을 판단하는 단위를 문장이 아닌 '담화 상황 층위'로 확대해야 함을 주장하였다. 이 논문에서는 구어 문법의 개념을 '발화를 구성하고 이해하는 데 작용하는 규칙 체계'로 규정하고 있다.

한국어 교육에서 구어 교육 연구는 의사소통 능력에 대한 관심과 맞물려 2000년대 이후에 주목 받기 시작했으며 최근에는 언어 교수-학습의 원리로서 실제 언어 사용의 양상이 가진 성질을 그대로 반영해야 한다는 구어 진정성에 대한 연구로 이어지고 있다.

문금현(2001:235-241)에서는 방송 드라마 대본을 분석하여 구어 문법의 특질을 제시하였다. 구어 문법의 음운적 특질로는 음절이나 음운의 탈락·축약·첨가, 경음화, 모음의 변이를 들고 있으며, 문법상의 특징으로는 합성어 신어, 약어, 비속적 파생어의 사용이 많고 곡용과 활용 시의 축약 및 생략 현상이 나타남을 들고 있다. 또한 화용상의 특징으로 세대·성별·상황에 따른 차이를 들고 있다.

이미혜(2010:103)에서는 구어 문법의 하나로 연결어미의 종결화된 표현에 대해 제시하였으며, 한미월(2016)에서는 이러한 표현으로 '-거든, -라고, -다고, -는데, -고, -던데, -게, -면서, -려고, -면'을 들고 그 의미 기능을 분석하였다.

구종남(2000), 김태엽(2002), 안정아(2008), 조민정(2015), 심란희(2016)에서는 실제 언어 자료를 기반으로 '뭐, 그냥, 막, 좀'과 같은 구어 담화에 등장하는 담화표지의 실현 양상과 의미 기능의 변화를 다루고 있다.

이상과 같이 연구자들이 제시한 구어의 특징 및 구어 문법 현상들은 아직까지 한국어 교재 및 교육 현장에서는 적극적으로 반영되지 않고 있다. 실제성의 필요성은 인정하지만 교육적 적용 측면에서는 그 내용과 방법에 대해 아직 합의가 이루어지지 않았다. 외국어로서의 한국어 교육은 표준적인 한국어를 널리 알리고 보급하는 데에 일차적인 목표가 있기 때문에 구어의 불완전성, 즉 비표준적인 어휘 표현과 비체계적인 문장 등 규범적이지 않은 내용에 대해서는 대부분 배제하고 있는 실정이다[3].

하지만 학습자의 의사소통 능력을 신장시키고 상황과 맥락에 맞는 한국어를 구사할 수 있도록 하기 위해 구어 문법이라는 새로운 교육 내용을 모색하고 교육 현장에서도 적용할 수 있도록 더 많은 연구와 합의가 이루어져야 한다고 생각한다.

2.2. 드라마를 활용한 구어 문법 교육

구어 문법을 접할 수 있는 가장 좋은 방법은 드라마나 영화와 같은 실제 맥락 속에서 자연스럽게 노출하는 것이다. 드라마를 통해 다양한 언어 표현이 사용되는 맥락을 이해할 수 있으며 해당 표현의 억양을 살려 실감나게 구사할 수 있다. 또한 한국 문화에 대한

---

3 문금현(2017:60)에서는 구어적 관용구절에 나타난 화용론적인 특징으로 표현 양상이 자유로우며, 구어의 특징상 비격식적인 말하기 상황에서 많이 사용되므로 다소 거친 표현이나 부정적인 감정 표현을 자주 사용하게 되며 비속적, 유행어적인 성격이 강하다고 하였다.

이해도 넓힐 수 있으며 궁극적으로 의사소통 능력을 신장시킬 수 있다.

드라마를 활용한 한국어 교육에 대한 연구로는 임병빈·한상택·강문구(2007), 유경수·홍웅기(2011), 이미혜(2011) 등이 있으며 이들 연구에서는 드라마의 교육적 가치에 대해 다음과 같이 제시하고 있다.

우선 현 시대의 살아 있는 한국어를 접할 수 있다는 것이다. 드라마는 현실을 반영하므로 지금을 살고 있는 현대 한국인들의 관심사와 고민, 생활 방식과 문화가 고스란히 담겨 있으며 언어의 모습도 매우 실제적이다. 둘째, 특정한 사건 맥락 속에 시각 정보와 청각 정보가 동시에 제공되므로 학습자들이 내용을 이해하고 담화 상황을 기억해 내기가 용이하다. 셋째, 정확한 발음의 표준어를 익히고 성별이나 연령, 상황, 감정 등에 따라 달라지는 다양한 어조와 억양을 익힐 수 있다. 넷째, 상대와 상황에 따른 복잡한 경어법 체계를 익히고 표준어와 비표준어, 본말과 줄임말을 자연스럽게 익힐 수 있다.

하지만 드라마는 처음부터 교육을 목적으로 제작된 자료가 아니므로 외국인을 위한 한국어 교육에 활용하기 위해서는 자료의 실제성을 훼손하지 않으면서 교육적 효과를 최대화할 수 있는 방법을 모색해야 한다.

교실에서 드라마를 시청하고 그 내용에 대해 수업이 이루어지려면 우선 드라마의 분량과 그 안에 담고 있는 정보의 양을 조절해야 한다. 드라마 속 등장인물의 복잡한 관계과 다양한 사건을 단순화하는 것이 그 첫 번째이다. 따라서 한 회를 처음부터 끝까지 다 보는 것보다는 주어진 수업 시간 내에 소화할 수 있도록 필요한 부분만 편집하는 것도 좋은 방법이 될 수 있다. 영상을 편집할 때는 사건의 수를 최소화하여 하나의 주제로 귀결시키는 것이 효과적이다.

영상을 편집할 때는 학습자의 한국어 수준에 맞는 언어 자료를 담는 것 역시 필수적인 고려 요소이다. 내용이 아무리 흥미 있다고 해도 배울 것이 없다면 드라마를 활용하는 가치가 떨어지기 때문이다.

드라마를 주 내용으로 하여 출판된 한국어 교재로는『(드라마로 배우는) 생생 한국어: only you』,『거침없이 한국어』등이 있다.『(드라마로 배우는) 생생 한국어: only you』는 영어, 일본어, 중국어판으로 각각 출판되어 대사부터 문법 설명, 문화 설명까지 해당 언어로 번역되어 있다는 점이 특징이다. 문법의 수준은 초급에 해당하는 항목들을 위주로 구성되어 있다.『거침없이 한국어』는 MBC 시트콤 '거침없이 하이킥'을 교육 자료로 다루고 있으며 기존의 통합형 교재에서는 다루지 않았던 구어적인 어휘 표현을 중점적으로 소개하고 대사를 통해 인물의 성격을 파악해 보도록 구성하였다.

본 연구에서는 드라마의 일정 부분을 그대로 사용하는 것이 아니라 교사가 교육할 내용을 선정하여 편집할 것을 제안한다. 이를 통해 불필요한 비속어나 품위가 떨어지는 말들은 최대한 배제하고 구어적인 특징을 드러내는 표현들을 집약할 수 있으며 학습자의 수준에 맞는 내용을 제공할 수 있다.

3. 드라마 '도깨비'를 활용한 수업 구성 방안

3.1. 드라마 '도깨비' 선정 이유

드라마를 교육 자료로 만들기 위해 영상을 편집하고 교재를 제작하는 데에는 많은 시간과 공이 들지만 시의성 있는 소재나 내용을 다루었다면 그 교육 자료를 활용할 수 있는 기간이 짧아질 수밖에 없다.

드라마 '도깨비'는 tvN에서 2016년 12월부터 2017년 1월까지 방영되었으며 불멸의 삶을 끝내기 위해 인간 신부를 찾아 나선 도깨비라는 다소 신비롭고 낭만적인 소재를 다루고 있다. 드라마의 소재는 한국인의 일상이 담긴 현실적인 내용이라고 보기는 어렵지만 한국의 도깨비 설화를 소재로 하고 있으며 '메밀, 술, 고기, 내기'를 좋아하는 한국의 전통적인 도깨비상을 그대로 그리고 있다. 이러한 소재는 시간이 흘러도 공감할 수 있는 내용일 뿐만 아니라 한국의 전통문화도 담을 수 있다. 드라마의 내용 역시 자극적이지 않고 오히려 인간적이고 따뜻한 일화들을 담고 있어 교훈도 얻을 수 있다.

본 논문에서는 드라마 '도깨비'의 이러한 장점을 살려 교재의 한 단원을 구성해 보고자 한다.

3.2. 수업 모형

Altman(1989)은 영화를 활용한 수업의 절차로 계획(planning), 실행(implementing), 평가(evaluating)의 3단계 모형을 제시하고 있다.

계획 단계에서 교사는 학습 목표를 정하고 시청할 영상을 선정하게 된다. 영상을 선정할 때는 학습자의 나이와 흥미, 언어 수준 등을 고려해야 한다. 또한 수업 시간에 시청할 영상의 길이는 3~6분 정도가 적당하며 길어도 12분을 넘지 않는 것이 좋다고 주장하였다.

실행 단계는 시청 전(Pre-viewing) 단계, 시청(viewing) 단계, 시청 후(Post-viewing) 단계로 나눠진다. 시청 전 단계에서는 학습 동기를 유발시키고 배경지식을 활성화하기 위해 관련 주제와 핵심 어휘에 대해 학습한다. 영상을 시청하는 시청 단계에서는 제목을 유추하거나 등장인물의 이름을 적는 등의 간단한 활동을 제시한다. 이미혜(2011: 201)에서는 시청하는 단계에서 내용 이해를 위해 추론하기, 재조합하기, 핵심어 듣기, 정교화하기, 상상하기 등의 인지 전략을 활용하는 능력을 길러야 함을 주장하였다. 시청 후 단계에서는 내용 요약하기, 토론하기, 역할극하기와 같은 다양한 활동이 이루어질 수 있다.

마지막으로 평가 단계는 수업의 목적과 평가가 일치하도록 구성하며 수업의 효과도 평가해 볼 수 있다.

3.3. 드라마를 활용한 실제 수업 방안

본 논문에서는 Allan(1991), Altman(1989), 이미혜(2011)의 수업 모형 및 절차를 종합하여 시청 전(Pre-viewing) 단계, 시청(viewing) 단계, 시청 후(Post-viewing) 단계를 중심으로 드라마 수업 모형을 제시하고자 한다. 대상은 중국인 고급 학습자이며 3시간의 수업으로 구성하였다.

3.3.1. 시청 전 단계

(1) 주제 관련 지식 공유하기

한국의 도깨비에 대해 들어본 적이 있는지, '도깨비' 하면 어떤 이미지가 떠오르는지 이야기해 본다. 한국의 도깨비 설화는 인간과 어울리길 좋아하며 착한 사람에게는 재물을 나누어주고 나쁜 사람은 골탕 먹이는 권선징악적 내용을 담고 있음을 제시하고 우리 선조들에게 도깨비는 사람을 해하는 무서운 귀신이 아니라 친근한 신에 가까웠음을 알려준다.

(2) 핵심 어휘 익히기

드라마에 나오는 주요 어휘를 미리 알려주어 드라마 내용 파악에 도움이 되게 한다. 짧은 이야기를 활용하여 어휘의 사용 맥락을 제시하는 것도 효과적이다.

※ 다음에서 알맞은 것을 골라 문장을 완성하십시오.
　① 마음먹다　② 융통하다　③ 감수하다　④ 관여하다　⑤ 작별하다
===

　생활이 어려운 흥부는 형 놀부를 찾아간다. 하지만 놀부는 쌀과 돈을 (　　)아/어/해 달라는 흥부의 청을 무시한다. 혼자 잘 먹고 잘 살면 됐지 괜히 남의 일에 (　　)고 싶지 않다는 것이다.
　집으로 돌아오던 흥부는 길에서 다친 제비를 발견하고는 도와주기로 (　　)고 집으로 데려와 잘 보살펴줬다. 불편을 (　　)(으)면서까지 제비를 도와준 흥부는 곧 큰 복을 받고 부자가 된다.

---

(3) 등장 인물 소개하기

드라마에 등장하는 주요 인물들의 배역을 사진과 함께 보여준다.

3.3.2. 시청 단계

드라마 시청 중에는 영상에 집중할 수 있도록 단순한 과제를 주는 것이 좋다.

인지에 부담이 안 가도록 10분 이내로 편집된 영상을 집중해서 보도록 하고 시청 후 단계에서 주요 화면을 보면서 학습자들 스스로 줄거리를 이야기하는 활동이 있음을 알려 학습자들이 미리 예측하고 준비할 수 있도록 한다.

반복 시청이 가능한 경우 소리 없이 화면만 보여주고 대화 내용을 예측하게 하거나 반대로 화면 없이 음성만 들으면서 드라마의 장면을 머릿속으로 상상해 보게 하는 것도 좋은 방법이다.

3.3.3. 시청 후 단계

(1) 줄거리 요약하기

화면갈무리된 사진을 순서대로 보여주고 학생들로 하여금 돌아가면서 한 장면씩 줄거리를 요약해 보게 한다.

(2) 문제 풀기

※ 드라마를 보고 아래의 내용에 답하십시오.

1. 은탁의 소원이 <u>아닌</u> 것을 고르십시오. (   )
   ① 아르바이트를 구하고 싶다.
   ② 남자 친구가 생겼으면 좋겠다.
   ③ 이모네 식구와 함께 살고 싶다.
   ④ 돈이 갑자기 많이 생기면 좋겠다.

2. 은탁에 대한 설명으로 <u>틀린</u> 것을 고르십시오. (   )
   ① 귀신을 볼 수 있다.
   ② 불행한 환경에서 자랐다.
   ③ 도깨비와 전화로 통화한다.
   ④ 아이처럼 순수한 영혼을 지녔다.

3. 도깨비에 대한 설명으로 맞는 것을 고르십시오. (   )
   ① 눈길에서 교통사고를 냈다.
   ② 은탁이의 소원을 모두 들어준다.
   ③ 인간의 일에 관여해야 한다고 생각한다.
   ④ 은탁이가 자신의 신부라는 것을 믿지 않는다.

4. 아래의 각 관용 표현에 맞는 의미를 찾아 연결하고 빈칸에 적절한 관용 표현을 쓰십시오.

① 식은 죽 먹기다 •	• (ㄱ)아무리 쉬운 일이라도 한번 확인한 다음에 해야 안전하다
② 찬밥 신세가 되다 •	• (ㄴ)거리낌 없이 아주 쉽게 하는 모습
③ 찬밥 더운밥 가리다 •	• (ㄷ)중요하지 않은 하찮은 인물이나 사물
④ 식은 죽도 불어 가며 먹어라 •	• (ㄹ)어려운 형편에 있으면서 배부른 행동을 한다

---

(1) 낡은 옷을 입었더니 어딜 가나 (   )(이)다.
(2) 얻어먹는 사람이 (   )(으)ㄹ 때야? 주는 대로 먹어!
(3) (   )(으)랬다고 무엇이든 잘 알아보고 신중하게 해
   야 한다.
(4) 스마트폰으로 사진 찍기는 현대인이라면 누구나 (   )
   로 할 수 있다.

(3) 대본 읽기

대본을 읽으며 맥락적인 의미 이해가 필요한 부분을 확인하고 새
로운 어휘를 익힌다. 드라마 대본은 교육용으로 정제된 대사가 아닌
실제적인 텍스트이므로 구어의 축약형을 본말로 바꿔보는 활동도
의미가 있다.

〈드라마 대본〉

▷▶ 주요 장면 1. 눈밭의 사고

도깨비   속도 없이, 돌아오니 좋구나.

은탁 모친 신이 있다면 제발 저 좀 살려주세요.
         살려주세요. 아무나라도 제발요.
         누구세요?

도깨비   아무나다.

은탁 모친 제발 제발 저 좀...

도깨비   글쎄. 인간의 생사에 관여하지 않는 게 내 원칙이라.

25

은탁 모친	저 이렇게 죽으면 안 돼요.
도깨비	네가 살려달라는 것이 네가 아니구나.
은탁 모친	제발... 아이... 아이만이라도...
도깨비	그대는 운이 좋았다. 마음 약한 신을 만났으니... 오늘 밤은 누가 죽는 **걸** 보는 게 싫어서 **말이다**.

- 산부인과 병실 -

귀신들	"도깨비 신부야." "도깨비 신부가 태어났어." "도깨비 신부가 태어났어."

▷▶ **주요 장면 2. 은탁의 어린 시절**

은탁	우와! 엄마 최고! 어? 강아지다.
은탁 모친	응? 강아지?
은탁	이것 봐라! 봄이 다시 왔다? 신기하지.

- 은탁이네 집 -

은탁	에고... 힘들다. 엄마 나 오늘 영어 백점 맞았어요. 머리 너무 써서 **완전** 피곤해요.
은탁 모친	하하. 그랬어?
은탁	우와! 케이크다! 엄마, 우리 지금 파티 할 거예요?
은탁 모친	응. 얼른 와서 앉아. 촛불 **켜구**.
은탁	내가 켜도 돼요?
은탁 모친	우리 은탁이 이제 다 커서 할 수 있어.
은탁	**맞다**. 나 이제 아홉 살이지? 영어도 백점 맞는데 이런 건 식은 죽 먹기지.
은탁 모친	하하. 그런 말은 또 어디서 배웠어?

은탁	**엄만** 몰라도 돼요. 저 그냥 이 사람 저 사람 말 되게 잘 배워요. 전 아무래도 천재...
은탁 모친	왜? 소원 **빌어야지**. 생일 축하한다. 우리 **강아지**.
은탁	아니구나! 정말 엄마 **아니구**... 엄마 영혼이구나...
은탁 모친	너... 정말 다 보이는구나. 안 그러길 바랐는데 엄마는...
은탁	엄마... 죽었어요? **진짜루요?** 엄마, 어딨어요? 엄마 지금 어딨는데요?
은탁 모친	사거리 병원에...

▷▶ 주요 장면 3. 고등학생이 된 은탁

친구1	쟤는 고삼 다 끝나 가는데 아직까지 혼자 먹네.
친구2	불쌍하면 같이 먹어주지 **왜**.
친구1	미쳤냐. 내가 왜. 쟤 귀신 본다고.
친구2	난 귀신보다 쟤가 더 무서워. 귀신은 눈에 안 보이기라도 하지. 저 봐. 다 들리면서 안 들리는 척 하는 거.

- 바닷가 -

은탁	제가 아홉 살 때 이런 거 절대 안 하겠다고 마음먹었는데요... 너무 급해서 그러는 거니까 이해 부탁드려요. 알바 좀 꼭 구하게 해주시고요 이모네 식구 좀 어떻게 해주시고 저 남자친구도 꼭 좀 생기게 해주세요. 제발요.
도깨비	너야?
은탁	**어마**, 깜짝이야. 저요?

도깨비	왜 울고 있었는데? 알바, 이모네 식구, 남자친구. 셋 중에 **뭐 땜에?**
은탁	그거 어떻게 알아요?
도깨비	들렸어.
은탁	들렸다는 게 무슨 뜻이에요?
도깨비	누군가의 소원을 들어주기도 **하거든**. 내가.
은탁	누군가의 소원을 들어준다구요? 개 지니처럼? 뭐 수호신 그런 거? 진짜요? **어쩐지**. 처음 봤을 때 다른 귀신들이랑은 느낌이 좀 다르다 했어요. 진짜 내 수호신이에요?
도깨비	**니 수호신이라곤** 안 했어.
은탁	울 엄마가 그랬어요. 사람들은 다 자기만의 사전을 갖고 태어난다고. 내 사전에는 아무리 뒤져도 행복, 행운 그런 단어는 코빼기도 안 보이거든요. 제 말 무슨 뜻인지 알죠?
도깨비	모르겠는데.
은탁	한 오백 정도 융통 **안 되겠냔** 뜻이죠. 현금 융통이 **좀 그럼** 이번 주 로또 번호라도 알려줘라 그런 뜻도 포함이고.
도깨비	이모네 식구들한테 작별 인사해. 한동안 못 볼 거다. 닭집 알바 열심히 하고! 붙을 거야.
은탁	어?! 저기요. 제 남친은요? 여보세요! 이보세요! 와! 치사하게..

▷▶ 주요 장면 4. 도서관

은탁	이제 방법을 안다고 내가. 전번 딱 딴 거지. 오! 이건 안 될 줄 알았는데.
도깨비	안 될 줄 알았는데 왜 해!
은탁	아, 잠깐만요!
도깨비	나 붙잡은 거야 지금?
은탁	아! 더는 안 되겠다. 아! 뜨거워. **파랗길래** 차가울 줄 알았어요.
도깨비	본디 파란불 온도가 제일 높다. 문과생. 이럴 시간에 공부 좀 해!
은탁	허. 와. 나. 내가 조실부모하고 사고무탁하면서도 1등을 안 놓친... 됐구요, 저기 수호신 뭐 그런 거 말고 그냥 저 오백 해주시고 **치워 주심** 안돼요?
도깨비	오늘은 내가 일이 있어서 가야 되거든!
은탁	무슨 일이요? 아 옷이 좀.. 경건하네요.
도깨비	내일이 아는 이의 기일이야.
은탁	근데 왜 오늘부터 가요? 지방이에요?
도깨비	그곳은 오늘이 내일이야.
은탁	언제 오는데요? 내일? 모레? 저 꼭 물어보고 싶은 게 **있단 말이에요.**
도깨비	빨리 해.
은탁	아저씨 혹시 도깨비 아니에요?
도깨비	너... 뭐야? 너 대체 뭐야?

은탁	제 입으로 말하긴 좀 **뭐한데**, 전 도깨비 신부거든요. 제가 귀신 보는 건 아시죠? 제가 태어날 때부터 이런 걸 갖고 태어났거든요. 이것 때문에 그러는 것 같아요.. 귀신들이.. 나한테 도깨비 신부라고. 보이시죠? 이거.
도깨비	증명해 봐.
은탁	제가 도깨비 신부인 걸 증명해 보라고요?
도깨비	어. 말해 봐. 보이는 거 다.
은탁	키가 크시네요.
도깨비	또.
은탁	옷이 비싸 보여요.
도깨비	또.
은탁	한 삼십대 중반?
도깨비	또.
은탁	설마 뭐 잘생겼다 이런 대답 원하는 건 아니죠.
도깨비	내가 원하는 답은 네가 갖고 있었어야지. 나한테 보이는 게 그게 다라면, 넌 도깨비 신부가 아니야. 도깨비에게 넌 효용가치가 없거든. 귀신을 보는 건 안됐지만 어차피 덤으로 사는 목숨이니 감수하며 살아. 넌 그저 원칙을 어기고 인간의 생사에 관여해서 생긴 부작용 같은 거니까. 현실에 살라고. 소문에 살지 말고. 넌 도깨비 신부가 아니니까.
은탁	잠깐만요!

(4) 구어 문법 및 표현 익히기

드라마에 등장하는 구어 문법의 의미를 알아보고 유사한 표현과의 차이점을 비교해 본다. 구어 문법 및 표현들은 실제로 상대방과 대면하여 말하는 상황, 혹은 혼잣말하는 상황에서 쓰는 표현들이다. 억양까지 살려서 말할 수 있어야 자연스러우므로 용례를 통해 연습해 본다.

---

1. 구어 문법 및 표현

(1) -말이다

- 의미:

  ① 강조하거나 확인하는 뜻을 나타내는 말

  가: 세상에 이런 일이 다 있단 말이냐!

  ② 어감을 고르게 할 때 쓰는 군말. 상대편의 주의를 끌거나 말을 다짐하는 뜻을 나타낸다.

  가: 어제도 왔었어. 형을 보려고 말이야.

  ③ 어떤 행위가 잘 이루어지지 않음을 탄식하는 말. '-어/아야 말이지'의 구성으로 쓰인다.

  가: 한번 가 보고 싶은데 시간이 있어야 말이지.

(2) -아/어/여야지

- 의미:

  ① 상대방이나 다른 사람이 어떤 일을 해야 함을 나타내는 표현. 억양을 내렸다가 약간 올려 상대방에게 동의나 공감을 구하는 느낌을 줄 수도 있고 짧게 내려서 자신의 생각을 단호하게 표현할

수도 있다.

> 가: 늦어서 죄송합니다.
> 나: 일찍 일찍 다녀야지! / 늦으면 연락이라도 했어야지.

② 독백 투로, 화자의 의지를 나타냄. 억양은 문장 끝을 짧게 올린다.

> 가: 한 장 남았다. 오늘 안에 끝내야지!

(3) 왜

- 의미: (감탄사)어떤 사실에 대하여 확인을 요구할 때

> 가: 왜, 어제 교통사고 났었잖아. 글쎄 범인이 뺑소니를 쳤대.
> 나: 저런, 나쁜 사람 같으니라고...

> 가: 구두 밑창이 떨어졌는데 어떡하지?
> 나: 학교 동쪽에 있지 왜, 구두 수선하는 데가.

(4) -길래

- 의미: 뒤에 오는 문장의 원인이나 이유, 근거를 나타낸다.

> 가: 웬 옷을 이렇게 많이 샀어?
> 나: 세일을 하길래 옷을 몇 벌 샀어.

> 가: 자, 받아. 꽃이 예쁘길래 한 송이 샀어.
> 나: 진짜 예쁘네. 고마워.

(5) -거든

- 의미: 청자가 모르고 있을 내용을 가르쳐 줄 때 사용함. 억양은 살짝 올렸다가 내려 부드러운 어조로 상냥하게 알려주는 느낌을 줄 수도 있고 끝을 급하게 올려 상대방의 말에 대한 반박이나 자랑, 감탄 등의 느낌을 띨 수도 있다.

가: 엄마, 왜 하늘에서 눈이 내려요?

나: 겨울이 왔<u>거든</u>. 겨울은 춥고 눈이 온단다.

가: 엄마, 게임 한 시간만 더 하면 안 돼요?

나: <u>안 되거든</u>!

2. 축약어

※ 구어 상황에서는 명사와 조사가 어울려 준말 형태로 사용되기도 한다.

(1) 오늘 밤은 누가 죽는 <u>걸</u> 보는 게 싫어서 (=것을)

(2) <u>엄만</u> 몰라도 돼요. (=엄마는)

(3) 니 <u>수호신이라곤</u> 안 했어. (=수호신이라고는)

(4) 한 오백 정도 융통 <u>안 되겠냔</u> 뜻이죠. (=안 되겠냐는)

(5) 저 꼭 물어보고 싶은 게 <u>있단</u> 말이에요. (=있다는)

※ 하지만 줄어드는 근거가 없는데도 구어 상황에서는 발음상의 편의로 준말 형태가 많이 쓰이기도 한다.

(1) 현금 융통이 좀 <u>그럼</u> 이번 주 로또 번호라도 알려줘라 (=그러면)

(2) 그냥 저 오백 해주시고 <u>치워주심</u> 안 돼요? (=치워주시면)

(3) 알바, 이모네 식구, 남자친구. 셋 중에 <u>뭐 땜에</u> (=무엇 때문에)

3. 구어 어휘

(1) 완전: '완전'은 '필요한 것이 모두 갖추어져 모자람이나 흠이 없다'는 의미의 명사이지만 구어에서 아래와 같이 부사처럼 잘못 사용되는 경우가 많다.

가: 완전 피곤해요.

(2) 맞다: (감탄사) 무엇이 갑자기 생각났을 때 나오는 말

가: 맞다. 나 이제 아홉 살이지?

(3) 어마: (감탄사) 주로 여자들이 깜짝 놀랐을 때 가볍게 내는 소리

(4) 어쩐지: 어찌 된 까닭인지

　　가: 뒤에 뭔가를 숨긴 폼이 어쩐지 좀 이상하더라니...

(5) 니: '너'의 방언

(6) 뭐하다: 언짢은 느낌을 설명하기 어렵다.

(5) 이야기하기

중국에도 '도깨비'와 같은 존재가 있는지, 어떤 설화에 등장하는지 소개해 본다. 또한 있다면 어떤 특징이 있고 한국의 도깨비와는 어떻게 다른지 이야기해 본다.

4. 결론

본 논문에서는 중국인 고급 교환학생들에게 실제성 있는 구어 문법을 교육하기 위해 한국의 드라마 '도깨비'를 활용하는 방안에 대해서 논의하였다.

드라마는 현대 한국인들의 언어와 문화를 고스란히 담고 있어 외국인 학습자로 하여금 좀 더 실제적인 한국어를 접할 수 있게 하고, 특정한 상황 속에 시각 정보와 청각 정보가 동시에 제공되므로 내용을 쉽게 이해하고 기억해 낼 수 있다는 장점을 지닌다. 하지만 드라마

는 교육 목적으로 제작된 것이 아니므로 이를 그대로 수업 자료로 활용한다면 비속어, 비문법적 표현 등이 여과되지 않은 채 학습자들에게 그대로 전달될 우려가 있다. 또한 드라마 속의 언어와 내용이 학습자의 수준에 맞지 않는다면 교육의 효과도 그만큼 떨어질 것이다.

따라서 본 연구에서는 드라마 속 다양한 사건과 인물을 하나의 주제로 집약하고 구어체 표현을 위주로 학습할 수 있도록 tvN 드라마 '도깨비' 1회분을 10분 정도의 분량으로 편집하여 교육 내용과 방안을 제시하였다.

수업의 단계는 시청 전, 시청, 시청 후의 세 단계로 나누어 구성하였다. 시청 전 단계에서는 학습 동기를 유발시키고 배경지식을 활성화하기 위해 관련 주제와 핵심 어휘에 대해 학습하고 등장 인물을 소개한다. 시청 단계에서는 영상에 집중할 수 있도록 단순한 과제를 주는 것이 효과적인데 학습자들 스스로 줄거리를 이야기하는 활동이 있음을 알려 학습자들이 미리 예측하고 준비할 수 있도록 한다. 시청 후 단계에서는 줄거리 요약하기, 문제 풀기, 내용 맥락 이해하기, 구어 문법 익히기, 토론하기 활동이 이루어진다.

문어체와 구별되는 구어 문법이 드라마 속에서 어떠한 맥락하에 어떠한 형태로 나타나는지 연구하고 그 결과물을 체계적으로 제시하여 실제적인 한국어를 배우고자 하는 학습자들의 요구에 부응할 수 있다면 그 교육적 의의가 크다 하겠다.

■ 참고문헌

김서인(2006), 시트콤을 활용한 영어 듣기 수업 연구, 단국대학교 교육대학원 석사학위논문.

김서형·홍종선(2015), 사용자 문법으로 본 구어 중심의 한국어의 상대 높임 표현과 그 교육, 『문법 교육』25, 한국문법교육학회, 1-25.

김수은(2016), 한국어교육에서의 구어 연구 동향 분석과 제언, 『Journal of Korean Culture』32, 한국어문학국제학술포럼, 31-66.

심란희(2011), 의사소통 중심의 한국어교육을 위한 담화표지 '그냥'의 기능 연구, 연세대학교 대학원 석사학위논문.

목정수(2011), 한국어 구어 문법의 정립 - 구어와 문어의 통합 문법을 지향하며-, 『우리말연구』28, 우리말학회, 57-98,

목정수(2013), 구어 문법의 인식과 교육 내용, 그리고 평가, 『국제한국어교육학회 춘계학술발표논문집』2013, 국제한국어교육학회, 37-45.

문금현(2001), 구어 중심의 한국어 교재 편찬 방안에 대하여, 『국어교육』105, 한국국어교육연구학회, 233-262.

문금현 외(2017).『쉽게 풀어 쓴 한국어 말하기 교육론』, 태학사

신혜원 외(2006), TV드라마를 활용한 한국어 교육 자료 개발의 실제 -〈ENJOY 韓國語〉를 중심으로-,『한국어 교육』17, 국제한국어교육학회, 265-286.

안정아(2008), 담화표지 '막'의 의미와 기능, 『한국어학』40, 한국어학회, 251-279.

엄나영(2011), 구어 향상을 위한 한국어 교재의 대화문 분석 연구, 영남대학교 대학원 석사학위논문.

유경수·홍웅기(2011), 드라마를 활용한 한국어 교수법의 실제 -〈시크릿 가든〉을 중심으로,『국어교육연구』49, 국어교육학회, 291-328,

이미혜(2010), 한국어 교육에서 말하기와 문법의 통합 교육, 『문법 교육』13, 한국문법교육학회, 93-114.

이미혜(2011), 드라마를 활용한 듣기 중심의 한국어 수업 구성, 『외국어로서의 한국어교육』36. 연세대학교 언어연구교육원 한국어학당, 189-216.

이충현(2008), 효율적인 한국어교육을 위한 웹 콘텐츠 및 멀티미디어 저작도구의 활용, 『국제한국어교육학회 제30차 학술대회 자료집』, 국제한

국어교육학회, 25-34.

정명숙(2011), 한국어 구어 문법 평가의 방향, 『문법 교육』15, 한국문법교육
학회, 73-95.

지현숙(2006), 한국어 구어 문법 능력의 과제 기반 평가 연구, 서울대학교 대
학원 박사학위논문.

지현숙(2010a), 한국어 구어 문법 기술을 위한 기준점의 모색에 관하여, 『국
제한국어교육학회 국제학술발표논문집』2010, 국제한국어교육학회,
289-305.

지현숙(2010b), 한국어 구어 문법을 어떻게 기술할 것인가? -기준점의 선정
과 그 논의-, 『한국어 교육』21권 4호, 국제한국어교육학회, 307-332.

진교어(2008), 영화드라마를 활용한 과정 중심 한국어 듣기 수업모형 연구,
배재대학교 대학원 석사학위논문.

최영(2012), 중국 내 한국어 말하기 교육의 현황과 효율적인 교육 방안 연구,
『새국어교육』93. 한국국어교육학회, 565-594.

국립국어원·서강대학교 한국어교육원(2007), 『(드라마로 배우는) 생생 한국
어:only you』, 서강대학교.

천성옥 외(2013), 『거침없이 한국어1』, 하우.

Allan, M.(1991), *Teaching English with video*, London: Longman.

Altman, R.(1989), *The video connection: Integrating video into language
teaching*, Boston: Houghton Mifflin.

McGovern, J.(1983), *Video application in English language teaching*, Oxford:
Pergamon Press.

중국인 학습자 모어 특성에 따른
한국어교육 연구

중국인 한국어 학습자의
의문문 사용 양상 연구

1. 서론

　문장 능력을 길러 주는 문장 교육은 언어 교육의 중요한 일환으로 학습자의 언어 화용 능력과 의사소통 능력을 향상시킨다. 외국어 교육은 언어 화용 능력과 의사소통 능력의 발달에 목적이 있으며, 의사소통의 기본 단위인 '문장'을 고려할 때 외국어 교육에서 문제의식을 가지고 출발할 필요가 있다. 지금까지의 한국어 교육은 어휘 교육과 문법 교육에 치중하였고 문장 교육에 대한 보다 구체적인 것에는 소홀히 하였다. 어휘 능력과 문법 능력의 발달은 문장 능력의 신장에 유용하지만 어휘 능력과 문법 능력만으로 문장 능력이 저절로 향상되는 것은 아니다. 따라서 어휘 교육과 문법 교육을 실시한 다음에 전체적으로 문장 교육을 따로 실시할 필요가 있다.

화행론에 의하면 말하기는 특정한 목적을 수반하는 행위이다. 즉, 문장은 객관 세계에 관련된 진술이기보다는 언어 사용자의 의도를 나타내는 도구이다. 인간은 언어를 통해서 상대방의 의도를 파악하고 자기의 의도를 표출하면서 의사소통이 이루어진다. 그러나 정확하게 상대방의 의도를 파악하고 적절하게 자기의 의도를 표출하는 것은 쉽지 않다. 여러 가지 요인으로 인해 사람들은 실생활에서 직접적인 발화보다는 완곡하게 발화하는 경우가 많다. 발화자의 참된 의도를 정확하게 파악하고 자기의 발화의도를 적절하게 표출하는 것은 모어 화자에게도 어려운 과제인데 한국어를 외국어로 배우는 학습자들에게 이것은 더욱 어렵다. 본고에서 의사소통의 기본 단위인 '문장'을 중시해야 한다는 문제의식을 갖고 의문문을 대상으로 화자의 발화 의도에 초점을 맞춰서 한국어 문장 교육을 시도하려는 연구의 필요성이 바로 여기에 있는 것이다. 특히, 어휘적 요소에 의해 의미를 전달하는 중국어 학습자들에게 문법적 요소와 아울러 담화와 화용적 상황에서까지의 의문문의 기능적 표현을 어떻게 효율적으로 학습시킬 것인가에 초점을 두어 전개하려는 것이 본고의 목적과 필요성인 셈이다.

언어학에서 화자의 발화 의도는 언어의 의사소통 기능이라고 한다. 의문문은 일상 담화에서 의문 기능만 수행하는 것이 아니라 명령, 정표, 인사 등 다양한 의사소통 기능을 수행한다. 그리고 이와 같은 다양한 의사소통 기능은 어떤 한 요소에 의해서만 실현되는 것이 아니고 여러 요소가 통합된 의문문이라는 통일체로 실현되는 것이다.

지금까지 논의된 의문문 교육 연구는 주로 의문형 종결어미와 의문사에 초점을 두고 진행해 왔다. 의문형 종결어미와 의문사는 의문문을 이루는 중요한 요소이지만 이 두 요소에 대한 이해만으로는 올바른 의문문을 생성할 수 없다. 모국어 화자는 여러 문장 구성 요소를 마음대로 조합해서 문장을 만들고 발화할 수 있지만 외국인 학습자에게 여러 요소를 조합해서 적절하게 의도를 표출하는 것은 쉽지 않다. 따라서 외국인 학습자들에게 문장 교육이 제대로 이루어지려면 문장의 구성 요소를 분리해서 교육하기보다는 의문문이라는 통일체 안에 묶어서 교육시키는 것이 훨씬 효율적이다. 그러므로 학습자의 의문문 구성 능력을 향상시키려면 의문문의 다양한 의사소통 기능을 이루는 요소를 적극적으로 개입시켜 의문문의 교육 내용을 구체화해야 한다. 이를 위해 본고에서는 중국인 학습자와 모국어 화자의 한국어 의문문 사용 양상을 대조·분석할 것이다. 다음으로 현재 중국 내 대학에서 사용하고 있는 한국어 정독 교재에서 의문문이 어떤 형태와 어떤 내용으로 교육되고 있는지에 대해 심층적으로 분석하여 의문문 교육의 미진한 점을 밝힐 것이다. 현행 통합 한국어 교재에서 의문문을 지속적으로 다뤄 왔지만 주로 의문기능 및 종결어미를 위주로 해왔고 비의문 기능 및 기능을 실현하는 다른 문법적 요소에 관한 제시는 찾기 어려웠기 때문에 이에 대한 방향을 제시하고자 한다.

2. 중국인 학습자의 의문문 사용 양상 분석

한국인 모어 화자와 중국인 한국어 학습자들의 의문문 사용 실태를 살펴보기 위해 설문조사를 실시하였다. 설문 조사의 절차, 조사 대상의 정보, 설문 문항의 구성, 통계 분석의 방법에 대해 기술하였다. 본 설문 자료는 중국 내 한국어 학습자들의 의문문 활용 능력을 알아보고자 한다.

2.1. 설문 대상 및 조사 방법

본고는 중국 내 한국어 학습자의 의문문 활용능력을 알아보기 위하여, 예비 조사와 본 조사 두 단계로 나눠서 중국인 한국어 학습자의 의문문 사용 실태를 조사하였다. 설문 문항 적절성을 검증하기 위해 2013년 10월 한국에서 한국어를 배우는 중국인 학습자 10명과 한국인 모어 화자 10명을 대상으로 예비 조사를 한 후 설문 문항을 수정·보완하였다. 예비 설문 조사는 설문 문항의 적절성을 검토하기 위하여 실시한 조사이기 때문에 조사 결과는 최종 통계에 넣지 않았다. 본 조사는 2013년 12월에 중국 내 한국어를 400시간 이상 배운 중·고급 한국어 전공 학습자 120명과 한국인 모어 화자 20명을 대상으로 하였으며 21문항으로 구성되었다. 구체적으로 유도 DCT[1] 과제

---

1 담화 완성형 테스트(DCT, Discourse Completion Test)로 수집하고 양 집단 간의 유사점과 차이점을 제시하였다. 이 방법은 1989년 Blum-Kulka 외(1989)의 연구 후

에서 반영된 중국 내 한국어 학습자와 한국인 모어 화자의 의문문 사용 실태를 비교·분석하고 이를 통해서 양 집단의 조사 대상들이 같은 상황에서 선호하는 문법적 요소가 어떻게 다른지를 통계·분석 하여 살펴보고자 한다.

2.2. 설문 내용 및 분석 결과

설문조사는 기초자료인 개인정보와 중국 내 한국어 학습자들의 의문문 사용 실태 조사 두 부분을 포함한다. 총 15문항으로 담화 완 성형 테스트로 구성하고 항목별로 정리하면 다음 〈표 1〉과 같다.[2]

에 화행 연구에서 넓리 사용되기 시작되었으며 지금까지도 화행 연구에서 가장 많 이 사용되는 연구 방법이다. DCT는 다시 진행 방식에 따라 쓰기 담화 완성형 테스 트, 구두 담화 완성형 테스트 등으로 구분한다.

2 이와 같은 설문에 근거하여 실시한 구체적인 설문조사 내용은 부록에 수록하였다.

<표 1> 한국어 학습자 설문지 문항 구성

조사 영역	문항 수	문항내용
기초자료	4문항	성별, 연령, 학년, 한국어 등급
의문문 기능 항목 고찰	8문항	설문I. 기능별 의문문을 사용 의도 조사 • 의문문의 부탁 기능 (문항1) • 의문문의 추측 기능 (문항2) • 의문문의 의향 기능 (문항3) • 의문문의 명령 기능 (문항4) • 의문문의 제보 기능 (문항5) • 의문문의 제안 기능 (문항6) • 의문문의 정표 기능 (문항7) • 의문문의 확인 기능 (문항8)
	7문항	설문II. 의문문의 사용 실태 조사(문항9~15)[3] • 의문형 종결어미의 사용 실태 • 의문사의 사용 실태 • 부사의 사용 실태 • 부정 표현의 사용 실태 • 선어말 어미 '-겠-'의 사용 실태

설문조사는 크게 두 부분을 나눠서 실시했다. 설문 I부분은 의문문을 사용할 가능성이 높은 상황을 설정하고 한국인 모어 화자 및 중국인 학습자들의 각 상황에서 기능별 의문문 사용 의도를 살펴볼 것이다. 그리고 설문 II부분은 의문형 종결어미, 의문사, 부사, 부정 표현, 선어말 어미 '-겠-'을 중심으로 의문문의 구체적인 사용 실태를 살펴볼 것이다.

---

3 기능의 실현은 여러 문법적 요소가 통합한 결과이다. <문항9~15>는 어떤 특정 기능 실현 요소에 대한 조사는 아니다. 따라서 특정 기능 실현 요소와 일대일 대응 관계가 아니고 한 문항에 여러 요소와 관련이 있다.

2.2.1. '설문I'에 대한 실태 조사

설문 I부분은 주로 학습자들의 의문문 사용 의도에 대한 조사이다. 각 문항이 나타난 중국인 학습자와 모국어 화자의 의문문 사용 의도에 대한 통계 결과는 다음 〈표 2〉과 같다.

〈표 2〉 의문문의 사용 빈도 조사

기능 대상	문항1 부탁 기능	문항2 추측 기능	문항3 의향 기능	문항4 명령 기능
한국인 모어 화자	68%	75%	66%	46.2%
중국인 학습자	54.6%	62.5%	56%	12%

기능 대상	문항5 제보 기능	문항6 제안 기능	문항7 정표 기능	문항8 확인 기능
한국인 모어 화자	71%	36%	49%	78.6%
중국인 학습자	15%	16%	23%	75%

통계결과를 보면 중국인 학습자의 의문문 사용 빈도는 전체적으로 한국인 모어 화자보다 낮다. 또한 〈문항1〉, 〈문항2〉, 〈문항3〉, 〈문항8〉과 같은 부탁, 추측, 의향, 확인 기능 등은 상대적으로 의문문을 사용하는 빈도가 높고, 〈문항4〉, 〈문항5〉, 〈문항6〉, 〈문항7〉과 같은 명령, 제보, 제안, 정표 기능 등을 수행하는 의문문은 제한적으로 사용하여 사용 빈고가 낮다. 추측 기능, 의향 기능, 확인 기능은 화자의 발화 의도에 따라 구별이 되지만 청자에게서 대답을 구한다는 점에서는 일치하고 의문문의 기본 의미에서는 벗어나지 않았다. 중국어에서도 이와 같은 기능은 주로 의문문으로 수행하므로 한국인 모어 화

자만큼 능숙하게 표현하지는 못하지만 의문문을 적극적으로 사용할 의도가 보인다. 중국어에서 부탁 화행은 기사문(祈使句)[4]으로 직설적으로 수행할 수 있지만 청자를 더 배려하는 목적에서 의문문으로 완곡하게 발화하는 경우도 많다. 그러므로 중국인 학습자는 한국어로 부탁 화행을 수행할 때도 모국어 영향으로 의문문을 의도적으로 사용했다. 사회언어학의 차원에서 보면 중국인은 직설적 화행을 선호하고 한국인은 완곡한 표현을 선호한다. 이것은 제보 기능, 제안 기능에 대한 설문 결과를 통해서 알 수 있다. 한국인 모어 화자는 의문문을 사용해서 완곡하게 청자에게 제보나 제안 화행을 수행하는 반면에 중국인 학습자는 평서문이나 기사문으로 직설적으로 발화하는 경우가 많다. 그리고 한국어에서 의문문으로 명령 화행을 수행하고 화자의 의도를 강화시키지만 중국어에서는 의문문으로 명령 화행을 수행하는 경우가 드물다.

중국인 학습자와 한국인 모어 화자는 의문문 사용 의도가 다를 뿐만 아니라 구체적인 사용 양상도 다르다. 따라서 중국인 학습자의 구체적인 의문문 사용 양상을 살펴보면서 중국인 학습자들의 의문문 구성 능력을 살펴보겠다.

2.2.2. '설문Ⅱ'에 대한 실태 조사

〈문항9~15〉는 구체적인 의문문 사용 실태에 대한 조사이다. 의사소통 기능의 실현은 어떠한 특정 요소에 의해 실현된 것이 아니라

---

4 기사문은 중국어에서 기사구(祈使句)이라고 하고 '기원(祈願)'과 '사역(使役)'의 줄임말로 한국어에서 명령문과 청유문의 범주와 대응된다.

여러 문법적 요소에 의해 실현 되는 것이다. '설문II'부분에서 중국인 학습자와 한국인 모어 화자들이 의문문의 구체적인 사용 실태에 대한 분석을 통해서 중국인 학습자들이 의문문을 사용 시 발생하는 문제를 분석하고 학습자의 2차적인 의문문 교육이 어디에 초점을 맞춰야 할지 확인하여 교육할 내용을 마련하고자 한다.

① 〈문항9〉의 사용 실태 조사

〈문항9〉 하영은 할아버지와 버스를 타고 집에 가는 길이었다. 할아버지는 더워서 버스 창문을 열어 두셨는데, 추위를 잘 타는 하영이는 창문을 닫으려고 한다. 이 상황에서 하영이가 할 말로 가장 적절한 말을 의문문으로 완성해 보세요.

☞ 하영: 할아버지, ＿＿＿＿＿＿＿＿＿＿＿＿＿＿＿＿ (창문을 닫다)

〈문항9〉는 의문문으로 부탁 화행을 실현하는 상황이다. 실태 조사의 결과에 의하면 중국인 학습자들이 사용하는 의문문 구성 요소는 한국인 모어 화자와 상당한 차이가 있다. 한국인 모어 화자가 많이 사용하는 의문문 양상과 중국인 학습자가 선호하는 의문문 양상은 아래의 〈표 3〉으로 정리했다.

<표 3> <문항9>의 사용 실태 분석

한국인 모어 화자		중국인 학습자	
창문을 좀 닫아도 될까요?	40%	창문을 닫아도 돼요?/됩니까?	40%
창문을 좀 닫아 주실래요?	20%	창문을 닫아도 될까요?	17.8%
창문을 좀 닫아 주시겠어요?	20%	창문을 닫아줄 수 있어요?	15.6%
창문을 좀 닫을 수 있어요?	6.7%	창문을 닫아도 괜찮아요?	11.1%
창문을 좀 닫아도 돼요?	4.3%	창문을 닫아주실래요?	6.7%

　　의문문으로 부탁화행을 수행하는 경우 한국인 모어 화자는 양보를 나타내는 통사구조 '-아/어/여도'와 상대방의 의향을 물어보는 의문형 종결어미 '-(으)ㄹ까요?'가 이루어지는 의문문 구조를 가장 많이 사용하고, 그 다음에 통사구조 '-아/어/여도'와 상대방의 의향을 물어보는 의문형 종결어미 '-(으)ㄹ래요?'가 통합된 형태를 많이 사용했다. 이에 비해 중국인 학습자는 구문표현 '-아/어/여도'와 단순 질문 기능을 수행하는 종결어미 '-아/어/여요', '-ㅂ니까/습니까?'의 통합 형태를 가장 많이 사용한 것을 알 수 있다. 한국인 모어 화자들이 많이 사용하는 의문문 형태와 중국인 학습자들이 많이 사용하는 의문문 형태를 대조한 결과 가장 뚜렷한 차이는 종결어미가 다르다는 것이다. 중국인 학습자들은 상대방의 의향을 물어보는 의문형 종결어미 '-(으)ㄹ까요?'보다 단순 질문 의미를 수행하는 종결어미 '-아/어/여요'나 '-ㅂ/습니까?'를 많이 사용한다. 그 원인은 이 두 개의 종결어미는 학습자가 가장 먼저 학습하는 의문형 종결어미이며 실생활에서도 많이 사용하기 때문이다. 그러나 대조언어학의 차원에서 모국어 전이의 영향도 보인다. 한국어에서 따로 의향 기능을 수행하

는 종결어미 '-(으)ㄹ까요?', '-(으)ㄹ래요?'가 존재하지만 중국어에서는 상대방의 의향을 물어보는 의문 어기사와 단순히 상대방에게 질문할 때 사용하는 의문 어기사가 거의 같다.

    (1) 你每天运动吗?   매일 운동해요?

    (2) 喝咖啡吗?   커피를 드실래요?

    (3) 把门打开吗?   문 열어 드릴까요?

예문(1)은 단순 질문 기능을 수행하고 예문(2), (3)은 상대방의 의향을 알아보는 의향 기능을 수행한다. 한국어에서는 서로 다른 의문형 종결어미를 사용하지만 중국어에서는 완전히 같은 의문어기사 '吗'를 사용한다. 중국인 학습자는 모국어의 영향으로 한국어의 의향 기능을 수행하는 의문형 종결어미와 단순 의문 기능을 수행하는 종결어미를 헷갈려서 사용하는 경우가 많다. 중국인 학습자들은 의향 기능을 수행하는 의문형 종결어미를 파악하는 데 오랜 시간이 필요하다.

  ② 〈문항10〉의 사용 실태 조사

    〈문항10〉 창수가 누나와 함께 백화점에 가서 여자 친구인 수진에게 생일 선물을 하려고 원피스를 골랐다. 하지만 수진의 마음에 들지 않을까 봐 걱정스럽다. 그래서 창수는 자신이 고른 원피스가 어떤지 누나에게 의견을 물어보고 싶다. 이 상황에서 창수가 할 말로 가장 적절한 말을 의문문으로 완성해 보세요.

  ☞ 창수: 누나, ＿＿＿＿＿＿＿＿＿＿＿＿＿＿＿＿＿＿＿ (좋아하다)

〈문항10〉은 주로 학습자들이 상대방의 의견을 물어볼 때 의문문의 구성능력을 알아보기 위해 만든 문항이다. 같은 상황에서 한국인 모어 화자와 중국인 학습자들이 선호하는 의문문 구성 요소가 많이 다르다. 정리하면 〈표 4〉와 같다.

〈표 4〉〈문항10〉의 사용 실태 분석

한국인 모어 화자		중국인 학습자	
누나, 수진이가 이 원피스를 좋아할까요?	50%	이 원피스가 어때요?	28.8%
누나, 수진이가 이 원피스를 좋아할 것 같아요?	16.7%	*누나, 수진이가 이 원피스를 좋아해요?[5]	18.6%
		*누나, 어떻게 생각해요?	11.9%
		누나, 수진이가 이 원피스를 좋아할까요?	6.8%

상대방의 의견을 물어볼 때 모어 화자와 중국인 학습자들이 선택하는 의문문 구성 요소에 상당한 차이가 있다. 한국인 모어 화자는 종결어미 '-(으)ㄹ까요'(50%)를 가장 많이 사용하였고, 그 다음으로 추측 표현 '-(으)ㄴ 것 같다'와 단순 질문 종결어미 '-어/아/여'로 결합해서 이루어진 '-(으)ㄴ 것 같아요?'(16.7%) 구문을 많이 사용했다. 이에 비해 중국인 학습자가 사용하는 표현은 다양하고 분포가 넓다. 형용사 '어떻다'와 단순의문 어미 '-아/어/여요'로 이루어진 구문 '어

---

5 논의상의 편의를 위해 필자가 중국인 학습자들의 구체적인 문법 오류를 수정했다. 그러나 의문문의 구성 요소를 잘못 사용하는 경우 학습자의 의문문 구성 능력을 파악하기 위해 고쳐주지 않고 비문 그대로 보여줬다. 본고에서 나머지 실태분석 예문도 이런 원칙대로 제시하겠다.

때요?'(28.8%)를 가장 많이 사용했고, 단순 종결어미 '-아/어/여요' 및 통사구조 '-다고 생각해요?'(11.9%)도 많이 사용했다. 이는 모국어 의 영향을 많이 받은 결과이다. 중국어에서 상대방의 의견을 물어볼 때 '怎么样?'라는 구문을 많이 사용한다. 중국인 학습자는 한국어로 상대방의 의향을 물어볼 때도 모국어 영향으로 '怎么样?'과 대응하 는 '어때요?'를 많이 사용하였다. '누나, 수진이가 이 원피스를 좋아 해요?'의 비문은 앞에 〈문항10〉에서 설명했듯이 모국어 전이로 인해 중국인 학습자는 상대방의 의향을 물어보는 종결어미 '-(으)ㄹ까 요?'와 단순 의문 기능을 수행하는 의문형 종결어미를 잘 구별하지 못했다. '누나, 어떻게 생각해요?'라는 구문은 문법적으로 비문이 아 니지만 한국인 모어 화자들은 잘 사용하지 않는 발화이다. 중국어에 서 〈문항10〉의 상황에서 '姐, 你觉得怎么样?'를 직접적으로 번역한 문장이다.

③ 〈문항11〉의 사용 실태 조사

〈문항11〉 학교에 갈 시간이 지났는데도 수미는 집에서 어정거리고 있 었다. 그 모습을 본 어머니는 <u>화가 나서</u> 수미에게 학교에 빨리 가라고 <u>재 촉하려고 한다.</u> 이 상황에서 어머니가 할 말로 가장 적절한 말을 의문문 으로 완성해 보세요.

☞ 어머니: 너 계속 이렇게 어정거릴거야? _____? (학교에 가다)

〈문항 11〉은 중국인 학습자들의 재촉 명령화행을 수행하는 의문 문 구성능력을 알아보기 위해 만든 문항이다. 한국인 모어 화자와

중국인 학습자가 많이 사용하는 의문문을 정리하면 아래 〈표 5〉와
같다.

〈표 5〉 〈문항11〉의 사용 실태 분석

한국인 모어 화자		중국인 학습자	
학교에 안 갈 거야?		학교에 가지 않아?	
학교에 안 갈래?		학교에 늦지 않아?	21.4%
학교에 안 갈거니?	83.3%	*학교에 가고 싶어 하지 않아?	
학교에 (얼른) 안 가?		학교에 안 가?	17.9%
(빨리) 학교에 안 가니?		학교에 가기 싫어?	10.7%
학교에 언제 갈 거야?	16.7%	학교에 늦게 가도 괜찮아?/돼?	6.4%

　　부정 표현은 한국어 의문문의 다양한 의사소통 기능을 이루는 데
중요한 역할을 하지만 명령 화행을 수행할 때는 주로 단형 부정을
많이 사용한다. 〈문항11〉에 대한 실태 분석에 의하면 한국인 모어 화
자는 83.3%는 부정사 '안'으로 이루어진 단형 부정을 사용해서 명령
화행을 수행했지만 중국인 학습자의 경우 단형 부정의 사용 빈도는
겨우 17.9%밖에 안 된다. 그 대신에 장형 부정이나 구문 표현 '-기 싫
다'를 많이 사용했다. 이외에 상황에 맞지 않은 다양한 비문도 많이
출현했다. 중국인 학습자들이 부정 표현을 사용하는 빈도수가 한국
인 모어 화자보다 많이 떨어진다는 것은 중국인 학습자들이 의문문
의 명령 화행 부정 표현의 역할을 잘 파악하지 못했기 때문이다. 부
정 표현을 사용하더라도 장형 부정과 단형 부정을 구별하지 못해서
단형 부정 대신 장형 부정을 많이 사용했으며 모어 화자는 재촉을

나타내는 부사 '빨리', '얼른'을 많이 사용하는 반면에 중국인 학습자는 부사를 사용해서 발화력을 강화할 줄 모른다는 결과가 도출되었다.

④ 〈문항12〉의 사용 실태 조사

〈문항12〉 동석은 보은과 성일의 여자 친구 외모에 대해 이야기하고 있다. 동석은 성일의 여자 친구가 참 예쁘다고 생각하지만 보은은 그렇게 생각하지 않는다. 아래의 대화를 적절한 의문문으로 완성해 보세요.

☞ 동석: 성일이의 여자 친구가 참 예쁘지?
☞ 보은: 그 여자가 _____? (예쁘다).

의문문의 기본적인 기능은 청자에 대한 제보 요구지만 〈문항12〉는 상대방에게 제보 요구를 하는 것이 아니고 화자의 주장을 의문문으로 강하게 표출한 것이다. 〈문항12〉처럼 한국인 모어 화자는 의문사를 부정사로 사용해서 선행 발화를 부인하고 자기의 주장을 강하게 표출하는 경우가 많다. 한국인 모어 화자와 중국인 학습자들이 많이 답한 답변을 정리하면 아래 〈표 6〉과 같다.

〈표 6〉〈문항12〉의 사용 실태 분석

한국인 모어 화자		중국인 학습자	
그 여자가 예뻐?/예쁜가?	40%	그 여자가 예뻐?	8%
그 여자가 뭐가 예뻐?	20%	그 여자가 예쁘다고 생각해?	7%
그 여자 어디가 예뻐?	13%	그 여자가 예쁘다고?	6%
그 여자가 뭘 예뻐?	13%	그 여자 어디가 예뻐?	5%
그 여자가 예쁘다고?	6.7%	*그 여자가 정말/진짜 예뻐요?	5%
그 여자가 예쁘다고 생각해?	6.7%	*그 여자가 그렇게 예뻐요?	4%

〈문항12〉의 사용 실태를 보면 '그 여자가 정말/진짜 예뻐요?'와 '그 여자가 그렇게 예뻐요?'와 같이 문법적인 오류는 없지만 주어진 상황에 맞지 않는 답변이 많다. 중국인 학습자가 의문문으로 자기의 주장을 표출하는 데 많은 어려움을 느꼈다는 것을 알 수 있다. 한국인 모어 화자는 '뭐가', '뭘', '어디'를 두루 사용하는 반면에 중국인 학습자는 '어디'만 사용했다. 이것은 중국어에서도 의문사 '어디'와 대응하는 중국어 의문 어기사 '哪'로 부정적인 주장을 표출하는 데서 찾을 수 있다. 그 이외에 중국인 학습자들은 상대방의 생각을 확인하는 '-다고 생각하다', 상대방의 말을 재인용하는 '-다고'도 많이 사용했다. 이러한 두 표현도 같은 상황에 많이 사용하는 중국어표현 '你觉得那女孩漂亮?', '你说那女孩漂亮?'과 연관 있다. 중국인 학습자는 모국어 전이로 한국어를 사용할 때도 중국어와 대응하는 의문문 형태를 선호한다는 것을 알 수 있다.

⑤ 〈문항13〉의 사용 실태 조사

〈문항 13〉 보라와 은상은 동창모임을 위하여 저녁 식사를 준비하고 있다. 음식을 넉넉히 준비했지만 보라가 혹시나 음식이 모자랄까봐 좀 걱정한다. 아래의 대화를 적절한 의문문으로 완성해 보세요.

☞ 보라: 음식을 이렇게 넉넉히 준비했는데 _____. (모자라다)
☞ 은상: 그럼요, 걱정마세요. 넉넉할 거예요.

〈문항13〉은 화자가 자기의 걱정을 추측하듯이 상대방에게 묻는 상황이다. 한국인 모어 화자와 중국인 학습자가 사용빈도가 높은 답변을 정리하면 아래 〈표 7〉과 같다.

〈표 7〉 〈문항13〉의 사용 실태 분석

한국인 모어 화자		중국인 학습자	
모자라지 않겠죠?	55%	*좀 모자라지 않아요?	24%
모자랄까요?	36%	모자라면 어떻게 해요?	12%
모자라지 않을까요?	9%	*모자랄 것 같아요?	6%
		모자라지 않겠어요?	4%

〈문항13〉에 대한 실태 조사를 보면 모어 화자들은 추측을 나타내는 선어말 어미 '-겠-'과 종결어미 '-지요?'의 통합 형태를 가장 많이 사용하고, 그 다음으로 추측을 나타내는 종결어미 '-(으)ㄹ까요?'를 많이 사용했다. 중국인 학습자들은 이 두 가지 형태를 사용하는 빈도가 현저히 낮고 의문문을 많이 사용하지만 '좀 모자라지 않아요?' 와 '모자랄 것 같아요'등 같은 상황에 맞지 않은 의문문을 많이 사용

했다. 중국인 학습자들이 많이 사용하는 의문문 형태는 '모자라면 어떻게 해요?'인데 이 문장은 가정을 나타내는 연결어미와 상대방의 의향을 물어보는 형용사 '어떻다', 종결어미 '-아/어/여요?'가 결합한 구문이다. 중국인 학습자들이 이 구문을 많이 사용하는 이유는 중국어에서 '不够的话怎么办?' 표현의 영향을 받은 것으로 추측할 수 있다. 실태 조사의 결과를 통해서 알 수 있듯이 중국인 학습자들은 양태를 나타내는 선어말어미 '-겠-'과 의문형 종결어미의 통합 형태가 아직 익숙하지 않거나 잘 파악하지 못해서 발화에서 회피 전략을 사용한 것으로 유추할 수 있다.

⑥〈문항14〉의 사용 실태 조사

〈문항14〉 동석과 명철은 회사 동료이다. 어느 날 동석은 명철의 여동생이 예쁘다는 소문을 듣고 얼마나 예쁜지 궁금해서 명철에게 여동생의 사진을 보여 달라고 한다. 아래의 대화를 적절한 의문문으로 완성해 보세요.

☞ 동석: 명철 씨, 여동생이 _____? (예쁘다) 사진 좀 보여 주세요.

〈문항14〉는 제3자로부터 얻은 정보를 청자에게 확인해 달라고 하는 상황을 설정하고 이 상황에서 중국인 학습자와 모어 화자의 의문문 사용 양상을 비교해 보았다. 한국인 모어 화자와 중국인 학습자가 사용빈도가 높은 답변을 정리하면 아래〈표 8〉과 같다.

〈표 8〉〈문항14〉의 사용 실태 분석

한국인 모어 화자		중국인 학습자	
여동생이 그렇게 예쁘다며?	50%	여동생이 예뻐요?	48.1%
여동생이 예쁜가요?	25%	여동생이 예쁘지요?	22.2%
여동생이 예쁘나요?	12.5%	*여동생이 예쁘다고 해요?	14.8%
여동생이 예뻐요?	12.5%	여동생이 예쁘다면서요?	7.4%
		사람들의 말대로 여동생이 예뻐요?	2%
		여동생이 예쁘다고 들었어요. 정말 그렇게 예뻐요?	1%

    통계 결과를 보면 모어 화자와 중국인 학습자들은 모두 단순 의문 기능을 수행하는 종결어미를 가장 많이 사용한다. 그러나 확인 기능을 수행하는 의문형 종결어미에 대한 선택이 많이 다르다. 한국인 모어 화자는 종결어미 '-다면서요?'를 사용하지만 중국인 학습자들은 종결어미 '-지요?'를 많이 사용한다. '-다면서요?'와 '-지요?'를 모두 확인을 나타내는 의문형 종결어미이지만 내포된 의미가 다르다. '-다면서요?'는 화자가 다른 사람이나 청자에게서 들은 정보를 청자에게 확인해 달라고 하는 것이지만 '-지요?'는 화자 자신이 예상한 내용이나 판단을 청자에게 확인해 달라고 하는 것이다. 중국인 학습자들은 유사한 두 종결어미를 헷갈리기 때문에 잘못 사용했다. 그리고 조사결과에서 또 한 가지 주목할 만한 것은 중국인 화자가 간접인용이 나타나는 '-다고 하다'형태의 사용 빈도는 비교적 높다는 것이다. 이것은 학습자들이 〈문항14〉에 내포된 '제3자에게서 들은 정보'를 잘 파악했지만 정보를 어떻게 표출해야 될지를 몰라서 중국어

와 대응하는 표현을 사용했기 때문이다.

⑦ 〈문항15〉의 사용 실태 조사

> 〈문항15〉 혜연이와 하나는 이상형에 대해 이야기 하고 있었다. 혜연이는 모든 것이 완벽한 사람과 결혼을 꿈꾸고, 하나는 세상에 완벽한 사람은 없다고 생각한다. 아래의 대화를 적절한 의문문으로 완성해 보세요.
>
> ☞ **혜연: 난 나중에 예쁘고, 착하고, 똑똑한 부자와 결혼할 거야.**
> ☞ **하나: 에이, 세상에 그런 사람이 ＿＿＿＿＿＿＿? (있다)**

〈문항15〉는 의문문으로 자기의 주장을 표출한 상황이다. 한국인 모어 화자와 중국인 학습자의 답변 분포가 분산적이고 서로 달랐다. 사용 빈도가 높은 답변을 정리하면 〈표 9〉와 같다.

〈표 9〉 〈문항15〉의 사용 실태 분석

한국인 모어 화자		중국인 학습자	
그런 사람이 어디 있니?	25%	그런 사람이 있어?	33.9%
그런 사람이 있을까?	18.8%	그런 사람이 어디 있어?	17.9%
그런 사람이 있겠어?	18.8%	*그런 사람이 있다고 생각해?	12.5%
그런 사람이 있냐?	12.5%	그런 사람이 있겠니?	12.5%
그런 사람이 있나?	6%	그런 사람이 있냐?	10.7%
그런 사람이 있기는 하냐?	6%	*그런 사람이 있으면 너랑 결혼할 수 있어?	7%
그런 사람이 있어도 너랑 결혼하겠냐?	6%	*그런 사람이 있을 수 있어?	5.4%

실태 조사의 결과에 의하면 주어진 상황에서 한국인 모어 화자와 중국인 학습자들은 모두 의문사 '어디'를 많이 사용해서 부정적인 주장을 표출한다. 같은 상황에서 중국어에도 한국어와 유사하게 의문어기사'哪'로 구성된'哪有那样的人?'을 사용하여 모국어 영향을 어느 정도 받은 결과로 볼 수 있다. 한국인 모어 화자는 종결어미 '-ㄹ까요?'로 화자의 추측을 나타내지만 중국인 학습자의 답변에서 '-ㄹ까요?'로 이루어진 의문문이 거의 없고 주로 단순 의문 기능을 수행하는 종결어미 '-어/어/여요?'를 사용했다. 그 이유는 중국인 학습자에게 다양한 의도를 나타내는 종결어미 '-ㄹ까요?'는 어렵기 때문이다. 그리고 한국인 모어 화자보다 중국인 학습자는 선어말어미 '-겠-'의 사용 빈도가 떨어지고 대신에 구문 표현 '-다고 생각하다'와 '-ㄹ 수 있다'를 사용했다. 독립어인 중국어는 '-겠-'같은 어미가 없고 주로 어휘 수단으로 양태를 나타나기 때문에 중국어에서 〈문항15〉같은 상황에 많이 사용하는 어휘를 번역해서 사용하기 때문이다. '-다고 생각하다'는 중국어에서 '你觉得会有那样的人吗?'의 동사 '觉得'에서 번역 온 것이고 '-ㄹ 수 있다'는 '会有那样的人吗?/有那样的人的话，会跟你结婚吗?'의 양태동사 '会'에서 번역해 온 것이다.

2.2.3. 설문 조사 결과에 대한 분석 정리

앞에서 항목별로 설문 조사 결과를 분석했는데 이절에서는 설문 조사에 대한 전반적인 분석을 통해서 중국인 학습자들이 의문문 활용에서 나타난 문제점을 살펴보겠다. 학습자들의 의문문 사용 실태와 한국인 모어 화자의 의문문 사용 실태에 대한 대비·분석에 의하면 학습자들은 의문문 사용에서 주로 아래와 같이 몇 가지 문제가 있다.

첫째, 의문문의 다양한 의사소통 기능을 상황에 맞게 사용하지 못한다. 설문 조사I부분은 의문문을 사용할 가능성이 높은 상황을 설정하고 한국인 모어 화자 및 중국인 학습자들은 각 상황에서 의문문을 사용할 의도를 살펴보았는데 중국인 학습자들은 의문문을 사용할 의도는 한국인 모어 화자보다 낮다는 것을 알 수 있었다. 한국인 모어 화자에 비해 중국인 학습자는 직설적인 표현을 더 선호하고 의문문으로 의문 이외의 의도를 표출하는 데 서투르다. 주어진 상황에서 자기의 의도를 표현할 수 있지만 적절하게 표현하지 못하고 있다. 의문문을 간접적으로 다른 화행을 수행하려 하면 더 복잡한 사고과정이 필요하다. 때문에 의문문의 다양한 의사소통 기능을 다 파악하지 못하는 학습자에게 의문문으로 완곡하게나 강하게 자기의 의도를 표현하는 것은 어렵다.

둘째, 부분 의문형 종결어미 간의 구별이 잘 되지 않는다. 종결어미를 구별 못하는 원인은 주로 두 가지로 귀납할 수 있다. 첫째, 모국어에서 차이가 없는데 목표어에서 차이가 나는 경우, 〈문항9〉에 대한 분석에서 언급했듯이, 중국인 학습자들은 모국어 영향으로 단순 의문 기능을 수행하는 종결어미 '-아/어/여요'와 의향기능을 수행하는 종결어미 '-ㄹ까요'를 구분하지 못하여 상대방의 의향을 물어볼 때 '-아/어/여요'를 많이 사용한다. 이런 경우 학습자가 모국어의 영향으로 당연히 그러려니 판단하고 목표어를 모국어처럼 사용하기 때문이다. 둘째, 목표어에서 기능이 유사한 여러 종결어미의 미세한 차이를 파악하지 못해서 종결어미를 잘못 사용하는 경우이다. 예를 들면 중국인 학습자들이 상대방에게서 확인을 요청하는 종결어미 '-다면서', '-지', '-다고요'를 헷갈려서 사용하는 경우가 많고 상대방의 의향을 물어볼 때 종결어미'-ㄹ까요'와 '-ㄹ래요'를 혼동해서 사용하는 경우도 많다. 전자는 모국어와의 대조를 도입해서 양 언어 간의 차이를 밝히면서 가르칠 필요가 있고 후자는 유사한 몇 개 종결어미의 대조를 통해서 차이점을 밝히면서 가르칠 필요가 있다.

셋째, 의문사를 부정사로 사용하는 경우에 익숙하지 않다. 의문사는 의문문의 여러 가지 의사소통 기능에서 두루 사용하지만 부정사로서는 〈문항12〉가 제시했듯이 주로 제보 기능과 같이 공기하고 화자의 주장을 나타낸다. 의문문의 제보기능과 통합해서 가르칠 필요가 있다.

넷째, 의문문에서 부정표현의 사용은 오류가 많이 나타났다. 한국어의 대표적인 부정소는 부정의 의미를 가지는 부사 '아니(안)', 못, 그리고 부정 서술어 '아니하다(않다)', '못하다', '말다', '아니다'가 있는데 '말다' 부정표현은 주로 청유문과 명령문에서 사용되고 의문문에서 사용되지 않는다. 의문문은 '말다' 이외의 부정표현과 같이 공기해서 여러 가지 의사소통 기능을 수행하며 의사소통 기능에 따라 같이 공기되는 부정표현이 달라진다. 〈문항11〉에 관한 분석에서 언급했듯이 재촉을 나타내는 명령 화행에서 한국인 모어 화자는 단형 부정을 많이 사용하는 반면에 중국인 학습자들은 장형 부정을 많이 사용한다. 학습자들은 부정 표현과 의사소통기능 간의 공기관계를 잘 파악하지 못하기에 부정 표현을 적절하게 선택해서 발화의도를 표현하지 못한다. 본고에서 부정표현을 의문문의 의사소통 기능과 결합해서 가르칠 필요가 있다고 보고 기능별로 부정표현을 정리해 보고자 한다.

다섯째, 〈문항9〉, 〈문항13〉을 비롯한 여러 문항에 관한 실태 분석을 보면 중국인 학습자들은 '-겠-'의 사용 빈도가 한국인 모어 화자보다 현저히 낮다. 학습자들은 의사소통에서 양태를 나타내는 선어말어미 '-겠-'을 회피하고 대신에 다른 문법적 요소를 사용하는 경향이 보인다. 앞에서 한·중 대조 부분에서 분석했듯이 중국어에서 주로 양태동사로 양태를 나타나 선어말어미 '-겠-'과 대응하기 어렵다. 모국어에서 대응관계를 찾지 못하기 때문에 중국인 학습자들은 '-겠'을 잘 파악하지 못하고 중국어와 대응하는 어휘나 구문 표현을 많이 사용했다. '-겠-'의 사용에서 회피전략을 취했다. 또한, '-겠-'은 한국어 학습의 초급 단계에서 전형적인 시제 요소로 학습하기 때문에 학습자들이 선입견 때문에 '-겠-'의 주요 기능은 시제를 나타낼 줄 알고 '-겠-'의 다른 기능을 소홀히 한다. 따라서 본고에서 의문문의 다양한 기능과 결합해서'-겠-'의 양태 기능을 학습자에게 보여주면서 '-겠-'이 의문문의 다양한 기능에 이루는데 중요한 역할을 한다는 것을 보여주고자 한다.

여섯째, 의문문의 다양한 기능을 수행하는 데 부사가 빠지는 경우가 많다. 부사는 의문문의 다양한 기능을 이루는데 반드시 필요한 요소는 아니지만 화자의 의도를 명확하게 하는 보조적인 기능을 수행한다. 때로는 빠지면 안 되는 중요한 요소이기도 하다. 그러나 〈문항11〉, 〈문항13〉에 관한 실태 조사에 의하면 중국인 학습자들은 의문문을 사용할 때 보조적인 역할을 하는 부사를 '빨리/얼른', '좀' 등이 많이 빠진다. 본고는 화자의 발화 의도를 더 명확하게 해 주는 부사도 의문문 교육의 내용에 보충하고 기능에 따라 많이 사용하는 부사를 학습자에게 제시하고자 한다.

일곱째, 의문문으로 어떠한 의사소통 기능을 수행할 때 같이 공기
되는 구문 표현에 대해 잘 파악하지 못한다. 〈문항13〉같은 부탁 화행
을 수행할 때, 양보를 나타내는 구문 표현 '아/어/여 주다'가 같이 공
기되는 경우가 많은데 중국인 학습자가 '아/어/여 주다'의 사용 빈도
가 상대적으로 낮다. 본고는 이 같은 의문문의 의사소통 기능을 실
현하는데 많이 공기되는 구문표현도 의문문의 기능과 통합해서 가
르칠 필요가 있다고 본다.

의문문의 화용 능력을 신장 시키려면 먼저 의문문의 다양한 의사
소통 기능을 가르칠 필요가 있다. 그 다음에 기능에 따라 의문문의
기능 실현 요소를 살펴볼 필요가 있다. 위에 논의한 문제점을 맞춰
서 의문문의 2차적인 교육 내용을 마련하고자 한다.

 ## 3. 한국어 교육에서의 의문문 교육

3.1. 『정독(精讀)』교재의 의문문 교육 내용 분석

앞에 언급한 것과 같이 본고는 이미 한국어 의문문에 대해 일정한
지식을 가지고 있는 중국인 중·고급 학습자들을 대상으로 의문문의
2차적인 교육을 실시하는데 목적이 있다. 구체적으로 말하면 중국
내 한국어 전공 학습자들의 전공 수업인 문법수업에서 기능중심으

로 의문문을 다시 체계적으로 교육할 계획이다. 이런 반복적인 교육을 통하여 학습자들이 의문문을 더 깊이 이해하게 하고 의문문의 다양한 기능을 잘 활용해서 상황에 맞게 의도를 표출하도록 한다. 이같은 체계적인 의문문 교육을 검토하기 전에 먼저 학습자들이 의문문에 대해 어느 정도 인지하고 있는지 살펴볼 필요가 있다. 이를 위해서는 먼저 중국 현지 사용하고 있는 한국어 정독 교재에서 의문문 교육이 어떻게 이루어지고 있는지를 살펴보겠다. 본 절에서는 한국어 통합교재에서 의문문 관련 교육 내용을 어떤 방식으로 제시하고 있는지, 어떤 기능을 기술하고 있는지를 살펴보고 이에 의하여 '문법' 수업에서 체계적인 의문문 교육의 가능성과 필요성을 검증하고자 한다.

통합교재는 중국에서 '정독(精讀)' 수업에서 사용하는 것으로 『정독(精讀)』교재라고 한다. 중국에서 출판된 한국어 교재에서 전공학습자를 위한 정독 교재는 주로 11가지가 있고 〈표 11〉로 정리했다. 정독 교재는 크게 중국의 대학교에서 편찬된 현지 교재와 한국대학교 언어교육기관에서 편찬된 수입 교재로 나눌 수 있다. 현지 교재는 2000년 이후에 많이 나왔지만 아직 편찬 작업 중인 교재도 꽤 있다. 초급부터 고급까지 같은 기관이 편찬된 교재를 가지고 수업하는 대학교도 있고 단계별로 여러 기관이 편찬된 교재를 혼용해서 수업하는 대학교도 많다. 본문은 체계적인 연구를 위해서 출판된 교재 중에 초·중·고 셋 단계 편찬이 완성된 교재 7가지를 선택해서 연구 대상으로 한다. 즉, 연변대, 북경대, 산동대, 연세대, 서강대, 서울대, 경희대 교재를 대상으로 『정독(精讀)』수업에서 의문문의 교육 실태를 분석하고자 한다.

〈표 10〉 분석 대상 한국어 교재 목록

	소속	교재명	저자	출판 년도	권수	완성 상태	원출 판지
1	연변대	韓國語	崔義秀 외	2001~2003	초급2권, 중급2권, 고급2권	완성	중국
2	북경대	韓國語	李先漢 외	2001~2004	1~4	완성	중국
3	산동대	大學 韓國語	牛林杰 외	2009~2010	1-6	왕성	중국
4	대련외대	現代 韓國語	潘燕梅	2005~2006	초급2권	미완성	중국
5	복단대	韓國語	姜銀國 외	2005~2008	초급2권, 중급1권	미완성	중국
6	廣州外語 外貿大學	韓國 語教程	全永根 외	2008	초급2권, 중급2권	미완성	중국
7	길림대	標準 韓國語	尹允鎭	2006~2008	초급2권 중급2권	미완성	중국
8		標準 韓國語	25개 대학교 공적	1996~2000	1~3	미완성	중국
9	연세대	韓國語 教程	연세대학교 한국어 학당	2007	1~6	완성	한국
10	서강대	韓國語 基礎教程	서강대학교 한국어 학당	2008~2009	1~6	완성	한국
11	경희대	新標準 韓國語	경희대 한국어학당	2005~2006	초급2권, 중급2권, 고급2권	완성	한국
12	서울대	韓國語	서울대 언어교육원	2008~2009	1~4	완성	한국

『精讀』교재는 의문문에 관한 제시 부분에서 주로 '문법 및 표현' 부분이나 이에 해당하는 부분을 위주로 제시하고 있고, 의문문의 다 양한 기능을 수행하는 문법적 요소에서는 종결어미와 의문사를 위 주로 많이 기술되어 왔다. 선정된 교재에서 의문문 관련 제시 항목

의 단계별 분포 양상 및 기능별 분포 양상은 다음과 같다.

3.1.1. 의문문에 관한 표현 항목의 단계별 분포 양상

한국에서 편찬된 교재는 주로 학습자의 수준으로 초, 중, 고급 3단계로 구분되어 있으며, 단계별로 2권씩 총 6권으로 구성되어 있다. 이 같은 교재 등급 체계는 학습자의 수준을 고려 한 분류이다. 중국에서 편찬된 교재는 이처럼 학습자의 수준에 따라 편찬한 경우도 있고 학년별에 따라 교재를 4권으로 구성 한 교재도 있다. 이것은 4년제의 교육과정을 따른 것이다. 선정된 교재에서 의문문 관련 제시 항목의 단계별 분포 양상은 〈표 11〉과 같다.

〈표 11〉 의문문에 관한 표현항목의 단계별 분포

	대학기관	초급		중급		고급		통계
		1권	2권	3권	4권	5권	6권	
1	연변대	7	5	3	1	1	0	17
2	북경대	15	3	8		1		27
3	산동대	15	3	5	3	1	0	27
4	연세대	8	5	6	6	3	1	29
5	서강대	16	3	2	5	1	0	27
6	경희대	6	1	3	3	7	2	22
7	서울대	7	3	5		2		17

〈표 11〉의 통계를 보면, 각 교육 기관이나 권수에 따라 의문문의 제시 횟수의 차이가 있지만 의문문에 관한 표현 항목을 분석한 결과 50% 이상은 초급에서 제시되고, 40% 이상은 중급에서 제시되고 있

다. 초·중급 교재에서 의문문에 관한 제시는 주로 의문형 종결어미 위주로 제시되어 있으나, 고급 교재에서는 다양한 문법적 요소로 이루어진 '구문 표현'의 형태로 많이 제시되어 있다. 그리고 초·중급 교재에서 의문문에 관한 형태적, 통사적 내용에 초점을 둔 반면에, 고급 교재에서는 의문문에 관한 화용론적 내용에 초점을 맞추고 있다.

3.1.2. 의문문에 관한 표현 항목의 기능별 분포 양상

교재에서 의문문에 관한 표현 항목은 단계성에 따라 다를 뿐만 아니라 기능별에 따라 그 양상도 다르다. 다음으로 교재에서 의문문의 기능별 제시에 관한 통계를 살펴보면 〈표 12〉와 같다.

〈표 12〉 교재에서 의문문 표현항목의 기능별 분포 양상

		연변대	북경대	산동대	연세대	서강대	경희대	서울대	합계
단순 의문		7	13	5	11	16	7	11	70
의향		5	2	4	2	3	2	4	22
추측		2	1	2	×	1	1	1	8
확인		2	6	2	4	3	3	5	29
제보	강조적	×	2	×	6	×	2	×	10
	완곡한	×	2	1	×	1	×	×	4
지시	명령	×		×	×	×	×	×	0
	부탁	×	1	×	×	1	×	×	2
	제안	×	1	2	1	1	1	1	7
표정	감탄	1		×	×	×	1	×	2
	질책	×		×	×	×	×	×	0
	놀라움		2	1	2	×	1	×	6
인사		×	×	×	×	×	×	×	0
기타							1		

위의 기능별 제시를 빈도표로 바꿔서 나타내면 아래 〈그림 1〉과
같다.

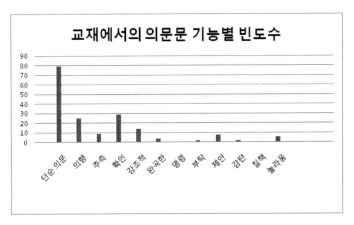

〈그림 1〉 교재에서의 의문문 기능별 빈도수

의문문의 기능별 분포 양상을 통해서 알 수 있듯이 초급 교재에서
는 의문문의 의문 기능을 많이 다루었고, 고급 교재에서는 주로 의
문문의 비의문 기능을 다루었는데 의문 기능의 하위분류인 단순 의
문 기능, 의향 기능, 추측 기능, 확인 기능을 많이 다룬 반면에 비의
문 기능에 대한 제시는 찾기가 어렵다. 기능별 분포는 불균형적인
특성이 보인다.

현행 한국어 교재는 대부분 구조적 교수요목과 개념-기능 교수요
목을 병행하여 지도하는 방식으로 편찬되었고, 의문문에 관한 내용
도 형태·구조면과 기능면을 병행하여 제시하고 있다. 초·중급 교재
에서 의문문에 관한 형태적, 통사적 내용에 초점을 둔 반면에, 고급

교재에서는 의문문에 관한 화용론적 내용에 초점을 맞추고 있다. 초급 교재에서는 의문문의 의문 기능을 많이 다루고, 고급 교재에서는 주로 의문문의 비의문 기능을 다룬다는 특징을 보인다. 통합교재는 난이도, 사용빈도, 주제와의 관련성 등 요소를 고려해서 의문문 관한 표현 항목을 잘 선정하고 배열하였지만 미진한 점도 있다. 정독 교재에서 의문문에 관한 제시는 주로 의문형 종결어미와 의문사에 초점을 두고 제시되었다. 의문문의 다양한 기능을 수행하는데 중요한 역할을 하는 부사, 부정 표현 등 요소에 대한 언급이 없다. 또한, 의문문의 의문 기능이 많이 노출된 반면에 비의문 기능은 교재의 '문법 제시'부분에서 주로 '구문 표현'의 형태로 제시되어 있거나 본문과 예문에서 설명 없이 제시되어 있다. 교재마다 제시된 의문문의 비의문 기능의 표현 형태는 많이 다르고 반복적인 제시가 거의 없고, 의문문의 다양한 기능 간의 차이점에 대한 언급도 찾기 어렵다. 의문문의 다양한 기능과 기능을 이루는 문법적 요소에 대한 제시가 부족한 탓에 학습자들은 의문문에 대한 기초적인 지식은 알고 있더라도 의문문의 다양한 기능을 활용하는 전반적인 파악은 아직 부족하다. 따라서 학습자들에게 의문문을 기능 중심으로 체계적으로 정리할 필요성이 있다.

또 한편으로 각 교육 기관이나 권수에 따라 의문문의 제시 횟수의 차이가 있지만 교재에서 의문문에 관한 표현 항목을 분석한 결과 50% 이상은 초급에서 제시되고, 90% 이상이 중급까지 제시되고 있다. 고급 교재에서는 좀 더 어려운 의문 표현이 나오지만 주로 이미 배운 여러 가지 문법적 요소를 통합한 통사구조이다. 바꿔 말하면 4

학기를 배운 한국어 학습자들은 의문문에 대해 상당한 지식을 가지는 상태이다.

3.2. '문법'수업에서 체계적인 의문문 교육의 적합성

한 집단의 언어를 능숙하게 구사하기 위해서는 습득이든 학습이든 반복하는 과정이 필요하다. 외국어 교육의 효율성을 제고하기 위해서는 언어 지식을 한번만 제시하는 것이 아니고, 나선형 접근이 필요하다는 것을 학계에서는 이미 인정하고 있다. 문법 수업에서 이미 배운 의문문 관련 지식을 의사소통 기능을 중심으로 다시 정리하면서 의문문의 학습 효과를 향상시킬 수 있다.

한국 내 대학교에 다니는 학습자들은 보통 전공 학습의 교양과목으로 학점을 얻기 위한 목적으로 한국어를 배운다. 이들은 수업 시간도 제한되어 있고 수업 선택도 한계가 있다. 본고의 연구대상은 중국 내 4년제 대학교를 다니는 한국어 전공 학습자들이다. 이들은 수업 시간뿐만 아니라 수업 종류도 다양하고 아래 〈표 13〉에서 제시한 바와 같이 대부분 대학교 전공 수업으로 문법 수업이 개설되어 있다.

〈표 13〉 중국 내 대학교 한국어 문법 수업의 개설 현황

학교	수업명	과정분류	수강시간 (학기)	개설학기
상해외대	조선어문법	전공필수	1	6
연변대학	조선어문법	전공필수	2	6~7
대련외대	한국어문법	전공선택	1	4~6
사천외대	조선어문법	전공선택	1	7
복단대학	한국어 문법론	전공선택	2	5~6
광동외어외무대	조선어 문법 및 어휘	전공선택	1	5
산동대학교	한국어문법	전공필수	1	4

한국어 문법 수업은 중국 내 대학교의 한국어 전공 수업으로 보통 5~6학기에 개설되고 1~2학기에 걸쳐 개설된다. 4학기의 학습을 통해서 일정한 의문문 지식을 배우는 학습자들에게 있어서 5, 6학기는 의문문을 체계적으로 다시 정리하는 적절한 시기라고 볼 수 있다. 게다가 통합교재는 난이도, 사용빈도, 주제와 관련성 등의 요소를 고려해서 문법 항목을 선정하고 배열하는 장점이 있는 반면에 관련 문법 항목을 체계적, 연속적으로 제시하지 못한다는 단점도 있다. 이와 반대로 문법교재에서는 관련 문법 항목을 같은 주제 내에 묶어서 집중적으로 다루고 체계적으로 제시한다는 장점이 있다. 이처럼 관련 문법 항목의 유사점과 차이점의 대비를 통해서 문법 항목 간의 상관성과 구별이 더 뚜렷하게 보인다. 따라서 체계적으로 짜인 의문문 교육이 이루어질 수업 환경으로 볼 수 있다.

의문문은 문법의 큰 범주로서 문법교재에서 빠지지 않고 수록하는 내용이지만 대부분 외국인 한국어 학습자를 대상으로 한 문법 교

재에서는 통합 한국어 교재에서 제시된 문법 항목을 범주화하여 형태·구조적 특징대로 나열하고 설명하는 작업만 했다. 교사가 이런 문법 교재를 가지고 수업 내용을 구성하면 배운 문법 항목을 다시 복습하는 것처럼 학습자의 관심을 끌기가 어렵고 좋은 학습 효과를 거두지 못한다.

본 연구는 문법 수업에서 학생들에게 이미 배운 문법 항목을 새로운 시각에서 바라보고 좋은 예문을 통해 의문문의 기능을 중심으로 다시 체계적으로 학습해 보자는 연구다. 즉, 기능을 중심으로 의문문을 체계적으로 정리하고 문법 수업에서 학습자에게 의문문을 화용적 차원에서 교육하는 교수·학습 방법을 모색하는 것이다.

4. 결론

본고에서는 한·중 대조를 통해서 예측된 학습 난점에 대한 설문조사를 작성하고 중국인 학습자와 모국어 화자의 한국어 의문문 사용 양상을 대조·분석하였다. 설문조사의 결과 중·고급 중국인 학습자들은 의문문의 다양한 기능을 상황에 맞게 전략적으로 사용하지 못하거나 사용하더라도 모국어의 영향으로 단조로운 문법적 요소로 구사한다는 문제점을 도출하였다. 이것은 학습자들이 의문문의 다양한 기능 및 기능을 이루는 문법적 요소를 제대로 파악하였기 때문이다. 다음으로 현재 중국 내 대학에서 사용하고 있는 한국어 정독 교재에서 의문문이 어떤 형태와 어떤 내용으로 교육되고 있는지에 대해 심층적으로 분석하여 의문문 교육의 미진한 점을 밝혔다. 현행 통합 한국어 교재에서 의문문을 지속적으로 다뤄 왔지만 주로 의문기능 및 종결어미를 위주로 해왔고 비의문 기능 및 기능을 실현하는 다른 문법적 요소에 관한 제시는 찾기 어려웠다. 나아가 중국 내 한국어 전공과목인 문법 수업의 현황에 대한 검토로 문법수업에서 체계적인 의문문의 2차적인 교육의 적합성을 제시하였다.

■ 참고문헌

김혜진(2012), "한국어 수준과 모국어에 따른 한국어 학습자의 덩어리 표현 습득 양상연구", 이화여자대학교, 석사논문.
박덕유(2012), 『학교 문법론의 이해』, 역락.
_____(2017), 『이해하기 쉬운 문법교육론』, 역락.
박종갑(1987), "국어 의문문의 의미기능 연구", 영남대학교 박사논문.
이은섭(2005), 『현대 국어 의문사의 문법과 의미』, 서울: 태학사.
이창덕(1992), "질문 행위의 언어적 실현에 관한 연구", 연세대학교, 박사논문.
최윤곤(2005), 『한국어 문법 교육과 한국어 표현범주』, 한국문화사.
한길(2005), 『현대 우리말 반어법 연구』, 서울: 역락.
段業輝(1995), 語氣副詞的分布及語用功能, 漢語學習(4). Duan Ye hui (1995), Distribution and Pragmatic Functions of Modal Adverbs, Chinese learning (4).
侯文玉(2012), 汉韩语疑问词对比研究, 博士论文, 上海外国语大学. Hou Wenyu, (2012), "A Comparative Study of Chinese and Korean question word," doctoral dissertation, Shanghai International Studies University.
黃伯榮 & 廖序東(1991), 現代漢語, 高等教育出版社. Huang Borong & Liao Xudong

(1991), 〈Modern Chinese〉, Higher Education Press.

兰巧玲(2007), 俄汉语是非问句对比研究, 博士論文, 黑龙江大学. Lan Qiao Ling
    (2007), "A Comparative Study of Chinese and Russian yes-no questions",
    doctoral dissertation, Heilongjiang University, 14.

吕叔湘(1944), *中国文法要略*, 商務出版社. Lv Shuxiang(1944), "Outline of Chinese
    Grammar" Business Press, 184.

王力(1985), *中國現代語法*, 商務出版社. Wang Li(1985), 〈China Modern Grammar〉
    Business Press, 161.

邢福義(1991), *現代漢語*, 高等教育出版社. Xing Fuyi(1991), 〈Modern Chinese〉
    Higher Education Press.

부록

年级		韩国语等级	TOPIK____级,
性别			(尚未考TOPIK的情况)相当于TOPIK___级
年龄		在韩国居住时间	___年 ___个月

I. 请根据<u>情节提示</u>, 写出两个以上你认为符合当时情境的句子。

【提示】 ① 请用括号内给出的关键词完成句子。
② 请在句子的末尾标注上"。, ! ?"等标点符号。
③ 有不懂的词汇可以查字典。

1. 중국 학생 마정은 수업 시간에 선생님께서 내주신 숙제가 무엇인지 이해하지 못하였다. 그래서 마정은 선생님께 다시 숙제가 무엇인지 여쭤보려고 한다. 이 상황에서 마정이 할 말로 가장 적절한 말을 완성해 보세요.	1. 中国学生马静没有听懂老师课上布置的作业, 马静想请老师再说一下作业。请认真思考语境, 填写两个符合当时情境的句子。
☞ 마정: 선생님, _____ (숙제, 작업)	
①	
②	
2. 민호는 같은 반 친구 민정을 좋아한다. 민정에게 고백을 하려고 하지만 민정이 자기를 좋아할지를 모른다. 고민하는 민호는 친구 창석의 의견을 들으려고 창석을 찾아갔다. 다음의 대화를 완성해 보세요.	2. 民浩喜欢同学敏贞, 但他不确定敏贞是不是喜欢自己。苦恼的民浩想听听朋友昌硕的意见。请认真思考语境, 填写两个符合当时情境的句子。

☞ 민호: 나 민정을 너무 좋아해. 그런데 민정이 _____ (좋아하다)
☞ 창석: 내가 보기에 민정도 너를 좋아한 것 같아.
①
②

3.철수가 지하철역에서 옆집에 사시는 아주머니를 만났다. 아주머니는 큰 짐을 들고 계단을 오르시고 계셨다. 철수는 아주머니를 도와드리려고 한다. 이 상황에서 철수가 할 말로 가장 적절한 말을 완성해 보세요.	3.哲洙在地铁站遇见了邻居大婶。大婶正拎着很重的行李上楼梯。哲洙想帮助大婶。请认真思考语境，填写两个符合当时情境的句子。
☞ 철수: 아주머니, _____ (돕다, 帮忙)	
①	
②	

4. 영수네 가족은 저녁을 먹으러 식당에 갔다. 그런데 영수와 영수 동생은 식당에서 시끄럽게 뛰어다녔다. 아버지께서 조용히 하라고 몇 번을 해도 아이들은 못 들은 척했다. 화가 난 아버지는 자식들에게 조용히 하라고 다그치려고 한다. 이 상황에서 아버지가 할 말로 가장 적절한 말을 완성해 보세요.	4.英秀一家去饭店吃晚饭。英秀和他的弟弟妹妹们在饭店里跑来跑去，打打闹闹。英秀的爸爸说了几次让他们安静下来，孩子们就跟没听见一样。这使得爸爸很生气，他再一次命令孩子们安静下来。在这种情况下英秀爸爸会怎样说呢？
☞ 아버지: 너희들, _____ (조용히 하다, 安静)	
①	
②	

| 5. 어느 날 윤아는 밤 11시까지 연구실에서 공부하고 나서 하숙하는 집에 돌아갔는데 하숙집 열쇠를 연구실에 놓고 와서 아래층에 사시는 하 | 5.某日允雅在学校研究室学习到11点回到自己住的出租房时，发现家钥匙落在学校了。允雅想去跟住在楼下的主人大婶借备用钥匙。住在允雅隔壁的朋友然 |

숙집 아주머니에게 예비 열쇠를 받으려고 한다. 옆에 있던 친구 연희는 늦은 밤이라 아주머니께서 이미 주무실 것 같아서 윤아를 말리려고 한다. 이 상황에서 연희가 할 말로 가장 적절한 말을 완성해 보세요.	翠觉得，这么晚大婶应该已经睡了，她想婉转的说服允雅不要这样做。请认真思考语境，填写两个符合当时情境的句子。

☞ 윤아: 아주머니께 예비 열쇠를 달라고 해야겠다.
☞ 연희: 이렇게 늦은 시간에 찾아가면 _____(실례가 되다或주무시다, 不礼貌／睡觉)

①
②

6. 세민은 윤아에게 이번 주말에 영화를 같이 보자고 제안하는 상황이다. 윤아의 마음을 잘 모르니 조심스럽게 말을 꺼냈다. 상황에 맞게 대화를 완성하십시오.	6.世民想约允雅这个周末一起去看影，但是不知道允雅是怎么想的，所以世民很谨慎的抛出了话题。请认真思考语境，填写两个符合当时情境的句子。

☞ 세민: 윤나아, 주말에 뭐 해? 나랑 같이 영화 보러 _____(가다)
☞ 윤아: 미안해서 어떻하지. 난 선약이 있어서 못 갈 것 같아.

①
②

7. 소라는 어제 소방서에 불이 났다는 뉴스를 본 뒤 상지에게 이 소식을 전하였다. 상지는 그 소식을 듣고 놀랐다. 아래의 대화를 완성해 보세요.	7.素罗把昨天看到的消防所发生火灾的新闻讲给相知听，相知听到这个消息很吃惊。请根据语境用合理的句子完成对话。

☞ 소라: 소방서에 불이 났다는 뉴스 봤어요?
☞ 상지: 소방서에 불이 _____ (나다) 그럴 수도 있나요?

①
②

8. 상민은 친구 호정에게 설악산에 같이 갈 생각이 없느냐고 물었다. 음악을 듣던 호정은 어디로 간다는 것인지 듣지 못해서 다시 물어보려고 한다. 아래의 대화를 적절한 말로 완성해 보세요.	8. 尚民问朋友虎庭想不想一起去登雪岳山，虎庭在听音乐没听清尚民说去哪儿，又问了一遍。请认真思考语境，填写两个符合当时情境的句子。

☞ 상민: 이번 주말에 설악산에 갈 건데 같이 갈래?

☞ 호정: 어디 _____ ?(가다)

①

②

Ⅱ. 请根据情节提示，写出两个以上你认为符合当时情境的疑问句。

9. 하영은 할아버지와 버스를 타고 집에 가는 길이었다. 할아버지께서 더워서 버스 창문을 열어 두셨는데, 추위를 잘 타는 하영이는 창문을 닫으려고 한다. 이 상황에서 하영이가 할 말로 가장 적절한 말을 의문문으로 완성해 보세요.	9. 荷英和爷爷一起坐公交车，爷爷觉得热把车窗打开了，可是荷英很怕冷，她想把车窗关上。她会怎样跟爷爷说呢?请根据语境用合理的疑问句来完成句子。

☞ 하영: 할아버지, _____ (창문을 닫다, 关窗)

①

②

10. 창수가 누나와 함께 백화점에 가서 여자 친구인 수진에게 생일 선물을 하려고 원피스를 골랐다. 하지만 수진의 마음에 들지 않을까봐 걱정스럽다. 그래서 창수는 자신이 고른 원피스가 어떤지 누나에게 의견을	10. 昌秀和姐姐一起去百货商店给女朋友秀珍买生日礼物。昌秀看中了一件连衣裙，但是他不知道秀珍会不会喜欢这件衣服。他想咨询一下姐姐的意见。昌秀会怎样说呢?请根据语境用合理的疑问句来完成句子。

물어보고 싶다. 이 상황에서 창수가 할 말로 가장 적절한 말을 의문문으로 완성해 보세요.	
☞ 창수: 누나, ＿＿＿＿＿＿＿ (좋아하다, 喜欢)	
①	
②	
11. 학교에 갈 시간이 지났는데도 수미는 집에서 어정거리고 있었다. 그 모습을 본 어머니는 화가 나서 수미에게 학교에 빨리 가라고 재촉하려고 한다. 이 상황에서 어머니가 할 말로 가장 적절한 말을 의문문으로 완성해 보세요.	11.已经过了上学的时间了，妈妈不停的催秀敏，可是秀敏还在家里慢吞吞的磨唧。妈妈看到秀敏这样很生气，她想催促秀敏快点去学校。妈妈会 怎样说呢?请根据语境用合理的疑问句来完成句子。
☞ 어머니: 너 계속 이렇게 어정거릴 거야? ＿＿＿＿? (학교에 가다)	
①	
②	
12. 동석과 보은은 성일의 여자 친구 외모에 대해 이야기하고 있다. 동석은 성일의 여자 친구가 참 예쁘다고 생각하지만 보은은 그렇게 생각하지 않는다. 아래의 대화를 적절한 의문문으로 완성해 보세요.	16. 东赫和宝恩在谈论成日的女朋友的长像。东赫觉得成日的女朋友很漂亮，宝恩却不这么认为。请根据语境用合理的疑问句来完成句子。
☞ 동석: 성일의 여자 친구가 참 예쁘지? ☞ 보은: 그 여자가 ＿＿＿＿?(예쁘다).	
①	
②	
13. 보라와 은상은 동창모임을 위하여 저녁 식사를 준비하고 있다. 음식을 넉넉히 준비했지만 보라가 혹시	13.宝罗和恩相在为同学聚会 准备晚餐。虽然准备了很多，但宝罗还是有点担心吃的不够。请根据语境用合理的疑问句

나 음식이 모자랄까봐 좀 걱정한다. 아래의 대화를 적절한 의문문으로 완성해 보세요.	来完成句子。
☞ 보라: 음식이 이렇게 넉넉히 준비했는데 _____ . (모자라다) ☞ 은상: 그럼요, 걱정 마세요. 넉넉할 거예요.	
① ②	
14. 동석과 명철은 회사 동료이다. 어느 날 동석은 명철의 여동생이 예쁘다는 소문을 듣고 얼마나 예쁜지 궁금해서 명철에게 여동생의 사진을 보여 달라고 한다. 아래의 대화를 적절한 의문문으로 완성해 보세요.	14. 东锡和明哲是同事。东锡听别的同事说明哲的妹妹智恩很漂亮。他很想知道智恩是不是真的那么漂亮，就拜托东锡给自己看看智恩的照片。请根据语境用合理的疑问句来完成句子。
☞ 동석: 명철 씨, 여동생이 _____ ? (예쁘다) 사진 좀 보여 주세요.	
① ②	
15. 혜연이와 하나는 이상형에 대해 이야기 하고 있었다. 혜연이는 모든 것이 완벽한 사람과 결혼을 꿈꾸고, 하나는 세상에 완벽한 사람은 없다고 생각한다. 아래의 대화를 적절한 의문문으로 완성해 보세요.	15. 惠妍和朋友汉娜一起聊梦中情人是什么样的。惠妍说自己以后要嫁给一个完美的人。汉娜不认同惠妍的想法，她觉得世界上根本没有那样的人.请根据语境用合理的疑问句来完成句子。
☞ 혜연: 난 나중에 예쁘고, 착하고, 똑똑한 부자와 결혼할 거야. ☞ 하나: 에이, 세상에 그런 사람이 _____ ? (있다)	
① ②	

중국인 한국어 학습자의
보조용언 사용 양상 연구

1. 들어가기

한국어에서 용언은 자립성 유무에 따라 본용언과 보조용언으로
나눌 수 있다. 여기서 본용언은 실질적인 의미 및 자립성을 가지는
반면, 보조용언은 문장에서 자립할 수 없고 선행용언을 도와주면서
화자 및 주체의 심리적 태도나 미세한 의미 차이를 나타내는 역할을
한다. 그러므로 중국인 학습자가 한국인과 좀 더 원활한 의사소통을
하기 위해서는 보조용언에 대한 깊이 있는 이해가 필요하다. 그러나
실제로 중국인 학습자들이 한국어로 대화하거나 작문할 때를 보면
한국인들이 흔히 사용하는 보조용언들을 많이 사용하지 않으며 사

용하더라도 오류가 많이 발생한다. 필자 또한 한국어 전공자이며 한국어를 오래 학습하였음에도 불구하고 한국인과 대화할 때 보조용언을 회피할 때가 많았다. 이에 중국인 학습자들이 과연 보조용언을 제대로 이해하고 습득하는가에 대한 문제의식을 가지게 되었고, 보조용언의 사용양상을 알아보는 연구를 시작하게 되었다.

본고는 우선 보조용언의 판별 기준을 세운 후 선행연구자들이 다루었던 보조용언 목록을 다시 살펴보고 보조용언의 총 목록을 정리하고자 한다. 총 목록에서 나온 모든 보조용언을 다시 보조용언의 판별 기준으로 세분화하여 검토한 다음에 보조용언의 판별 기준에 모두 적합하면 보조용언으로 인정한다. 새로 선정된 보조용언 목록을 바탕으로 하여 중국인 학습자의 보조용언 사용 실태를 조사할 것이다. 주로 현재 중국 대학 내 중국인 한국어 학습자와 한국에서 유학을 하고 있는 중국인 한국어 학습자들의 작문 자료를 수집하여 분석하고자 한다.

2. 한국어 보조용언의 선정

2.1. 한국어 보조용언의 판별 기준

보조용언의 판별 기준과 범주 설정에 대한 견해는 학자들마다 제각기 다양한 견해를 가지고 있기 때문에 보조용언의 목록에 있어서도 서로 차이를 보인다. 본고는 보조용언의 문법적 특성을 보조용언의 판별 기준으로 삼겠다. 그 이유는 중국인 학습자가 한국어를 학습할 때 문법 형태부터 인식을 하기 때문에 의미적 특성보다 일정한 문법적 특성을 기준으로 삼는 것이 타당하다고 본다. 보조용언의 문법적 특성은 다음과 같다.

① 통사적 비자립성

보조용언의 통사적 비자립성은 최현배(1937)에서 보조용언의 설정 기준으로 제시되었다. 보조용언이 합성어, 접사, 형식용언 등의 인접범주와 구분되는 가장 큰 차이는 자립성이 없는 것이다.

② 대치 불가능성

보조용언이 다른 성분으로 대치될 수 있는지는 본용언과 구별되는 하나의 중요한 특성이라고 할 수 있다. 즉, 다른 성분의 대치는 본용언에서만 가능하다는 것이다.

③ 다른 요소의 삽입 불가능성

본용언과 보조용언 사이의 어미 '-서'나 다른 문장성분은 삽입이 불가능하다.

④ 생략 불가능성

보조동사가 쓰인 구문은 선행하는 본동사와 후행하는 보조동사 전체의 생략은 가능하지만 분리해서 생략하면 비문법적인 문장이 된다.

2.2. 선행연구 보조용언의 목록

본고는 선행연구들 중 대표적인 연구, 국어사전, 문법서, 교재에서 나타난 보조용언을 모두 살펴보며 보조용언의 총 목록을 정리하였다. 각 연구들에서 제시한 보조용언들 중에서 몇 개만 제외하고 모두 포함시켰다. '닥다'는 '보유'의 의미로 최현배(1937)에서만 제시되어 있으며 현대 국어에서는 쓰이는 용례를 실제로 찾아보기 어려운 경우이기 때문에 본고의 목록에서 제외하였다. 그리고 '성싶다'는 현대 한국어에서 실제로 쓰이는 용례를 찾아보기 어려운 경우이기 때문에 이 역시 제외하였다. 최해주(2003)에서 제시한 교육용 보조용언 목록에서는 보조용언으로 볼 수 없는 표현들이 있다. 예를 들어, '-기 십상이다, -기 마련이다, -는/ㄴ 법이다, -을 모양이다' 중에 '십상'과 '법'은 명사이다. 따라서 보조용언이라고 보기 어렵다. 그 이외에는 모두 포함시켰다.

전체적인 분류는 최현배(1937)를 기초로 하였고, 각 보조용언의 의미 기능에 따라 23가지로 분류하여 총 64개의 보조용언의 목록을 작성했다. 각 보조용언의 의미 범주 분류는 기존의 연구를 참고하되 개인적인 관점을 반영하여 분류하였다. 또한 보조용언에 선행하는 연결어미가 무엇이냐에 따라 의미 기능이 완전히 달라지기도 하므로 각각의 보조용언 앞에 이어지는 연결어미를 제시했다. 이에 대한 보조용언의 목록을 제시하면 아래 〈표1〉과 같다.

〈표 1〉 선행연구의 보조용언 총 목록

순번	의미 기능	양상
1	방향·진행	−아/어 가다, −아/어 오다, −아/어 나가다, −고 있다,[1](계시다)
2	종결·완료	−고 나다, −아/어 내다, −아/어 버리다, −아/어 먹다, −고 말다, −어 치우다
3	성취	−고(야) 말다
4	봉사·제공	−아/어 주다(드리다), −아/어 바치다
5	시행	−아/어 보다
6	반복	−아/어 쌓다, 대다
7	강조	−아/어 죽다, 빠지다, 터지다
8	당위	−아/어야 되다, −아/어야 하다
9	결과지속	−아/어 놓다, −아/어 두다, −아/어 가지다
10	희망	−고 싶다, −았/었으면 하다, −았/었으면 좋겠다, −었으면 싶다
11	추측	−ㄹ/는/은 듯싶다, −ㄹ/는/은 듯하다, −ㄹ까 싶다, −ㄹ 법하다, −ㄹ까 보다, −는가 보다, −는가 싶다
12	상태	−고 있다[2], −아/어 있다, −어/아 계시다
13	짐작	−아/어 보이다, −게 보이다, −게 생기다
14	의도	−고자 하다, −려고 하다, −ㄹ까 하다, −기로 하다
15	습관	−곤 하다, −아/어 버릇하다
16	가식	−는 체하다, −는 척하다, −는 양하다
17	가치	−ㄹ/을 만하다, −ㅁ/음 직하다
18	가능성[3]	−ㄹ 뻔하다
19	시인	−기는 하다
20	부정	−지 않다, −지 못하다, −지 말다
21	사동	−게/도록 만들다, −게/도록 하다
22	피동·변화	−아/어지다[4], −어/어지다[2] −게 되다
23	인용	−다고 하다, −라고 하다

---

1 진행의 의미를 나타내는 보조용언이다. 예: 나는 지금 공부를 하고 있다.

2.3. 한국어 보조용언의 판별과 선정

앞서 정리한 보조용언의 총 목록을 살펴보면 보조용언의 문법적 특성에 맞지 않은 표현들이 있다. 본고는 중국인 학습자를 위한 보조용언 교육을 위주로 하는 연구이므로 일정한 문법적 특성을 가진 보조용언을 연구의 대상으로 삼아야 한다. 이에 총 목록에 수록된 모든 표현들을 4가지 판별 기준으로 확인하여 4가지 판별 기준에 모두 적합한 것을 새로운 보조용언 목록에 포함시키고, 그 중에 한 가지라도 적합하지 않을 경우 목록에서 제외시켰다. 총 20개 의미 분류의 50개 보조용언을 새로 선정했다. 새로 선정된 보조용언 목록을 아래 〈표 2〉와 같다.

---

2 상태의 의미를 나타내는 보조용언이다. 예: 오늘은 빨간 옷을 입고 있네.

3 최명선(2009)에서 이 명칭을 사용했다.

4 '-아/어 지다₁'는 피동의 의미를 나타내는 보조용언이고, '-아/어 지다₂'는 변화의 의미를 나타내는 보조용언이다. 예를 들어, '책상은 망치로 부숴졌다' 중의 '-어 지다'는 피동의 의미를 나타낸다. '영이는 남자친구를 만난 이후 갈수록 예뻐지고 있다' 중의 '-어 지다'는 변화의 의미를 나타낸다.

〈표 2〉 선정된 한국어 보조용언 목록

순번	의미 기능		양상
1	방향 진행		−아/어 가다, −아/어 오다, −아/어 나가다, −고 있다₁
2	종결 완료		−고 나다, −아/어 내다, −아/어 버리다, −아/어 먹다, −고 말다, −어 치우다
3	성취		−고(야) 말다
4	봉사 제공		−아/어 주다(드리다), −아/어 바치다
5	시행		−아/어 보다
6	반복		−아/어 쌓다, −아/어 대다
7	강조		−아/어 죽다, −아/어 빠지다, −아/어 터지다
8	당위		−아/어야 되다, −아/어야 하다
9	결과 지속		−아/어 놓다, −아/어 두다
10	희망		−고 싶다
11	추측		−ㄹ/는/은 듯싶다, −ㄹ/는/은 듯하다, −ㄹ까 싶다, −ㄹ 법하다, −ㄹ까 보다, −는가 보다, −는가 싶다
12	상태		−고 있다₂ , −아/어 있다(계시다)
13	짐작		−아/어 보이다, −게 보이다, −게 생기다
14	습관		−곤 하다, −아/어 버릇하다
15	가식		−는 체하다, −는 척하다, −는 양하다
16	가치		−ㄹ/을 만하다, −ㅁ/음 직하다
17	가능성		−ㄹ 뻔하다
18	부정	부정	−지 않다
		불능	−지 못하다
		금지	−지 말다
19	사동		−게/도록 하다
20	피동 변화		−아/어 지다₁, −어/어 지다₂, −게 되다

3. 중국인 한국어 학습자의 보조용언 사용 양상 분석

3.1. 자료 수집

초급과 중급 학습자는 보조용언의 일부분만 배웠기 때문에 사용 실태 조사의 대상으로 삼지 않고 보조용언을 거의 다 배운 상태인 고급 학습자를 대상으로 실태조사를 진행하였으며 가능한 한 다양한 주제와 내용을 자료로 선정했다. 여기서 말하는 고급 학습자란 '한국어 능력시험'에서 5, 6급의 실력에 해당하는 학습자를 말하는 것이다. 한국 내 한국어 교육기관인 경우 주로 주당 20시간씩 총 10주간, 200시간 이상 교육 받은 학생을 한 개의 급으로 했다. 중국 대학교 경우는 주로 한 학기에 주당 12시간씩 총18주간에 걸쳐 약 216시간의 교육을 이수한다. 즉 중국 대학 한국어과 3학년이면 5, 6급을 해당하고 고급으로 본다.

본고는 고급학습자를 대상으로 하여 보조용언의 사용양상을 살펴보기로 했다. 분석 대상은 중국인 한국어 고급 학습자중 한국에서 유학중인 학습자와 중국에서 한국어를 전공하는 중국인 고급학습자들의 작문자료이다. 7가지 작문 유형의 11개 주제이며, 각 주제별로 중국 현지 학생 작문 10-20편, 한국에서 유학중인 학생 작문 10-20편 선정하여, 총 240편의 작문자료를 수집했다. 구체적인 작문자료 구성은 아래 〈표 3〉과 같다.

〈표 3〉 중국인 고급 학습자 작문 자료 구성(240편)

작문유형	주제	작문 수	
		현지학생	유학생
서술문	잊을 수 없는 일	10	10
	나의 하루	10	10
설명문	중국의 민족	10	10
	중국의 차	10	10
기행문	여행 기행	10	10
	도시기행	10	10
논문	대학졸업 논문	10	10
논설문	장점과 단점	10	10
편지	편지	20	20
감상문	영화감상문	10	10
	만리장성	10	10
합계		120	120

3.2. 조사 대상 선정

조사 대상이 되는 학습자는 한국어를 전공하는 중국 연변과기대, 천진외대 4학년 한국어과 학생 총 30명과 한국에서 유학중인 연세대학교 어학당 중국인 학생과 수원대학교 언어교육원 한국어 고급 중국인 학습자 30명이다. 이 네 곳의 한국어 교육 기관에서는 모두『연세한국어』교재를 사용하고 있으며 조사 대상자들 또한『연세한국어1-5』를 이수한 학습자들이다. 두 집단의 구성은 아래〈표 4〉와 같다.

<표 4> 피험자 집단의 상황

구분		중국 현지 학습자 (3, 4학년)	유학생(5, 6급)
성별	남	7명	9명
	여	23명	21명
합계		30명	30명

3.3. 조사 절차 및 분석 방법

본고는 작문 자료를 수집하기 위하여 중국 연변과기대학교, 천진 외국어대학교, 한국 수원대학교, 연세대학교의 한국어 교사에게 자료 요청을 했다. 2015년 9월부터 2015년 12월까지 한 학기 동안 지정한 작문 제목을 학생들에게 숙제로 주었고, 현지 학생과 유학생의 작문을 각 주제별로 10편~20편씩 선정하여 분석했다.

선정된 작문은 총 240편이며 현지 학생과 유학생의 작문 수를 각각 120편으로 대등하게 선정했다. 분석 순서는 우선 작문들에 포함되어 있는 보조용언을 구분하였으며 동시에 오류 부분도 표시했다. 그 후 작문의 총 어절수를 산출한 뒤 앞서 구분된 보조용언의 수량을 대입하여 출현 빈도수를 통계 내었다.

3.4. 조사 결과

3.4.1. 사용빈도 분석

(1) 중국인 고급 학습자의 보조용언 사용빈도

본고에서는 중국 현지 한국어 고급 학습자의 120편의 텍스트와 한국에서 유학중인 한국어 고급학습자의 120편의 작문 텍스트를 분석했다. 그 결과 두 그룹의 사용빈도의 수치가 다르게 나타났다. 우선 중국 현지 고급 학습자의 텍스트 분석 시 총 19,560개 어절로 이루어졌으며 그 중 보조용언은 총 669회를 사용하여 평균 3.4%의 빈도였다. 그러나 한국에서 유학중인 한국어 고급학습자의 분석결과 총 23,264개 어절 중 보조용언은 총 1,193회가 사용되어 평균 5.1%의 사용빈도를 나타내었다. 현지 학습자보다는 유학생의 보조용언 사용 빈도가 더 높은 것으로 확인되었으며 두 그룹의 평균 출현빈도는 4.3%라는 것을 알 수 있다. 이 결과에 따르면 고급학습자들이 보조용언을 사용하는 빈도가 평균 4.0%이상으로 나왔다. 하지만 사용되는 보조용언의 종류는 [그림 1], [그림2]에서 볼 수 있듯이 몇 개의 보조용언에만 한정이 되어 있다.

〈표 5〉 중국인 학습자의 보조용언 사용빈도

구분	어절 수	출현횟수	출현 빈도율
현지 고급 학습자	19,560	669	3.4%
유학생 고급학습자	23,264	1,193	5.1%
합계	42,824	1,862	4.3%

중국 현지 한국어 학습자들이 보조용언 사용빈도[5]와 한국 유학중인 고급학습자 보조용언 사용빈도[6] 상황은 아래 [그림 1], [그림 2]와 같다.

---

5 작문 텍스트 수: 120편, 총 어절 수: 19,560, 표 중에 나타나는 숫자는 보조용언이 나타나는 회수이다.
6 작문 텍스트 수: 120편, 총 어절 수: 23,264, 표 중에 나타나는 숫자는 보조용언이 나타나는 회수이다.

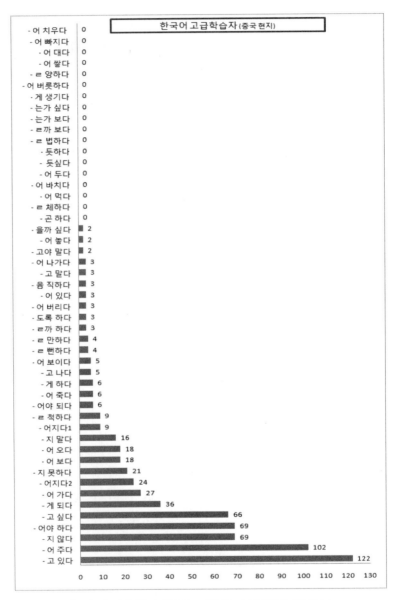

[그림 1] 중국 현지 한국어 고급학습자 보조용언 사용빈도

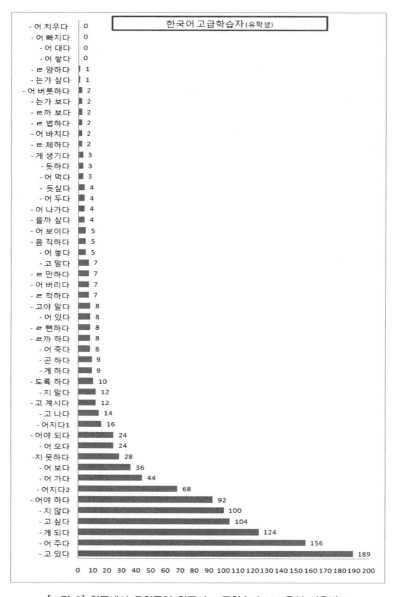

[그림 2] 한국에서 유학중인 한국어 고급학습자 보조용언 사용빈도

(2) 한국인 모어 화자의 보조용언 사용 빈도

중국인 한국어 학습자의 보조용언 사용 양상을 객관적으로 평가하기 위해서 실제로 한국인 모어 화자들이 의사소통을 할 때 어떤 보조용언을 많이 사용하는지 살펴봐야 한다. 즉, 한국인 모어 화자의 보조용언 사용양상을 먼저 고찰할 필요가 있다. 이에 본고는 최명선(2008)에서 한국인 모어 화자의 보조용언 사용빈도 연구결과를 참고하여 중국인 학습자 보조용언 사용빈도의 기준으로 삼았다. 본고는 중국인 학습자의 작문 자료를 바탕으로 빈도수를 조사하였기 때문에 한국인 모어 화자의 빈도수도 문어의 빈도수[7]만 제시하겠다. 한국인 모어 화자의 보조용언 사용빈도[8] 양상은 아래 〈표 6〉과 같다.

---

7 〈표 7〉에서 제시한 빈도수는 100만 어절에서 추출한 빈도수이다(최명선, 2008 참고).
8 〈표 7〉의 내용을 근거하여 한국인 모어 화자 보조용언의 평균 사용 빈도율은 1.3% 이다.

〈표 6〉 한국인 모어 화자의 보조용언 사용 빈도

순위	보조용언	사용빈도	순위	보조용언	사용빈도
1	- 고 있다(계시다)	7698	26	- 고자 하다	173
2	- 지 아니하다(않다)	5692	27	- 어 대다	160
3	- 어 있다(계시다)	3798	28	- 다/다가 보다	150
4	- 어지다	3614	29	- 나/은가 보다	99
5	- 어야 하다	3087	30	- 어 가지다/갖다	75
6	- 어 주다/드리다	2847	31	- 고 하다	72
7	- 게 되다	2358	32	- 려고 하다	70
8	- 어 보다	1735	33	- 나/은가 싶다	68
9	- 지 못하다	1549	34	- 을까 보다	64
10	- 어 오다	1370	35	- 은/는/을 듯싶다	40
11	- 어 가다	1165	36	- 어 먹다	37
12	- 고 싶다	947	37	- 어야 되다	33
13	- 어 버리다	864	38	- 었으면 하다	28
14	- 게 하다	864	39	- 을까 싶다	27
15	- 어 놓다	760	40	- 을까 하다	25
16	- 어 내다	700	41	- 어 치우다	12
17	- 기도 하다	667	42	- 기나 하다	11
18	- 어 두다	351	43	- 어 빠지다	6
19	- 지 말다	341	44	- 어 나다	5
20	- 고/고야 말다	302	45	- 어 쌓다	1
21	- 고 나다	279	46	- 을 만하다	0
22	- 기는 하다	236	47	- 을 뻔하다	0
23	-곤/고는 하다	202	48	- 은/는 척하다	0
24	- 게 만들다	195	49	- 었으면 싶다	0
25	- 고 보다	187	-	-	-

(3) 사용빈도 순위의 대조

중국인 현지 학습자, 유학생, 한국인 모어 화자의 보조용언 사용 빈도 순위는 아래 〈표 7〉과 같다.

〈표 7〉 현지 학습자와 유학생 학습자 보조용언의 사용 빈도 대조표

중국 현지 학생 (총 어절 수: 19,560)			유학생 (총 어절 수: 23,264)			한국인 모어 화자 (총 어절 수:100만)		
순위	보조용언	출현 횟수	순위	보조용언	출현 횟수	순위	보조용언	출현 횟수
1	-고 있다	122	1	-고 있다	189	1	-고 있다	7698
2	-어 주다	102	2	- 어 주다	156	2	-지 않다	5692
3	-지 않다	69	3	- 게 되다	124	3	-어 있다	3798
4	-어야 하다	69	4	- 고 싶다	104	4	-어지다	3614
5	-고 싶다	66	5	- 지 않다	100	5	-어야 하다	3087
6	-게 되다	36	6	-어야 하다	92	6	-어 주다	2847
7	-어 가다	27	7	- 어지다	68	7	-게 되다	2358
8	-어지다	24	8	- 어 가다	44	8	-어 보다	1735
9	-지 못하다	24	9	- 어 보다	36	9	-지 못하다	1549
10	-어 보다	21	10	-지 못하다	28	10	-어 오다	1370

(4) 사용 빈도 분석의 결과

작문 분석의 결과에 따르면 고급학습자들이 보조용언을 사용하는 빈도가 평균 4.0% 이상으로서 한국인 모어 화자의 빈도수보다도 높은 것으로 보인다. 하지만 사용되는 보조용언의 종류는 [그림 1], [그림 2]에서 볼 수 있듯이 몇 개의 보조용언에만 한정되어 있다.

위 [그림 1] 중국 현지 한국어 고급학습자의 분석 결과에 따르면 총 50개 보조용언 중에 32개 보조용언을 사용하였고 나머지 18개 보

조용언은 한 번도 출현하지 않았다. 그리고 사용된 32개 보조용언들 중에서도 10번 이상 출현한 보조용언은 12개밖에 되지 않았고 나머지 20개의 보조용언은 모두 10번 이하로 출현되었다. 위 [그림 2] 한국에서 유학 중인 한국어 고급학습자의 분석 결과를 보면 총 50개 보조용언 중의 46개 보조용언이 사용되었다. 하지만 사용된 46개 보조용언 중에서 10번 이상 출현한 것이 단 17개이다. 나머지 29개 보조용언은 모두 10번 이하로 출현했다. 중국 현지 학습자와 유학생의 보조용언 사용실태를 종합적으로 살펴보면 많은 교재에서 문법 항목으로 제시하고 있는 보조용언임에도 불구하고 잘 사용하고 있지 않은 것으로 보인다.

[그림 1]과 [그림 2]를 비교하면 한국에서 유학중인 한국어 고급학습자들의 보조용언 사용빈도가 훨씬 높고 더 많은 보조용언을 사용하는 것으로 알 수 있다. 그러나 10번 이상 출현한 보조용언은 중국 현지 학생은 12개, 유학생은 17개밖에 되지 않아 현지 학생과 유학생 모두 특정한 보조용언만 잘 습득해서 사용하는 것을 알 수 있다.

〈표 8〉에서 중국 현지 학습자, 유학생, 한국인 모어 화자들의 보조용언 사용 순위를 비교하면 조금씩 다르지만 대부분 비슷하다는 것도 알 수 있다.

3.4.2. 작문 텍스트에서 나타난 보조용언의 오류 양상

중국인 한국어 고급 학습자들이 보조용언을 사용하는 데 범한 오류를 분석해 보면 중국 현지 학습자들의 총 보조용언 사용빈도 669회 중에 오류가 86회 발생하였고, 한국에서 유학중인 학습자들은 총

보조용언 사용빈도 1193회 중에 오류가 157회 발생했다. 그중에는 통사적 오류도 있고 의미적으로 오용한 현상도 있었다. 통사적 오류보다는 의미적으로 잘못 사용한 현상이 더 많은 것으로 보인다. 오류에 대한 통계가 아래 〈표 8〉와 같다.

〈표 8〉 보조용언의 오류 통계

구분	총 어절수	총 횟수	통사적 오류	의미적 오류	오류합계	오류율
중국 현지 고급 학습자	19,560	669	45	56	101	15%
유학생 고급 학습자	23,264	1193	70	87	157	13%

중국인 한국어 학습자들이 보조용언을 사용하는데 발생한 구체적인 오류 양상의 예를 제시하면 아래와 같다.

(1) 통사적 오류

① 시제

중국인 한국어 학습자들이 범한 오류들 중에 또 다른 하나는 시제 문제이다.

(1) *요즘 어머님께 전화를 많이 드렸지 못해서 죄송해요.
(2) *나는 선생님의 말씀을 잊었 버렸어요.
(3) *만리장성은 정말 가 봤을 만한 곳이었어요.
(4) *대학교 2년반 동안 저는 모든 정력을 공부에 기울였지 않아요…

(1)에서 '드리다'와 연결어미 '지' 사이에는 다른 성분이 들어갈 수가 없으므로 비문이 된다. (2)에서는 연결어미 '어'에 시제표지 '었'을 놓았으므로 비문이 된다. (3)또한 역시 시제문제로 인한 비문이다. (4)에서 과거 시제 표지 '-었'은 보조용언 '-않' 뒤에 나타나야 하지만 중국인 학습자들은 이를 본동사 '기울이다' 뒤에 놓았다.

② 연결어미

중국인 학습자들이 범한 오류 중에 또 하나는 연결어미의 문제이다.

> (5) *매일 집에 가고 싶하고, 부모님와 친구 만나고 싶하고, 고향 음
> 시을 먹어 싶습니다.
> (6) *나의 고향은 서남지역의 작은 도시에 위치하여 있습니다.
> (7) *영어수업을 안 들어 싶은데 들어야 돼요.
> (8) *엄마한테 편지를 부치 주었어요.
> (9) *요즘 영어를 안 쓰니까 영어를 다 잊아졌어요.

(5)와 같이 '싶다'의 연결어미는 본래 '고'이지만 '어'로 사용했다. (6)에서도 '있다'의 연결어미가 '고'인데 '어'로 사용했다. (7)에서도 '싶다'의 연결어미가 '고'인데 '어'로 사용했다.

(2) 의미적 오용

중국인 한국어 학습자들의 보조용언 오류 양상을 살펴보면 보조

용언의 의미 기능을 제대로 이해하지 못하거나 비슷한 의미를 가진
보조용언을 혼용한 경우가 많다.

① 부정 보조용언의 오류

(10) *고춧가루가 없다면 모두 밥을 <u>먹지 않을</u> 정도입니다.
(11) *그리고 질문자에 대하는 것을 <u>당황하지 않고</u> 자신 있게 대답
하는 것이 중요한다.

(10), (11)에서는 '-지 못하다'와 '-지 않다', '-지 말다' 같은 부정
의미를 나타내는 보조용언들의 의미 차이를 정확하게 구별하지 못
해서 오용된 것이다. (10)에서는 '밥을 먹지 못할 정도'로 표현해야
되는데 '먹지 않을 정도'로 잘못 표현했다. (11)에서는 '당황하지 말
고'를 '당황하지 않고'로 잘못 사용하고 있다.

② 봉사 보조용언의 오류

(12) *선생님 건강해 <u>주시기를 바랍니다.</u>

'-어 주다'의 의미를 제대로 이해하지 못하여 오용이 발생한다.
(12)에서의 정확한 표현은 '건강하시기를 바랍니다.'이지만 '건강해
주시기를 바랍니다.'로 잘못 사용하였다. 이것은 '-어 주다'의 의미
를 정학하게 이해하지 못해서 발생한 오류라고 생각한다.

③ 당위 보조용언의 오류

    (13) *다음 주 토요일에는 우리들은 영어등급시험이 있는데 저는 영어를 많이 <u>연습해야 해요</u>.

(13)에서는 '-해야 하다'와 '-해야 된다'의 의미 차이를 정확하게 이해하지 못해서 발생한 오류이다.

④ 선행용언 제약의 오류

    (14) *나는 그 사람을 두 번 봤으니 그의 얼굴을 <u>기억해 버렸다</u>.

(14)에서는 보조용언 '-아/어 버리다'와 동사 '기억하다'는 결합할 수 없어 비문이 된다. 중국인 학습자들은 보조용언의 선행용언 제약에 대한 직관이 없어 오류가 많이 발생한다.

⑤ 동일한 의미별 보조용언의 오용

    (15) 제 한국어 수준이 점점 <u>높아오고 있다</u>.

(15)에서는 '높다'와 보조용언 '-아/어 오다'가 결합하면 비문이 되며 '높아가고 있다'로 바뀌어야 문장이 성립된다. 이를 통해 중국인 학습자들은 진행 보조용언 '-아/어 가다'와 '-아/어 오다'의 의미를

101

정확히 파악하지 못하는 것을 알 수 있다.

중국인 한국어 학습자들이 보조용언을 사용하는 데 범한 오류 양상을 살펴보면 고급학습자임에도 불구하고 통사적 오류 현상과 의미적 오용 현상이 나타나는 것으로 볼 수 있다. 그러므로 보조용언을 학습자에게 교육할 때 이 두 가지 방면을 모두 중요하게 다루어야 할 것이다.

 ## 4. 나가기

분석 결과에 따르면 중국인 한국어 고급학습자들의 보조용언 사용빈도는 높다고 할 수 있으며 특히 한국에서 유학중인 고급학습자들의 빈도가 아주 높은 것으로 볼 수 있다. 하지만 이것은 몇 개 보조용언에만 한정되어 있으며 대부분은 총 20,000개 넘는 어절에서 10회 이하로 분석된다.

중국 현지 학습자들과 유학생, 한국인 모어 화자의 보조용언 사용빈도 순위 중 1위에서 10위를 비교해 보면 중복된 보조용언은 8개이며, 이 8개 보조용언은 각각 '-고 있다', '-어 주다', '-지 않다', '-어야 하다', '-고 싶다', '-게 되다', '-어지다', '-지 못하다'이다. 이 중에 '-고 있다', '-지 않다', '-어야 하다', '-고 싶다', '-게 되다', '-지 못하다'는 중국어에서 대응되는 표현이 있는 보조용언들이다. 즉, 중국인 한국어 학습자들의 보조용언 사용 양상을 살펴보면 중국어에서 대응표현을 가진 보조용언들을 가장 잘 습득하는 것으로 보인다.

그 이외에도 사용빈도를 조사하면서 문법적으로 오류가 있는 문장을 모두 찾아보았다. 중국인 한국어 학습자들이 보조용언을 사용하는 데 범한 오류 양상을 살펴보면 고급학습자임에도 불구하고 통사적 오류 현상과 의미적 오용 현상이 모두 나타나고 있다. 따라서 보조용언을 교육할 땐 이 두 가지 방면을 모두 소홀히 할 수 없는 것이다.

■ 참고문헌

고영근(1993),『중세국어의 시상과 서법』, 탑출판사.
권순구(2005), "국어 보조용언의 연구", 충남대학교 박사학위논문.
김기혁(1995),『국어 문법 연구』, 박이정.
김성태(1997),『현대국어 보조용언 연구』, 문창사.
김영태(2001),『현대국어 보조용언 연구』, 문창사.
김용석(1983), "한국어 보조동사 연구",『배달말』8, 배달말학회, 1-33.
김은덕(1993), "학교문법의 보조동사에 관한 연구", 경상대학교 석사학위논문.
남기심·고영근(1985/2005),『표준 국어문법론』, 탑출판사.
문미경(2008), "현대 국어 보조용언의 연구", 수원대학교 석사학위논문.
민현식(1999a),『국어문법연구』, 역락.
민현식(1999b), "현대국어 보조용언 처리의 재검토",『어문논집』3, 숙명여대,
    53-98.
민현식 외(2005),『한국어 교육론2』, 한국문화사.
박덕유(1998),『국어의 동사상 연구』, 한국문화사.
박덕유(2009),『학교 문법론의 이해』, 도서출판, 역락.
박선옥(2002), "국어 보조용언 연구", 중앙대학교 석사학위논문.

박선옥(2005), 『국어 보조동사의 통사와 의미 연구』, 도서출판, 역락.

배수자(2007), "현대국어 보조용언 연구", 창원대학교 석사학위논문.

서정수(1996), 『국어문법』, 한양대학교 출판원.

손세모돌(1994), "국어 보조용언에 대한 연구", 한양대학교 박사학위논문.

손세모돌(1996), 『국어 보조용언 연구』, 한국문화사.

이관규(1986), "국어 보조동사 연구", 고려대학교 박사학위논문.

이금희(1996), "현대 국어 보조동사 연구", 성균관대학교 석사학위논문.

이선웅(1994), "현대국어의 보조용언의 연구", 서울대학교 석사학위논문.

임병민(2009), "국어의 보조용언 연구", 원광대학교 박사학위논문.

임호빈 외(2005), 『외국인을 위한 한국어 문법』, 연세대학교 출판부.

최명선(2009), "한국어 보조용언 교육 연구", 고려대학교 석사학위논문.

최해주(2006), "한국어 교육을 위한 보조용언의 의미 범주 설정 및 그 활용 방안", 『새국어교육』74, 한국어교육학회, 125-159.

최현배(1937), 『우리말본』, 정음사.

호광수(2003), 『국어 보조용언 구성 연구』, 역락.

제2장

교수법

중국인 학습자 모어 특성에 따른
한국어교육 연구

한·중 한국어 교수법의
연구 동향 대조 연구

 1. 서론

언어 교수는 궁극적으로 무엇을 어떻게 가르칠지에 대한 과제를 해결하는 것이다. 따라서 교수 내용과 방법에 대한 연구는 언어 교수 연구의 두 핵심 주제이다. 이는 이미 몇 십 년의 역사를 가지고 있으며, 오늘날 전성기를 맞이하고 있는 한국어 교육에서 어떤 교수 내용과 방법들이 연구되었는지, 또한 어떤 추이가 나타나는지에 대한 관심으로, 본 연구는 한국어 교수법의 연구 동향에 주목하고자 한다. 한국어 교육의 연구 성과들을 살펴보면 그동안 진행했던 연구 성과에 대한 회고와 미래에 대한 조명으로 한국어 교육의 대조연구 동향 분석, 한국어 발음교육 연구 동향 분석, 한국어 연결어미 관련 연구 동향 분석, 한국어 읽기 연구 동향 분석, 한국어 쓰기 연구 동향 분석, 한국어 오류 연구 동향 분석 등이 두루 나타났는데, 아직 교수법 연구에 관한 동향 분석 연구는 미진한 편이다.

따라서 본 연구는 한국 학술 사이트 RISS와 중국 학술 사이트 CNKI에 수록된 한국어 교수법에 관한 연구 논문들을 수집하고 정리하여 시기별로 연구 동향을 분석하고자 한다. 이런 연구 동향 분석을 통해 각 시기에 따라 한국어 교수법 연구가 어떻게 이루어졌는지 고찰함으로써 향후 한국어 교수법 연구의 길잡이 역할을 함은 물론, 한국어 교수법 연구의 방향을 모색하는 데에도 도움이 되도록 할 것이다. 또한 한국과 중국에서 이루어진 연구들을 분석함으로써 한·중에서 이루어진 교수법 연구의 경향 차이와 그 원인도 밝혀서 효율적인 교수법 방안을 제안하고자 한다.

 2. 연구 자료 선정 및 분석 방법

2.1. 연구 자료 선정

본고에서는 2017년 5월까지 한국 RISS의 자료 중에 "한국어 교수법"과 중국 CNKI의 자료 중에 "한국어 교학법"에 관련된 학술지 논문과 학위논문을 분석 대상으로 삼았다. 검색 결과 중에 특수 계층인 외국인근로자나 결혼이민자를 위한 교수법, 비즈니스 한국어 교수법이나 한국어 통번역 교수법에 관한 연구들을 제외하고, 일반 목적 교수법이나 이와 직접적으로 관련이 있는 연구를 다시 검토하여 각각 RISS에서 113편(학술지 논문:75편, 학위 논문:38편)과 CNKI에서 48편(학술지 논문:46편, 학위 논문:2편)의 논문을 최종 분석 자료로 선정하였다. 그중에 〈중국조선어문(中國朝鮮語文)〉의 경우 중국에서 발행한 학술지이지만 한국어로 된 학술지이기 때문에 CNKI에 산정하지 않았으며, 기존에 RISS에 포함되어 있던 논문 6편을 한국에서 이루어진 연구의 범위에서 제외하고 중국에서 이루어진 연구에 추가하였다. 그리고 중국에서 한국어 교육의 유일한 학회인 한국(조선)어교육연구학회에서 발행한 학술지인 〈한국(조선)어교육연구〉는 한국에서 발행하기 때문에 역시 RISS에 포함시켰는데, 이 중에 논문 1편도 한국에서 이루어진 연구의 범위에서 제외하고 중국에서 이루어진 연구에 추가하였다. 다시 정리하면 한국에서 이루어진 교수법 연구 106편(학술지 논문:68편, 학위 논문:38편)과 중국에서 이루어진 교수법 연구 55편(학술지 논문:53편, 학위 논문:2편)을 본 연구의 분석 자료로 삼는다.[1]

---

1 중국학자들이 쓴 교수법에 관한 학술논문이지만 한국에서 발간한 학회지에 실린 경우이므로 이 부분의 연구를 한국 국내에서 이루어진 연구에 속한 것으로 다루었기 때문에 다시 산정한 것이다.

2.2. 연구 자료 분석 방법

수집된 자료들은 중국 국내 자료와 한국 국내 자료로 나누고, 각
국 국내 자료들을 다시 시기별로 나눠서 고찰하되, 각 시기별로 연
구 주제와 사용한 교수방법에 의해 연구 동향을 분석할 것이다. 한
국어 교육의 연구 성과들을 살펴보면 한국어 교수의 내용 측면에서
주로 발음, 어휘·표현, 문법, 문화, 문학에 관한 연구들이 두루 나
타나는데, 화용에 관한 연구는 다른 것들에 비해 많지 않지만 점점
대두되는 추세이다. 그리고 기능 측면에서 듣기, 말하기, 읽기, 쓰
기 네 영역에 관한 연구들이 두루 나타난다. 따라서 연구 주제에
의한 분석을 다룰 때 한국어 교수의 내용 측면에서 발음, 어휘·표
현, 문법, 화용, 문화, 문학 등 여섯 개의 영역과 한국어 교수의 기
능 측면에서 듣기, 말하기, 읽기, 쓰기 네 영역, 그리고 주제 영역을
세분하지 않은 한국어 교수법[2]에 대한 하나의 영역을 더 추가하여
모두 11개의 주제 영역을 설정하여 자료 분석 방법을 제시하면
[그림 1]과 같다.

---

2 한국어 교수법에 대한 분류에 속한 연구는 제시한 나머지 10가지 주제 중 어느 것
  에도 속하지 않으며, 한국어 전체를 하나의 범주로 삼고 이에 대한 교수 방법을 논
  하는 연구들이 해당된다. 예를 들자면 "협력학습 전략을 활용한 제2언어로서의
  한국어 교수법", "외국어로서의 한국어 교수법: 성인 학습자를 위한 새 방향",
  "한국어수업분석을 통한 학습자중심교수법 연구", "의사소통적 교수법에 의한
  한국어 교육 방법론" 등이 그 예이다.

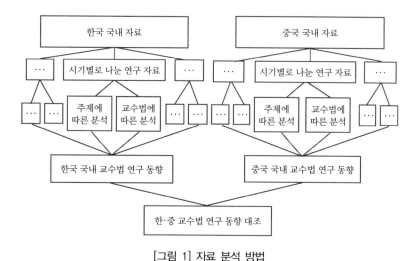

[그림 1] 자료 분석 방법

3. 연구 자료 시기 구분

3.1. 한국 국내 연구 자료 시기 구분

백봉자(2001:12)는 한국어 교육의 시기를 네 단계로 나누었다. 제1기는 1959년 연세대학교 한국어학당 설립부터 한국이 경제적 안정을 하기 이전인 1975년까지이다. 이 시기는 한국어 교육의 **초창기**인 셈이다. 제2기는 **변화기**로 1976년부터 1988년까지, 한국이 경제적으로 급성장해서 다양한 국적의 학습자 수가 늘어나기 시작하는 시기를 말한다. 제3기는 1989년부터 2000년까지로 **발전기**인데, 이 시기는 올림픽의 성공적인 개최로 한국이 무역 상대국으로서 각광을 받게 되는 시기이다. 이에 따라 무역 상대국으로서의 언어 교육에 대한 기대치로 단순히 말과 글을 가르친다는 기본 교수 행위에서 벗어나 한국어 교육이라고 하는 학문 영역으로의 가능성이 대두되기 시작하였다. 제4기는 2001년부터 시작한 **도약기**이다. 이 시기에는 학습자의 수가 급증하였을 뿐만 아니라 연구 인력과 교수 인력의 확보로 한국어 교육에 대한 연구 분위기가 성숙해진 시기이다. 이와 같은 시기 구분은 한국 국내 한국어 교육의 발전 흐름을 잘 보여 주기 때문에 본 연구는 이 네 시기에 기반하여 한국어 교수법에 대한 연구 흐름을 살펴보겠다. 이와 같은 분류의 시기에 따라 각 시기별 연구 성과 수는 다음〈표 1〉과 [그림 2]와 같다.[3]

〈표 1〉 한국 한국어 교육 시기별 교수법 논문 발표 현황

시기	교수법 논문 수		
	학위 논문	학술 논문	합계
초창기(1959년~1975년)	0	0	0
변화기(1976년~1988년)	2	1	3
발전기(1989년~2000년)	1	12	13
도약기(2001년 이후)	35	55	90
전시기(全時期)	38	68	106

---

3 학술대회의 논문집과 학술지에 동시 수록된 논문의 경우에는 시기적으로 먼저인 학술대회의 논문집에 수록된 시기를 기준으로 분류하였다.

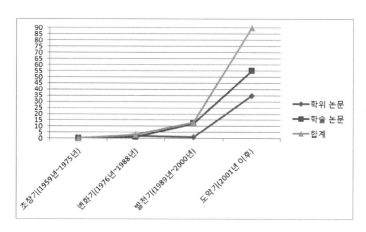

[그림 2] 한국 한국어 교육 시기별 교수법 논문 발표 현황

〈표 1〉과 [그림 2]를 볼 때 연구 성과가 도약기에 집중되어 있는 것을 확인할 수가 있다. 도약기에 발표한 논문들을 연도별로 살펴보면 다음〈표 2〉, [그림 3]과 같다.

〈표 2〉 한국 도약기 연도별 논문 발표 현황

연도	교수법 논문 수		
	학위 논문	학술 논문	합계
2001년	2	2	4
2002년	2	3	5
2003년	1	5	6
2004년	1	0	1
2005년	2	2	4
2006년	1	7	8
2007년	2	4	6
2008년	2	3	5

2009년	2	1	3
2010년	5	7	12
2011년	4	5	9
2012년	1	2	3
2013년	2	2	4
2014년	3	1	4
2015년	5	4	9
2016년	0	6	6
2017년	0	1	1
도약기 전시기	35	55	90

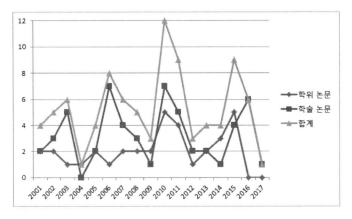

[그림 3] 한국 도약기 연도별 논문 발표 현황

〈표 1〉과 〈표 2〉를 통해 한국의 교수법 연구는 변화기에 대두하고 도약기에 활발하게 이루어지게 된 것을 확인할 수 있다. 따라서 한국에서 이루어진 교수법 연구에 대해서는 2000년 이전인 변화기와 발전기의 연구들을 묶어서 연구 주제 및 연구 방법에 따른 연구 경향을 살펴볼 것이다. 그리고 2001년 이후의 도약기(2001년∞2017년)

의 연구 자료는 5년씩 나눠서 연구 주제와 방법에 따라 연구 동향을 살펴보겠다. 〈표 2〉와 〈그림 3〉을 살펴보면 도약기에는 해마다 교수법에 관한 연구들이 거의 균형적으로 나오다가 2010년과 2011년에 12편과 9편으로 절정을 이뤘다. 이후에 2015년과 2017년을 제외하고는 해마다 5편 내외로 균형적인 수치를 보였다. 따라서 5년씩을 나눠서 살펴보는 시기 구분은 큰 무리가 없다고 본다. 이에 본 연구에서 연구자가 나눈 각 시기 논문 발표 현황을 종합하면 〈표 3〉과 같다.

〈표 3〉 시기별 한국 교수법 연구 논문 발표 현황

시기	교수법 논문 수		
	학위 논문	학술 논문	합계
2000년 이전	3	13	16
2001년~2005년	8	12	20
2006년~2010년	12	22	34
2011년~2015년	15	14	29
2016년~2017년	0	7	7
전시기(全時期)	38	68	106

3.2. 중국 국내 연구 자료 시기 구분

왕단(2009:36~45)은 중국의 한국어 교육의 시기를 네 단계로 나누었다. 제1기는 1945년에 북경대학 조선어학과의 전신인 국립동방어문전문학교의 설립으로 시작하여 1972년까지로 초창기이다. 이 시기에는 북경대학교 외에는 대외경제무역대학교(1952년), 낙양외국

어대학교(1956년), 연변대학교(1972년), 북경제2외국어대학교(1972
년)에서 각각 조선어학과를 개설하였던 시기이다. 제2기는 문화대
혁명인 1972년부터 1992년 이전까지로 **침체기**이다. 이 시기에는 한
국과의 외교 관계 단절과 조선(북한)의 경제 수준도 침체된 탓에 조
선어학과는 완전히 홀시당하는 찬밥 신세였다. 제3기는 중한이 수
교한 1992년부터 2002년까지로 **도약기**이다. 이 시기에는 기존의 각
대학 한국어학과의 학생 수가 크게 늘었을 뿐만 아니라 여타 대학에
서도 한국어 교육의 필요성을 인식하기 시작하여 19개 기관에서 한
국어학과가 설립되었다. 학생 수와 교사 수의 증가에 따라 종합 교
재의 편찬과 출판도 이루어져서 한국어 교육의 수준은 점점 높아졌
다. 제4기는 2002년부터 현재까지 줄곧 성장세를 보이는 **성장기**이
다. 2002년 월드컵의 성공적인 개최와 2000년대 초부터 동남아에서
시작된 한류 열풍이 한국어 교육의 발전을 가속화시켰다. 이 시기는
학회의 활발한 학술 활동으로 교재의 개발이 활발해지고 한국어 교
육학의 학문적 정체성 확립과 교수·학습 방법의 발전에 큰 성장을
가져왔다. 왕단(2009)의 시기 구분은 역시 중국 국내 한국어 교육의
발전 흐름을 잘 보여줘서 본 연구는 이 네 가지 시기 구분에 기반하
여 중국 국내의 한국어 교수법 연구 동향을 살펴보겠다. 이와 같은
시기에 따라 각 시기별 교수법 논문 발표 현황은 다음 〈표 4〉와 〈그림
4〉와 같다.

〈표 4〉 중국 한국어 교육 시기별 교수법 논문 발표 현황

시기	교수법 논문 수		
	학위 논문	학술 논문	합계
초창기(1945년~1972년)	0	0	0
침체기(1972년~1992년)	0	0	0
도약기(1992년~2002년)	0	1	1
성장기(2002년 이후)	2	52	54
전시기	2	53	55

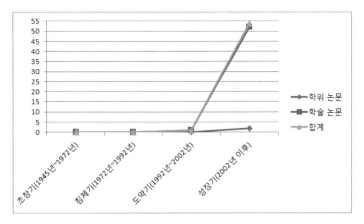

[그림 4] 중국 한국어 교육 시기별 교수법 논문 발표 상황

〈표 4〉와 [그림 4]를 통해 본 결과 연구 성과가 성장기에 집중되어 있는 것을 확인할 수가 있다. 성장기에 발표한 논문들을 연도별로 살펴보면 다음 〈표 5〉, [그림 5]와 같다.

〈표 5〉 중국 성장기 연도별 논문 발표 현황

연도	교수법 논문 수		
	학위 논문	학술 논문	합계
2002년	0	0	0
2003년	0	0	0
2004년	0	2	2
2005년	0	0	0
2006년	0	2	2
2007년	0	1	1
2008년	0	1	1
2009년	0	5	5
2010년	1	6	7
2011년	1	7	8
2012년	0	4	4
2013년	0	2	2
2014년	0	10	10
2015년	0	8	8
2016년	0	4	4
2017년	0	0	0
성장기 전시기	2	52	54

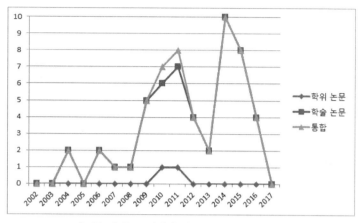

[그림 5] 중국 성장기 연도별 논문 발표 현황

〈표 4)와 〈표 5)를 보면 중국 국내에서는 교수법에 관한 학술 논문
이 초창기와 침체기에는 한 편도 없었다. 다만 도약기에 들어와서
2001년에 『중국조선어문(中國朝鮮語文)』에 게재된 "외국어로서의
한국어 어휘 교육의 실제와 교수 방법"이라는 논문 한 편만 나왔다.
이후 본격적으로 이루어진 것은 2009년부터이다. 교수법에 관한 연
구 논문은 2004년까지 3편이 나왔는데 모두 중국의 학회지인『중국
조선어문(中國朝鮮語文)』에 게재된 것이다. 이는 초기 한국어 교육
논문을 게재한 주 학회지이다. 따라서 중국에서 이루어진 교수법 연
구에 대해서도 한국의 분류 시점과 통일시키기 위해 2000년 이전과
2000년 이후 5년씩으로 나눠서 연구 주제와 방법에 따라 연구 동향
을 살펴보고자 한다. 본 연구에서 연구자가 나눈 각 시기 논문 발표
현황을 종합하면 〈표 6)과 같다.

<표 6> 시기별 중국 교수법 연구 논문 발표 현황

시기	교수법 논문 수		
	학위 논문	학술 논문	합계
2000년 이전	0	0	0
2001년~2005년	0	3	3
2006년~2010년	1	15	16
2011년~2015년	1	31	32
2016년~2017년	0	4	4
전시기(全時期)	2	53	55

 4. 시기에 따른 연구 동향

4.1. 한국의 연구 동향

4.1.1. 2000년 이전

2000년 이전에 한국 국내에서 교수법에 관한 연구 논문은 모두 16편으로 학위논문은 3편, 학술논문은 12편이다. 교수법에 관한 첫 학위논문은 1982년에 나왔고[4], 학술논문은 1984년에 나왔다[5]. 이 두 개의 논문은 같은 저자에 의해 같은 제목으로 쓰인 논문으로 영어의 교수법과 한국어의 교수법을 다루었다. 같은 해에 나온 또 한 편의

---

4 하정자(1982),「무언원리에 입각한 영어와 한국어의 교수법연구」, 중앙대학교 대학원 석사 학위논문.
5 하정자(1984),「무언원리에 입각한 영어와 한국어의 교수법 연구」, 〈교육논총〉 1(1), 중앙대학교 교육대학원, pp.119~152.

학위논문은 연세대학교 교육대학원에서 나온 것으로 외국어로서의 한국어 교수·학습 방법 개선에 관한 연구이다[6]. 이어 1996년에 일본인 학습자를 대상으로 한 한국어 발음 교수법에 관련된 학위논문이 나왔다[7]. 한편 학술논문은 1984년의 첫 논문에 이어 1991년에 교재 편찬과 교수법을 다룬 3편의 논문이 나왔다[8]. 이를 통해 한국 국내에서 교수법에 관한 논문 연구는 1980년대부터 시작했지만 본격적으로 시작한 것은 1990년대인 것을 알 수 있다.

(1) 연구 주제에 따른 분석

2000년 이전 시기에 나온 16편 연구들의 주제를 살펴보면 〈표 7〉과 같이 정리할 수 있다.

〈표 7〉 한국 2000년 이전 시기 교수법 연구 주제 분류

한국어 교수법		발음		어휘·표현		합계
학위	학술	학위	학술	학위	학술	
2	10	1	2	0	1	
12		3		1		16

---

6 홍경표(1982), 「외국어로서의 한국어 교수-학습 방법 개선에 관한 조사 연구」, 연세대학교 대학원 석사 학위 논문.

7 권현주(1996), 「일본인학습자를 대상으로 한 한국어 발음교수법 연구: 대조언어학적 방법을 통하여」, 이화여자대학교 교육대학원 석사 학위 논문.

8 오가레크-최(1991), 「폴란드인을 위한 한국어 교재 편찬과 교수 방법」, 〈교육한글〉통권 4호, 한글학회, pp.175~190.
간노(1991), 「일본인을 위한 한국어 교재 개발과 교수 방법」, 〈교육한글〉 통권 4호, 한글학회, pp.143~164.
김영기(1991), 「외국어로서의 한국어 교육: 이론적 배경, 효과적 교수법과 교재 개발」, 〈교육한글〉 통권 4호, 한글학회, pp.55~108.

이 시기 연구 주제의 특징을 보면 한국어 교수법 연구가 대부분이고, 그 다음에는 발음 교수법을 다룬 연구이다. 이 시기는 교재 편찬 관련 교수법을 논의한 것이 하나의 특징이다. 교재 편찬과 교수법을 같이 논의한 연구로는 한국어 교수법 학술논문 10편에서 3편으로 약 30%를 차지한다. 또 다른 연구는 어휘·표현 연구로 금지 표현에 관한 교수법 연구이다[9].

(2) 교수법에 따른 분석

교수법에 대한 연구는 1991년 폴란드인을 대상으로 한 교수법을 시작으로 다양한 교수법 연구가 발표되었다. 이는 문법 번역식 교수법과 독서법을 강조했으며, 다른 연구에서는 언어 습득의 기능성을 중요시하면서 의사소통적 교수법을 강조하였다. 이외에 과제 중심 교수법, 학습자 중심 교수법, 협력 학습법, 문화 도입식 교수법, 인터넷을 활용한 웹 교수법을 강조하기도 했다. 다음으로 발음 교수 연구는 두 편이었는데, 한 편은 일본인 학습자를 대상으로 한 받침 교육으로 인지적 교수법을 강조하였고, 다른 한 편은 영어권 학습자를 대상으로 대조법과 반복 연습을 중심으로 한 청각 구두식 교수법을 강조하였다. 그리고 어휘·표현 교수법 연구는 한 편인데 금지 표현에 대한 연구로 실제적인 의사소통 상황 속에서 문맥적인 의미를 파악하는 교수법 사용을 강조했다.

---

9 김영란(1999), 「한국어 금지 표현의 교수 방법」, 〈한국어 교육〉 10(2), 국제한국어교육학회, pp.171~193.

4.1.2. 2001년~2005년

2001년~2005년 시기에 한국 국내에서 교수법에 관한 연구 논문은 모두 20편으로, 학위논문은 8편이고 학술논문은 12편이다.

(1) 연구 주제에 따른 분석

2001년~2005년 시기에 나온 20편 연구의 주제를 살펴보면 〈표 8〉과 같이 정리할 수 있다.

〈표 8〉 한국 2001년~2005년 시기 교수법 연구 주제 분류

한국어 교수법		발음		어휘·표현		문법		문화		듣기		합계
학위	학술	학위	학술	학위	학술	학위	학술	학위	학술	학위	학술	
3	6	1	1	1	1	2	3	1	0	0	1	
9		2		2		5		1		1		20

2001년부터 2005년 시기의 교수법을 주제별로 살펴본 결과 2000년 이전 시기보다 연구 주제가 다양해져서 교수법 연구의 범위가 더 넓어졌다는 특징을 보인다. 그러나 역시 한국어 교수법 연구가 가장 많았다. 이어 문법 교수법을 다룬 연구도 많았는데 주로 조사와 피동 교수법에 관심이 집중되었다. 다음으로 어휘·표현 연구로는 한자 교수법 연구와 의문사 교수법 연구에 대한 것이 보였으며, 문화 교수법에 관한 연구가 새로 등장하였다.

(2) 교수법에 따른 분석

한국어 교수법 연구를 살펴보면 먼저 러시아 언어권 국가에서 진행한 연구로 현지 한국어 교육에 적합한 문법 번역식 교수법과 과제 중심 교수법을 결합한 번역 과제 수행 중심 교수법이 있다[10]. 그리고 학습자 중심 교수법에서 학습자가 수업 목표에서 벗어나는 문제를 해결하는 교사와 학습자의 협동 중심의 교수법이 있고, 또한 논변을 통한 교수법, 기록과 관찰을 통한 교수법, 몸짓 의사소통적 교수법, 대조언어학 관점에 근거한 언어권별 교수법, 중국 현지 한국어 교수에 맞는 문화투영 교수법 등이 꼽힐 만하다. 문법 교수법에 관한 논문 중 1편은 문법을 하나의 범주로 삼고 교수법을 탐색한 학술 논문이며 나머지 4편은 구체적인 문법 범주를 다룬 논문들이다. 문법을 하나의 범주로 삼고 교수법을 탐색한 논문은 학습한 문법 지식을 활용하기 위해 협동학습법을 강조하였으며[11], 구체적인 문법 범주를 다룬 논문은 조사와 피동 표현에 집중하였다. 그리고 발음 교수법에 관한 논문은 2편으로 2001년에 나온 학술논문은 대조언어학적인 교수법에 근거하여 여러 언어의 음운 체계와 대조하면서 언어권에 따른 모국어 음운대조 교수법을 기술하였다[12]. 2002년에 나온 학위논문도 역시 대조언어학적인 방법에 근거하였는데 발음 오류를 제시하면서 인지적 접근법을 사용하였다[13].

---

10 남빅토르(2001), 「번역 과제 수행 중심 교수법 연구: 러시아어권 한국어 학습자 중심으로」, 경희대학교 교육대학원 석사 학위 논문.

11 이주행(2003), 「한국어 문법 교수-학습 방법에 대한 고찰」, 〈어문연구〉 31(2), 한국어문교육연구회, pp.327~351.

12 정정덕(2001), 「외국인을 위한 한국어 교수법: 한국어 발음을 중심으로」, 〈인문논총〉 8, 창원대학교 인문과학연구소, pp.1~29.

문화 교수법에 관한 연구는 1편뿐인데 문화 내용을 언어 학습에 자
연스럽게 통합시킴으로써 문화의 이해와 의사소통 능력을 함께 신장
하고자 했다[14]. 이 연구에는 민속놀이 그림보고 이야기 만들기, 전래동
화 구연하기, 윷놀이, 만화 읽고 제목 정하기, 고민 상담하기, 인터뷰하
기, 에세이 쓰기, 역할극, 영화보기, 언어 표현 비교하기, 한국 노래 부
르기, 인형 놀이, 신문 잡지 읽기 등 13가지 교수법을 새롭게 제시하였
다. 듣기 교수법에 관한 연구는 듣기 지문을 통한 보편적인 듣기 교수
법을 통합적 교수법으로 가르치는 것을 제시하였다. 이외에 게임을 이
용한 듣기 지도법, 토의 활동 유도를 통한 듣기 지도법, 설화 들려주기,
노랫말 듣기, 영화(드라마)를 활용한 듣기 교수법 등 새로운 듣기 교수
법을 기술하였다.[15] 어휘·표현에 관한 학술논문은 효율적인 어휘 습득
과 확장을 위해 외국인 학습자들에게 한자를 교육하는 방법을 탐색하
였다. 한자의 음·형·의 알기, 어휘 확장과 오류 수정에 대한 교수법을
기술하였다.[16] 또 어휘·표현에 관한 학위논문은 의문사에 관한 연구로
의문사의 제시 순서와 방법에 따른 교수법을 제시하였다.[17]

13 임미화(2002), 「영어권 화자의 한국어 발음 교수법 연구: 발음 간섭 현상 개선
을 중심으로」, 건국대학교 교육대학원 석사 학위 논문.
14 장경은(2001), 「한국어 교육을 위한 단계별 문화 내용과 교수 방법」, 전남대학
교 대학원 석사 학위 논문.
15 이기종(2003), 「한국어 듣기 교수 방법과 실제」, 〈한남어문학〉 27, 한남대학교
한남어문학, pp.233~255.
16 김지형(2003), 「한국어 교육에서의 한자 교수법」, 〈국제어문〉 27, 국제어문학회,
pp.343~368.
17 김영란(2004), 「한국어 교육을 위한 의문사 어휘 정보와 교수 방법 연구」, 상명대
학교 대학원 박사 학위 논문.

4.1.3. 2006년~2010년

2006년~2010년 시기에 한국 국내에서 교수법에 관한 연구 논문은 총 34편으로, 학위논문은 12편이고 학술논문은 22편이다.

(1) 연구 주제에 따른 분석

2006년~2010년 시기에 나온 34편 연구의 주제를 살펴보면 〈표 9〉와 같이 정리할 수 있다.

〈표 9〉 한국 2006년~2010년 시기 교수법 연구 주제 분류

한국어 교수법	발음		어휘·표현		문법		문화		문학		듣기		말하기		읽기		합계
학위	학위	학술	학위	학술	학위	학술	학위	학술	학위	학술	학위	학술	학위	학술	학위	학술	
1	0	1	1	4	4	8	1	0	2	1	2	0	1	0	0	1	34
8	1		5		12		1		3		2		1		1		

이 시기의 연구 주제는 2001년~2005년 시기보다 훨씬 더 다양하게 나타났다. 본 연구에서 선정한 11가지의 연구 주제 중에서 이 시기에 9가지가 나타났다. 이 시기에는 문법 교수법을 다룬 연구가 12편으로 압도적으로 1위를 차지했다. 이 시기부터 문법교육에 대한 방법론 연구가 활발해짐을 확인할 수 있다. 구체적인 주제를 살펴보면 피동법, 조사, 어미, 다기능 형태소, 경어법, 불규칙 용언이나 구어 문법 등으로 다양했다. 다음으로 어휘·표현을 다룬 연구를 들 수 있는데, 관용표현, 의성어·의태어, 분류사와 단위 표시 명사, 심리 형

용사, 다의어 등 다양한 주제로 나타났다. 그리고 문학 교수법을 다룬 연구가 이 시기에 등장하게 되었으며, 듣기, 말하기, 읽기 등 기능적 특성을 주제로 한 연구도 보였다.

(2) 교수법에 따른 분석

이 시기에 나타난 교수법 연구를 살펴보면 권용해(2006)는 프랑스 대학생 초급 학습자를 대상으로 한 한국어 교수법으로 문법번역 교수법, 직접 교수법, 시청각 교수법, 의사소통 교수법이 혼용된 절충 교수법이 적합하다고 주장하였다. 최권진(2006)은 다양한 문학 장르를 활용한 한국어 교수법에 대한 연구가 최근에 활발히 시도되고 있는 추세라고 하며, 한국어 중급 학습자의 의사소통 능력, 읽기-말하기-쓰기-듣기 네 개 영역의 통합언어 능력 및 문화 능력을 향상시킬 수 있는 전래동화를 활용한 한국어 교수·학습 방법을 제시하였다. 이동재(2008)는 청각 구두식 교수법과 의사소통 중심 교수법의 장단점을 분석하여 이 두 가지 교수법을 서로 보완하는 통합 교수법의 모형을 제안하였다. 최권진(2008), 박재승(2010)에서는 효과적인 한국어 교수-학습 방법으로 학습자의 모국어에 따른 차별화된 교수·학습 방법이 필요하다고 지적했다. 그리고 언어를 문화로 보는 관점도 필요하다고 제안하였다. 이 시기에 나온 한국어 교수법 연구는 의사소통 중심 교수법을 강조하는가 하면, 단일한 교수법에 치우치지 말고 서로 보완하는 통합 교수법을 주장했다. 그리고 모국어를 긍정적으로 활용하거나 문학이나 문화를 활용한 교수법도 제기했다.

문법 교수법을 다룬 연구는 문법을 하나의 범주로 삼고 교수법을 탐색한 학술논문이 8편에서 5편을 차지하였다. 이외에 피동법, 조사, 어미, 다기능 형태소나 불규칙 용언 등 구체적인 문법 범주에 대한 교수법을 다룬 논문들이 있다. 새로운 주안점은 구어문법 교수법을 다룬 연구가 이 시기에 나타났다는 것이다[18]. 이 구어문법에 적합한 교수법으로 과제 기반 교수법을 제시하였다. 그리고 문법을 하나의 범주로 삼고 교수법을 제안한 강현화(2006)는 외국어로서의 한국어 문법교육은 국어 문법교육과 다르다고 강조하였다. 즉, 기존 문법 교육 연구들은 내용 구성이나 개별적인 문법 항목들에 대한 논의가 주를 이루었는데 문법을 교수하는 구체적인 방안이나 문법 체계의 등급화에 대한 연구는 부족하다고 지적하였다. 따라서 이 연구에서는 단계적·순환적 문법 교수법, 교사 중심 문법 교수법과 학습자 중심 문법 교수법을 절충하는 절충적 문법 교수법, 독립 문법 교육과정 설치에 의한 외연적 문법 교수법, 어휘와 문법을 통합적으로 교수하는 통합적 교수법, 언어권별 교재 개발이나 오류자료 활용에 의한 다양한 문법 교수 자료 개발 등 5가지 문법 교수의 새로운 방향을 제시하였다. 김재욱(2006) 역시 한국어 문법교육과 국어 문법교육은 분명히 차이가 있다고 강조하였다. 기존의 국어 문법교육이 문법지식의 전달에만 그치고 실제 상황에서의 활용까지 이르지 못함을 비판하면서, 문법이 의사소통에 보다 긍정적으로 활용될 수 있도록 하기 위해서 언어 수업 구성 원리에 따른 한국어 문법을 어떻게 가르칠 수 있는지에 관한 교수방법을 제시하였다.

---

18 지현숙(2007), 「한국어 구어 문법 교육을 위한 과제 기반 교수법」, 〈국어교육연구〉 20, 서울대학교 국어교육연구소, pp.247~270.

어휘·표현에 관한 연구 중 박수경(2010)은 인지언어학 이론으로 분석된 다의어 '잡다'를 토대로, 전신반응교수법을 사용하여 다의어 교수법을 제시하였다. 이 시기에 등장한 문학 교수·학습 방법을 다룬 논문인 윤여탁(2006)에서는 구체적인 교수법을 다루기보다 문학 교육이 언어교육에서의 중요성을 역설하였다. 특히 문학을 외국어 교육 방법으로 제기된 상호문화적인 의사소통 교수법에 활용하는 방법을 탐색해야 한다고 주장하였다.

4.1.4. 2011년~2015년

2011년~2015년 시기에 한국 국내에서 교수법에 관한 연구 논문은 총 29편으로, 학위논문은 15편이고 학술논문은 14편이다. 이는 이전 시기보다 줄어든 추세이다.

(1) 연구 주제에 따른 분석

2011년~2015년 시기에 나온 29편 연구의 주제를 살펴보면 〈표 10〉 과 같이 정리할 수 있다.

〈표 10〉 한국 2011년~2015년 시기 교수법 연구 주제 분류

한국어 교수법		발음		어휘· 표현		문법		듣기		읽기		쓰기		말하기		합계
학위	학술	학위	학술	학위	학술	학위	학술	학위	학술	학위	학술	학위	학술	학위	학술	29
0	7	1	0	5	1	5	4	1	0	0	1	2	0	1	1	
7		1		6		9		1		1		2		2		

이 시기에도 문법 교수법 연구가 수위를 차지하였다. 구체적인 주제를 살펴보면 문법 전체에 대한 연구 외에 피동법, 사동법, 조사, 어미에 집중되어 있다. 이 시기에는 한국어 교수법 논문은 모두 학술논문이었다. 어휘·표현에 대한 논문이 그 뒤를 이었는데, 학위논문의 경우 어휘 전체와 동작동사, 동사구, 2인칭 대명사에 대한 연구가 대부분이었고 학술논문으로는 한자어 교수법에 관한 연구가 있다. 그리고 듣기, 읽기, 쓰기, 말하기 등 기능적 주제를 다룬 연구 중 이전에 보이지 않던 쓰기 연구가 보였으며 학술논문보다 학위논문이 더 많았다.

(2) 교수법에 따른 분석

이 시기에 나온 교수법 연구의 특징을 살펴보면 드라마, 언어 게임, 동영상 등 멀티미디어를 활용한 교수법을 들 수 있다. 특히 박환(2013)에서는 이미 만들어진 동영상 콘텐츠를 활용하는 것이 아니라 구성주의 학습과 과제 중심 학습을 이론으로 하여 동영상 제작을 활용하는 수업 방법을 제시하였다. 이외에 양해승(2015)은 중국 내 '한국어 정독 과목'의 교수법에 대한 모색으로 언어 중심의 문화 통합 교수법을 위주로 다양한 교수법을 결합하는 새로운 한국어 정독 수업 모형을 구축하였다. 또한 임상미(2011)는 효율적인 한국어 교수법을 모색하기 위해서는 수업, 학습자, 교사 변인의 고려가 필요하다고 하였으며, 이 세 가지 요인에 따른 구체적인 교수법을 제시하였다. 또 다른 특징으로는 말하기 연구든 쓰기 연구든 과제 중심 교수법을 많이 활용하는 것이 필요하다고 했다. 그리고 이 시기에 새롭게 등장한 연구로 우형식(2015)은 설문 조사를 통해 한국어 교육 현장에 교수 방법의 적용 실태를 실증적으로 기술하였다.

많은 비중을 차지하고 있는 문법 교수법 연구는 구체적인 문법 현상을 다룬 연구가 많았으며, 특히 피동 표현 교수법을 다룬 연구가 많았다. 그리고 어미, 조사, 사동법을 다룬 연구도 있는데 주로 형태 초점 교수법을 사용하였다. 문법 교수법에 대한 연구에서 박시은(2012)은 상향식 문법 접근법(ppp 모형)과 하향식 문법 접근법(TTT 모형)의 중간자적 특징을 지닌 상호보완식 문법 교수법을 제기하였다. 다음으로 발음에 관한 교수법 연구로는 주로 침묵식 교수법을 활용하였다.[19] 그리고 어휘·표현에 관한 교수법 연구로 박혁(2015)은 동작 동사를 가르치는 데에 전신반응 교수법을 활용하였다.

4.1.5. 2016년~2017년

(1) 연구 주제에 따른 분석

마지막 시기인 2016년~2017년 시기에 기간이 짧아서 교수법에 관한 연구 논문은 총 7편밖에 없으며 모두 학술논문이다.

〈표 11〉 2016년~2017년 시기 교수법 연구 주제 분류

한국어 교수법		어휘·표현		문법		듣기		읽기		합계
학위	학술	학위	학술	학위	학술	학위	학술	학위	학술	
0	3	0	1	0	1	0	1	0	1	7
3		1		1		1		1		

---

19 함은주(2011), 「침묵식 교수법을 활용한 한국어 음운 지도 방안」, 인하대학교 교육대학원 석사 학위 논문.

주제 면으로 볼 때 이 시기에 한국어 교수법에 관한 연구가 가장 많은데 지난 시기인 2010년~2015년 시기에 이어 교수법에 대한 실증적인 연구가 두 편이 더 나왔다. 1편의 문법에 관한 연구도 역시 문법 교수 방법 적용 양상에 대한 실증 연구이다. 어휘·표현에 관한 연구는 외래어의 변용현상에 대해 외래어 교수법을 탐색하는 것이다. 그리고 듣기와 읽기 기능 교수법에 관한 연구가 1편씩 나왔다.

(2) 교수법에 따른 분석

한국어 교수법에 관한 연구로 김소영·최권진(2016)으로 처음 암시 교수법을 한국어 교육에 적용하도록 교수 모형을 제시하였다. 나머지 2편의 실증연구가 있는데, 먼저 우형식(2016가)은 설문조사를 통해 한국어 교육에서의 교수 방법 적용 실태, 새로운 교수 방법의 수용에 대한 태도, 새로운 교수 방법의 재구성에 대한 타당성 등 세 가지 측면에서 교수 방법의 적용에 대한 인식을 분석하였다. 현장에서는 다양한 교수 방법이 활용되지 않고 있으며, 현장에서 교사들의 다양한 교수 방법 활용 능력은 보통 정도의 수준이며, 교육 환경과 교재 구성 등의 여건이 마련되지 못한 것이라는 결과를 얻었다. 그리고 강수정·전은영(2016)은 한국어 교사에 대한 심층 인터뷰를 통해 한국어 교사의 교수법 적용 및 성장 경험에 대해 연구했는데 교사들은 현장에서 교수법을 적용하는 데에 상당한 딜레마를 겪고 있으며, 수업 자체와 교사 스스로에 대한 한계마저 경험하고 있다는 것을 밝혔다. 하지만 교사들은 보다 더 이상적인 교수자의 모습을 추구해 나아가기 위해 전문적 역량을 강화해 나가고 있다고 밝혔다.

김명권(2016)은 외래어의 변용현상을 지적하여 이에 대한 해결책으로 주제 활용법, 외래어 인지 방법, 규칙 제시법 등의 외래어 교수법을 제시하였다. 우형식(2016나)은 문법 교수 방법의 적용 양상에 대한 설문조사 결과로 학습자 중심의 교육을 강조하지만 현실적인 요인으로 교사 중심의 명시적인 설명과 문형 연습이 중요하게 활용된다는 것을 밝혔다. 정대현(2017)은 듣기 교수법으로 체계적인 교수 형태인 순환교수법을 제안하였으며 또한 실험을 통해 이 교수법을 검증하였다. 김성숙, 조현선(2016)은 교사 주도의 정보 전달식 교수법은 지양되어야 하며 학생들이 고급 수준의 텍스트에 접근하는 기능적 방법이나 전략을 숙달하게 하는 현시적 읽기 교수법을 제시하였다.

4.1.6. 전시기(全時期) 연구 동향

우선 연구 주제 측면에서 보면 한국어 교수법 연구가 가장 활발하게 이루어진 시기는 2006년~2010년이다. 이 시기에는 논문 편수가 34편으로 가장 많이 나타났고, 11가지 연구 주제 중 9가지가 나타났다. 그리고 2000년 이전 시기와 2001년~2005년 시기에는 한국어 교수법 연구가 가장 많았으며, 2006년~2010년 시기와 2011년~2015년 시기에는 문법 교수법에 관한 연구가 한국어 교수법 연구를 제치고 제일 많은 비중을 차지했다. 이 시기에는 교수법 연구 분위기가 한층 성숙해지고 연구 주제도 더 세분화되었다. 문법 주제 연구는 문법 전체를 다룬 것 외에 피동, 사동, 조사, 어미, 다기능 형태소, 불규칙용언, 경어법, 구어문법 등 다양하게 다루었으며 피동을 다룬 주제가 가장 많았다. 마지막 시기인 2016년~2017년 시기는 기간이 짧아서 7개 연구밖에 없으며 5가지의 주제로 나타났는데 한국어의 교수법에 관한 연구가 3편으로 가장 많았다. 이 시기에 나온 한국어의 교수법에 관한 연구 2편과 문법 교수법에 관한 연구 1편은 교수법들이 현장에서 어떻게 적용되었는지 밝히는 실증연구이다. 그동안에 연구된 교수법 성과들이 현장에서 어느 정도 활용되었는지 밝힌다는 점에서 새 지평을 여는 연구들이며 중요한 가치가 있다. 하지만 다양한 교수방법들이 있는데도 불구하고 현실적으로 잘 활용되지 못하는 연구 결과가 안타깝다. 종합 정리하면 한국어 교수법에 관한 연구는 2000년 이전 시기에 처음 나타났고,[20] 문법 교수법에 관한 첫 연구는 2001년~2005년 시기에 나왔다.[21]

어휘·표현 연구의 주제는 금지 표현, 한자, 의문사, 관용표현, 의성어·의태어, 분류사, 단위 표시 명사, 심리형용사, 다의어, 동작동사, 동사구, 2인칭대명사 등으로 다양하였다. 어휘·표현 교수법에 관한 첫 연구는 2000년 이전 시기에 나왔다.[22] 초기에는 발음 교수법에 관한 연구가 많은 비중을 차지하였으나 점점 줄어들었다. 발음 교수법에 관한 첫 연구는 2000년 이전 시기에 나왔다.[23] 문화 및 문학 교수법 연구는 전시기에 걸쳐 많지 않았다. 문화 교수법 첫 연구는 2001년~2005

20 하정자(1982), 「무언원리에 입각한 영어와 한국어의 교수법연구」, 중앙대학교 대학원 석사 학위 논문. 홍경표(1982), 「외국어로서의 한국어 교수-학습 방법 개선에 관한일 조사 연구」, 연세대학교 대학원 석사 학위 논문.
21 임동윤(2002), 「한국어 조사 교수법에 대한 연구 : {-이/-가}와 {-은/-는}을 중심으로」, 안동대학교 교육대학원 석사 학위 논문.
22 김영란(1999), 「한국어 금지 표현의 교수 방법」, 《한국어 교육》10(2), 국제한국어교육학, pp.171~193.
23 권현주(1996), 「일본인학습자를 대상으로한 한국어 발음교수법 연구: 대조언어학적 방법을 통하여」, 이화여자대학교 교육대학원 석사 학위 논문.

년 시기에 나왔고,[24] 문학 교수법 첫 연구는 2006년~2010년 시기에 나왔다.[25] 기능 영역인 듣기·말하기·읽기·쓰기 주제의 교수법 연구도 역시 전시기에 걸쳐 많지 않았다. 듣기 교수법에 관한 첫 연구는 2001년~2005년 시기에 나타났고,[26] 말하기 교수법[27], 읽기 교수법[28]에 관한 첫 연구는 2006년~2010년 시기에 나타났으며, 쓰기 교수법[29]에 관한 첫 연구는 2011년~2015년 시기에 나타났다. 앞으로 이 영역들에 관한 교수법 연구가 보다 활발하게 이루어져야 할 것이다. 김영란(1999)은 금지 표현을 화용론 측면에서 다루었지만 어휘적 표현의 연구 범주에 속한 것이므로 화용 교수법에 관한 연구는 모든 시기에 걸쳐 한 편도 없었다. 그 이유는 한국어 교육에서 화용적 표현 교육이 다루기가 어려운 점이 있기 때문에 연구가 활발하게 이루어지지 않은 것으로 예상된다. 이는 앞으로 노력해야 할 연구 영역이다.

　교수법 측면에서는 대체로 의사소통 중심 교수법이나 과제 중심 교수법을 많이 언급하는 경향이었지만 2001년~2005년 시기에 들어오면서 학습자 및 언어 환경 요인에 따른 절충식, 보완식, 혼합식 교

24 장경은(2001), 「한국어 교육을 위한 단계별 문화 내용과 교수 방법」, 전남대학교 대학원 석사 학위 논문

25 윤여탁(2006), 「한국어 문학 교수-학습 방법의 현황과 과제 – 교육과정, 교재, 외국어 문학교육론을 통한 투시」, 〈국어교육연구〉 18, 서울대학교 국어교육연구소, pp.123-144.

26 이기종(2003), 「한국어 듣기 교수 방법과 실제」, 〈한남어문학〉 27, 한남대학교 한남어문학회, pp.233~255.

27 김지현(2008), 「의사소통전략을 활용한 한국어 말하기 교수법 연구」, 영남대학교 대학원 석사 학위 논문.

28 최권진(2007), 「한국어 읽기 교수-학습 방법의 새로운 패러다임 모색」, 〈한국어교육〉 17(2), 국제한국어교육학회, pp.237~266.

29 차은진(2014), 「중급 한국어 학습자를 위한 한국어 쓰기 교재 개발: 통합적 쓰기 교수법을 기반으로」, 이화여자대학교 외국어교육특수대학원 석사 학위 논문.

수법이 더 바람직하다는 주장이 제기되었다. 문법 번역식 교수법은
비판을 많이 받아 왔음에도 불구하고 특정 언어권을 대상으로 채택
되거나 다른 교수법과 결합한 변화 형태로 활용됐다. 그리고 문화
투영 교수법이나 언어 중심의 문화 통합 교수법과 같이 문화 교육의
중요성을 강조하는 경향을 보이기도 했다. 2011년~2015년 시기에는
과업 중심 교수법을 많이 활용하는 경향도 보였다. 특히 읽기와 쓰
기 수업에 많이 적용하였다. 그리고 문법 교수법의 뚜렷한 특징은
외국어로서의 한국어 문법교육이 모어 화자를 대상으로 하는 국어
문법교육과 다른 점을 인식하여 문법의 형태와 지식을 가르치는 것
보다 문법의 기능을 가르치는 것이 더 중요하다고 강조하였다. 전
시기 연구들 중에 나온 교수법들은 다음 〈표 12〉와 같이 정리한다.
표를 통해서 이론적 수준으로서의 접근법에 못지않게 실제적 수준
으로서의 교수 기법들을 많이 개발하였다.

〈표 12〉 한국 국내 한국어 교육에서 활용한 교수법 정리

이론적 수준으로서의 접근법	한국어	문법 번역식 교수법; 의사소통적 교수법; 과제 중심 교수법; 학습자 중심 교수법; 협력 학습법; 문법 번역식 교수법과 과제 중심 교수법을 결합한 번역 과제 수행 중심 교수법; 협동 중심 교수법; 청각 구두식 교수법과 의사소통 중심 교수법 서로 보완하는 통합 교수법; 문법번역 교수법, 직접 교수법, 시청각 교수법, 의사소통 교수법이 혼용된 절충 교수법, 암시교수법
	발음	인지적 접근법; 대조법과 반복 연습을 중심으로 한 청각 구두식 교수법; 침묵식 교수법; 전신 반응 교수법

	어휘·표현	전신반응교수법; 한자어 이해 능력 향상을 위한 형태초점 교수법과 한자어 표현 능력 향상을 위한 의미초점 교수법; 주제 활용법, 외래어 인지 방법, 규칙 제시법 등의 외래어 교수법
	문법	협동학습법, 과제 기반 교수법, 형태 초점 교수법; 상향식 문법 접근법(ppp 모형)과 하향식 문법 접근법(TTT 모형)의 중간자적 특징을 지닌 상호보완식 문법 교수법
	말하기	과제 중심 교수법
	쓰기	과제 중심 교수법
실제적 수준으로서의 교수 기법	한국어	독서법; 문화 도입식 교수법; 인터넷을 활용한 웹 교수법; 논변을 통한 교수법; 기록과 관찰을 통한 교수법; 몸짓 의사소통적 교수법; 대조언어학적 관점에 근거한 언어권별 교수법; 문화투영 교수법; 전래동화를 활용한 한국어 교수·학습 방법; 학습자의 모국어에 따른 차별화된 교수·학습 방법; 드라마, 언어 게임, 동영상 등 멀티미디어를 활용한 교수법; 언어 중심의 문화 통합 교수법; 문화인지 교수법
	발음	모국어 음운대조 교수법
	어휘·표현	의사소통 상황 속의 문맥적 의미를 파악하는 교수법; 한자의 음·형·의 알기, 어휘 확장과 오류 수정에 대한 한자 교수법
	문법	단계적·순환적 문법 교수법, 교사 중심 문법 교수법과 학습자 중심 문법 교수법을 절충하는 절충적 문법 교수법, 독립 문법 교육과정 설치에 의한 외연적 문법 교수법, 어휘와 문법을 통합적으로 교수하는 통합적 교수법, 언어 수업 원리에 따른 문법 교수법

실제적 수준으로서의 교수 기법	문화	민속놀이 그림보고 이야기 만들기, 전래 동화 구연하기, 윷놀이, 만화 읽고 제목 정하기, 고민 상담하기, 인터뷰하기, 에세이 쓰기, 역할극, 영화보기, 언어 표현 비교하기, 한국 노래 부르기, 인형 놀이, 신문 잡지 읽기
	듣기	통합적 교수법, 게임을 이용한 듣기 지도법, 토의 활동 유도를 통한 듣기 지도법, 설화 들려주기, 노랫말 듣기, 영화(드라마)를 활용한 듣기 교수법 ; 상위인지와 활성화 이론에 근거한 순환교수법
	읽기	기능적 방법이나 전략을 숙달하게 하는 현시적 읽기 교수법

4.2. 중국의 연구 동향

본 연구에 선정된 연구자료 중 중국 CNKI에 수록된 자료를 분석한 결과 한국어 교수법 연구는 2000년 이전에 한 편도 없었고 2001년에 첫 연구가 나왔다. 따라서 중국 국내에서의 시기 연구 동향은 2001년~2005년 시기부터 살펴보아야 한다.

4.2.1. 2001년~2005년

이 시기에는 아직 교수법에 관한 연구 논문은 별로 없었으며, 학위논문은 없고 학술논문만 3편이었다. 첫 교수법에 관한 연구 논문은 2001년에 나온 것으로 어휘 교수법에 관한 연구였다.[30]

---

30 김충실(2001), 「외국어로서의 한국어어휘교육의 실제와 교수방법」, 〈중국조선어문〉 116, 길림성민족사무위원회, pp.34~37.

(1) 연구 주제에 따른 분석

이 시기에 나온 3편의 학술논문의 연구 주제는 한국어 교수법 1 편, 어휘·표현 교수법 1편과 문학 교수법 1편이었다. 어휘·표현 연구 는 어휘 전체를 다룬 연구이다. 주제별 분류는 〈표 13〉과 같다.

〈표 13〉 중국 2001년~2005년 시기 교수법 연구 주제 분류

한국어 교수법		어휘·표현		문학		합계
학위	학술	학위	학술	학위	학술	
0	1	0	1	0	1	3
1		1		1		

(2) 교수법에 따른 분석

한국어 교수법 연구에서는 학습자 중심의 교수법을 제기하여 각 각 초급, 중급, 고급 수업에서 진행하는 학습자 중심 수업 방식을 재 검토하였다.[31] 어휘 교수법에 관한 연구는 한국어 어휘 교수법으로 한국어 어휘 체계를 알게 지도해야 하고, 단어의 형성 특징에 근거 해야 하며, 듣기, 말하기, 쓰기와 결합해서 교수해야 한다고 세 가지 를 제시하였다. 문학 교수법 연구에서는 문학 교수법으로 해설, 리 포트발표, 영화감상, 실천법(역할극) 등을 나열하였다.[32]

---

31 김충실(2004), 「한국어수업분석을 통한 학습자중심교수법 연구」, 《중국조선어문》 133, 길림성민족사무위원회, pp.26~31.
32 장영미(2004), 「한국어교육에서의 문학교육의 위상과 효과적인 교수방법」, 《중국 조선어문》 134, 길림성민족사무위원회, pp.31~35.

4.2.2. 2006년～2010년

이 시기에 중국 국내에서 발표한 교수법에 관한 연구 논문은 총 16편으로, 학위논문은 1편밖에 없었고, 학술논문은 15편이었다.

(1) 연구 주제에 따른 분석

이 시기에 나온 교수법 연구를 주제별로 분류하면 다음⟨표 14⟩와 같다.

⟨표 14⟩ 중국 2006년～2010년 시기 교수법 연구 주제 분류

교수법 과련		발음		어휘·표현		문법		듣기		읽기		쓰기		합계
학위	학술	학위	학술	학위	학술	학위	학술	학위	학술	학위	학술	학위	학술	
0	7	0	1	1	0	0	4	0	1	0	1	0	1	16
7		1		1		4		1		1		1		

이 시기에는 연구 수량이든 연구 주제든 이전 시기보다 크게 증가했으며, 한국어 교수법에 관한 연구가 제일 많았다. 이어 문법 교수법 연구가 두 번째 순위를 차지했다. 문법 교수법 연구의 구체적인 주제를 살펴보면 문법 전체 교수법을 다룬 것 외에 조사[33]와 경어법[34]에 대한 연구였다. 어휘·표현 교수법 연구는 분류사에 관한 연구였다.[35]

---

33 周磊(2009),「韓國語助詞"-가/이", "는/은"的習得偏誤及敎學方法硏究」, ⟨語文學刊(外語敎育敎學)⟩ 2009(2).
34 全明姬(2010),「韓國語敬語敎學法硏究」, ⟨蘇州大學學報(哲學社會科學版)⟩ 2010(4).
35 韓紅敏(2010),「韓國語分類詞和中國語量詞對比及敎學方法」, 延邊大學碩士學位論文.

(2) 교수법에 따른 분석

한국어 교수법 연구를 살펴보면 의사소통 중심 교수법, 학습자 중심 교수법, 목적어 언어 환경 창설 교수법, 흥미유도 교수법, 문화 배경 교수법 등이 꼽힐 만하다. 1편의 발음 교수법 연구인 楊磊(2006)에서도 노래나 영화를 통한 흥미유도 교수법을 논의하였다. 문법 전체를 다룬 교수법 연구로 全金姬(2007)는 의사소통적 문법 교수법, 樸春蘭(2010)은 협력학습 문법 교수법을 도입하였다. 읽기 교수법을 다룬 연구인 馬誌成(2009)에서는 번역법, 분석법, 귀납법 세 가지를 제시하였다.

4.2.3. 2011년~2015년

이 시기에 중국 국내에서 교수법에 관한 연구 논문은 총 30편으로, 학위논문은 1편밖에 없고, 학술 논문은 29편이었다. 이 시기에는 교수법 연구가 활발하게 이루어졌다.

(1) 연구 주제에 따른 분석

이 시기에 나온 교수법 연구를 주제별로 분류하면 다음 〈표 15〉과 같다.

〈표 15〉 중국 2011년~2015년 시기 교수법 연구 주제 분류

한국어 교수법		발음		어휘·표현		문법		문학		듣기		읽기		말하기		합계
학위	학술	학위	학술	학위	학술	학위	학술	학위	학술	학위	학술	학위	학술	학위	학술	
0	13	0	3	0	6	1	1	0	1	0	1	0	3	0	3	32
13		3		6		2		1		1		3		3		

이 시기에도 역시 한국어 교수법에 관한 연구가 제일 많았고, 이어 어휘·표현 교수법에 관한 연구가 두 번째 순위를 차지했다. 어휘·표현 연구의 구체적인 주제를 살펴보면 어휘 전체를 다룬 것 외에 속담, 유의어, 다의동사에 관한 연구였다. 문법 연구는 어미에 관한 연구였다.

(2) 교수법에 따른 분석

한국어 교수법 연구를 살펴보면 의사소통 중심 교수법, 목적어 언어 환경 창설 교수법, 과제 중심 교수법, 문화침투 교수법, 흥미유도 교수법, 멀티미디어를 활용한 교수법 등이 꼽힐 만하다. 또한 王書明(2011)은 학습자의 학습 단계에 따라 초급 단계에서는 주로 문법 번역식 교수법과 청각 구두식 교수법을 사용하며, 중급 단계에서는 의사소통적 교수법, 직접 교수법, 청각 구두식 교수법과 인지법을 사용하며, 고급 단계에서는 청각 구두식 교수법과 의사소통적 교수법을 사용하는 모듈(module)식 교수법을 주장하였다. 이외에 張洪蓮(2013)에서도 비슷한 관점을 나타냈다. 강보유(2015)는 문화투영교수법의 단점을 교사중심이라고 지적하고, 이를 극복하기 위해 문화투영교수법과 인지적 교수법을 접목시켜 문화인지 교수법을 제시하였다. 외국어 교수법이 구조주의 접근법에서 기능주의 접근법으로 전환하면서 말하기 기능을 더 중요시하며 이 시기에 말하기 교수법을 탐색하는 연구 3편이 나왔다. 呂思文(2015)은 말하기 기능을 제고하는 교수법으로 발화상황 창설 교수법을 제시하였는데 다시 그림 제시법, 실물 제시법, 언어 묘사법, 게임과 활동, 멀티미디어 사용

등 다섯 가지로 상세하게 설명하였다. 張曉宇(2011), 馮倩(2014)에서
도 비슷한 맥락으로 학생들의 학습 흥미를 유발하여 학습자들의 말
하기 능력을 제고하기 위해 다양한 목적의 환경을 세우고자 하였다.
그리고 읽기 교수법 연구는 주로 과제중심 교수법을 제시했다. 崔志
華(2014)는 영화와 드라마를 매개로 하는 듣기 교수법을 제안했는데
작품을 선정하는 기준과 구체적인 교수법을 제시하였다. 그 교수법
으로 문제 교수법, 상황 모의 교수법, 토론 교수법과 추측 교수법을
제시하였다. 문학 교수법을 다룬 연구는 한국 문학사 과목의 교수법
을 제시하였는데 주로 모국어 작가나 문학 작품과 비교하는 방법을
기술하였다.

4.2.4. 2016년~2017년
(1) 연구 주제에 따른 분석

2016년~2017년 시기는 기간이 짧아서 4개의 연구밖에 없으며, 3
가지 주제로 나눌 수 있는데 한국어 교수법 연구 2편, 말하기 교수법,
1편, 발음 교수법 연구 1편이다.

〈표 16〉 중국 2016년~2017년 시기 교수법 연구 주제 분류

한국어 교수법		발음		말하기		합계
학위	학술	학위	학술	학위	학술	
0	2	0	1	0	1	5
2		1		2		

(2) 교수법에 따른 분석

한국어 교수법에 관한 연구로 하나는 영화와 드라마를 활용한 교수법을 제시하는 것이고 하나는 노래를 활용한 교수법을 제시하는 것이다. 노래를 활용한 교수법 연구인 全金姬(2016)는 각각 노래를 통한 한국어 발음, 어휘, 문법, 듣기, 통번역, 문학, 문화 교육 방법을 논하였다. 沈麗瑛(2016)은 발음 교수법을 논의하였는데 모음 교수법으로 규칙 기억법, 자음 교수법으로 대비기억법, 받침 교수법으로 명칭 관련법을 제시하였다. 말하기 교수법 연구인 金英玉(2016)은 과제중심교수법과 오락 프로그램이나 드라마를 활용한 교수법을 제시하였다.

4.2.5. 전시기(全時期) 연구 동향

중국 국내에서 이루어진 교수법 연구는 주로 학술논문이었으며, 모든 시기에 걸쳐 학위논문은 2편 정도이다. 2편의 학위논문은 대조 분석이나 오류 분석으로 다른 교수법 연구가 주를 이룬다. 교수법 연구가 가장 활발하게 이루어진 시기는 2011년~2015년 시기로 볼 수 있으며, 연구 주제 측면에서 보면 중국 국내에서 이루어진 연구는 시기에 따라 연구 수량이 증가하고 주제 범위가 점점 넓어지는 추세를 보였다. 각 시기마다 한국어 교수법에 관한 연구가 가장 많았고, 다음으로 문법이나 어휘·표현에 관한 연구가 뒤를 이었다. 첫 한국어 교수법에 관한 연구는 2001년~2005년 시기에 나왔는데[36] 우

---

36 김충실(2004), 「한국어수업분석을 통한 학습자중심교수법 연구」, (중국조선어문) 133, 길림성민족사무위원회, pp.26~31.

선 문법 교수법에 관한 연구는 문법 전체를 다룬 연구 외에 조사, 어미, 경어법에 집중되었다. 첫 문법 교수법에 관한 연구는 2006년~2010년 시기에 나왔다.[37] 다음으로 어휘·표현 교수법에 관한 연구는 어휘 전체를 다룬 연구 외에 분류사, 속담, 유의어, 다의동사에 치중되었다. 첫 어휘·표현에 관한 연구는 2001년~2005년 시기에 나왔다.[38] 그리고 발음 교수법에 관한 연구는 2011년~2015년 시기에 들어와서 점점 많아진 양상을 보였으며, 첫 발음 교수법 연구는 2006년~2010년 시기에 나왔다.[39] 그리고 읽기와 말하기 교수법을 다룬 연구는 2011년~2015년 시기에 들어와서 점점 많아지는 추세를 보였지만 나머지 주제의 연구들은 활발하게 이루어지지 못했다. 앞으로 교수법 연구에 있어서 관심을 더 많이 가져야 하는 영역들이다. 첫 듣기 교수법[40], 첫 읽기 교수법[41]과 첫 쓰기 교수법[42]에 관한 연구는 2006년~2010년 시기에 나타났고, 첫 말하기 교수법에 관한 연구는 2011년~2015년 시기에 나타났으며,[43] 첫 문학 교수법[44]에 관한 연구는 2001년~2005년 시기에 나왔다. 전시기에 걸쳐 문화와 화용론을 주제로 다룬 교수법 연구는 없었다.

37 全金姬(2007), 「交流式韓國語語法教學方法探析」, 遼寧經濟管理幹部學院學報 2007(2).
38 김충실(2001), 「외국어로서의 한국어어휘교육의 실제와 교수방법」, 〈중국조선어문〉 116, 길림성민족사무위원회, pp.34~37.
39 「以發音為主的基礎韓國語教學方法研究」, 〈北京第二外國語學院學報〉 2006(10).
40 姚巍(2008), 「韓國語影視課教學方法探究」, 〈赤峰學院學報(漢文哲學社會科學版)〉, 2008(6).
41 馬誌成(2009), 「韓國語閱讀教學方法淺析」, 〈科技致富向導〉 2009(14).
42 樸美玄(2010), 「提高韓國語寫作能力的教學方法」, 〈科教導刊〉 2010(4).
43 張曉宇(2011), 「韓國語口語教學方法的探討」, 〈語文學刊(外語教育與教學)〉 2011(7).
44 장영미(2004), 「한국어교육에서의 문학교육의 위상과 효과적인 교수방법」, 〈중국조선어문〉 134, 길림성민족사무위원회.

　　교수법 측면에서 보면 의사소통 중심 교수법, 과제 중심 교수법, 학습자 중심 교수법, 목적어 언어 환경 창설 교수법, 멀티미디어를 활용한 교수법, 흥미유도 교수법, 문화배경이나 문화 침투 교수법 등이 중국 국내에서 주류를 이룬 교수법이었다. 특히 언어와 문화의 융합을 강조하는 경향이었다. 절충식 교수법을 강조한 연구는 없었지만 학습자의 학습 단계에 따라 다양한 교수법을 선택해서 사용하는 모듈(module)식 교수법 연구도 나왔다. 이들 교수법은 이론적 수준으로서의 접근법과 실제적 수준으로서의 교수 기법으로 나눠서 다음〈표 17〉과 같이 정리한다.

〈표 17〉 중국 국내 한국어 교육에서 활용한 교수법 정리

이론적 수준으로서의 접근법	한국어	학습자 중심 교수법; 의사소통 중심 교수법; 과제 중심 교수법; 학습 단계에 따른 모듈식 교수법(초급 단계: 문법 번역식 교수법과 청각 구두식 교수법, 중급 단계: 의사소통적 교수법, 직접 교수법, 청각 구두식 교수법과 인지법, 고급 단계: 청각 구두식 교수법과 의사소통적 교수법); 문화인지 교수법
	문법	의사소통적 문법 교수법; 협력학습 문법 교수법
	읽기	과제중심 교수법
	말하기	과제중심 교수법
실제적 수준으로서의 교수 기법	한국어	목적어 언어 환경 창설 교수법; 흥미유도 교수법; 문화 배경 교수법; 문화침투 교수법; 멀티미디어를 활용한 교수법; 영화와 드라마를 활용한 교수법; 노래를 활용한 교수법
	발음	노래나 영화를 통한 흥미유도 교수법; 모음 교수법으로 규칙 기억법, 자음 교수법으로 대비 기억법, 받침 교수법으로 명칭 관련법

실제적 수준으로서의 교수 기법	어휘· 표현	어휘 체계 지도법, 단어 형성 지도법, 기능(듣기, 말하기, 쓰기) 결합 교수법
	문학	해설, 리포트발표, 영화감상, 실천법(역할극); 모국어 작가나 문학 작품과 비교하는 방법
	듣기	영화와 드라마를 매개로 하는 듣기 교수법(문제 교수법, 상황 모의 교수법, 토론 교수법과 추측 교수법)
	읽기	번역법, 분석법, 귀납법
	말하기	발화 상황 창설 교수법(그림 제시법, 실물 제시법, 언어 묘사법, 게임과 활동, 멀티미디어 사용); 목적어 환경 창설 교수법; 오락 프로그램이나 드라마를 활용한 교수법

4.3. 한·중 연구 동향 비교

우선 연구의 전체적인 양으로 봤을 때 한국에서 이루어진 교수법 연구는 106편으로, 중국에서 이루어진 55편보다 거의 2배의 양으로 훨씬 많았다. 한국이든 중국이든 교수법에 관한 학술논문은 학위논문보다 더 많은 양상을 보였으며, 특히 중국의 경우는 더욱 그렇다.

한국 국내에서의 첫 교수법 연구는 1984년에 나왔지만 본격적으로 시작된 것은 1990년대에 들어와서이며, 활발하게 이루어지게 되는 시기는 2006년~2010년이다. 한편 중국 국내에서의 첫 교수법 연구는 2001년에 나왔지만 본격적으로 시작된 것은 2009년 전후로 볼 수 있으며, 활발하게 이루어지게 되는 시기는 2011년~2015년으로 본다. 중국 국내에서의 한국어 교육은 1945년에 북경대학 조선어학과의 전신인 국립동방어문전문학교의 설립으로 시작되었으며, 한국 국내에서의 외국어로서의 한국어 교육은 1959년 연세대학교 한국어학당 설립으로 시작되었다. 그러나 중국에서 연구의 시작 시기가 더 먼저였으나 교수법 연구에 나타난 결과를 보면 한국보다 십여 년 정도가 더 늦었다. 이는 문화대혁명 후기인 1972년부터 중한 수교 이전까지 약 20년 동안의 한국어 교육은 중국의 다른 교육과 마찬가지로 침체 상태에 처해 있었고, 1992년 중한 수교 이후에야 침체되어 있었던 한국어 교육이 활력을 찾았기 때문이다[45]. 그리고 1988년에 한국이 성공적으로 올림픽을 주최하여 무역대상국으로 부상하며 또 2000년 전후에 시작된 한류열풍으로 한국어 공부의 열기가 갈수록 뜨거워졌다. 이에 따라 한국 국립국어원에서 다양한 한국어 교육 지지 정책을 세우며 세종학당이 세계 곳곳에 세워지면서 한국어 교육이 더 발달하였다.

　한국 국내에서 교수법에 관한 연구 주제는 10개의 주제로 나타났으며 화용론을 주제로 삼은 교수법 연구는 없었다. 한편 중국 국내에서의 교수법에 관한 연구 주제는 9개의 주제가 나타났으며 역시 화용론을 다룬 주제는 없었다. 또한 한국어 교수법으로 문화 교육의 중요성을 강조하면서 문화 배경 교수법이나 문화 침투 교수법을 제기하였지만 문화를 주제로 삼은 교수법 연구는 없었다. 한편 한국에서 문화 교수법 연구는 2편이 있다. 한국의 첫 문화 교수법에 관한 연구는 2001년 나온 것인데 단계별 문화 교육 내용과 교수법을 다룬 학위논문이다. 또한 중국에서 첫 문학 교수법에 관한 연구는 2004년에 나온 것인데 한국에서 첫 문학 교수법에 관한 연구는 2006년에

---

45 WangDan(2009), 「중국에서의 한국어 교육의 현황과 전망」, 〈Journal of Korean Culture〉 12, 한국어문학국제학술포럼, pp.39~40.

나온 것이라서 한국보다 앞섰다. 그러나 두 나라가 모두 문화와 문학 교수법에 관한 연구가 매우 부족한 편이다. 이는 문화와 문학을 독립적으로 가르치는 것보다 언어와 결합하여 가르치는 교수 방법으로 활용한 것이 그 원인이기도 하다.

주제 면에서 한국 국내의 경우, 대부분의 시기에 한국어 교수법과 문법 교수법이 각각 1위와 2위 비중을 차지했다. 반면에 중국 국내의 경우에는 2006년~2010년에 한국어 교수법과 문법 교수법 연구가 1위와 2위 비중을 차지하였지만, 2011년~2015년에 들어와서는 문법 교수법 연구 대신 어휘·표현 교수법 연구가 2위를 차지하여 한국과 다른 점이 나타났다. 한국에서 이루어진 문법 교수법 연구는 문법 전체에 대한 논의 외에 피동법, 사동법, 조사, 어미, 다기능 형태소나 불규칙 용언 등 구체적인 문법 현상이 교수법에 집중되어 나타났다. 중국에서는 문법 전체에 대한 연구 외에 조사, 어미, 경어법 등 구체적인 문법 현상이 교수법에 나타났지만 한국만큼 다양하지는 않았다. 다음으로 한국에서 이루어진 어휘·표현 교수법 연구는 어휘 전체에 대한 논의 외에 금지 표현, 관용 표현, 의성어·의태어, 분류사, 심리형용사, 다의어, 동작동사, 2인칭대명사, 의문사, 한자어 등에 대한 연구로 다양했지만, 중국에서는 어휘 전체에 대한 연구 외에 분류사, 속담, 유의어, 다의동사에 대한 연구여서 역시 한국만큼 다양하지 않았다. 그리고 2010년~2015년 시기와 2016~2017년 시기에 오면서 한국 국내 연구 교수법이 실제 교육 현장에서 얼마나 어떻게 적용되었는지를 밝히는 실증연구도 등장했는데, 중국 국내에서는 아직 이런 연구가 나타나지 않았다. 한국에서는 구어문법 교수법을 다룬 연구도 나타났지만, 중국에서는 아직 이런 연구 주제가 제시되지 못했다. 그리고 발음에 관한 교수법 연구는 한국에서는 초기에 많이 나타나고 점점 줄어든 추세지만 중국에서는 후기인 2010년~2015년 시기에 들어와서 많아졌다. 기능적 특성을 주제로 다룬 교수법 연구 중에서 한국에서는 읽기 교수법에 관한 연구가 2014년에야 나와서 2010년에 나온 중국보다 뒤진 상태였다. 그러나 양국은 모두 기능 주제의 연구가 부족한 편이다.

교수법 면에서 앞에 제시한 〈표 12〉와 〈표 17〉를 통해 한국 국내 연구에 다룬 교수법이 중국 국내 연구보다 더 다양한 것을 확인할 수 있었다. 중국 국내 연구에 다룬 교수법이 그렇게 다양하지 못한 것은 아직 중국에서 이루어진 교수법에 관한 연구의 양이 적은 것도 원인이기도 하지만 한국 국내에서 이루어진 한국어 교수법 연구가 중국보다 더 활발했기 때문이다. 이는 성공적인 올림픽 개최, 한류 열풍 등으로 한국 국내에서 한국어 교육 분야가 급성장한 이유로 볼 수 있다.

양국 국내 연구에서 다룬 교수법은 모두 외국어 교수법 이론에 근거한 권위적인 교수법도 있고 연구자에 의해 만들어진 교수법도 있다. 본 연구에서는 이론적 수준으로서의 접근법과 실제적 수준으로서의 교수 기법으로 분류하였다. 이론적 수준으로서의 접근법으로 의사소통 중심 교수법, 과제 중심 교수법, 협력학습법, 학습자 중심 교수법은 두 나라 국내 연구에서 공통적으로 다룬 교수법이다. 그러나 외국어 교육에서 주로 소개한 접근법은 한국 국내 연구에 대부분 나타난 반면에 암시 교수법이나 침묵식 교수법과 같은 인문주의 접근에 속한 교수법들은 아직 중국 국내 연구에 활용되지 못했다. 그리고 학습자, 환경 등 다양한 요인에 따른 절충적 보완식 교수법이 한국에서는 2001년~2005년 시기부터 이미 연구가 이루어지면서 많은 연구에서 강조하였지만, 중국은 학습자의 학습 단계에 따라 교수법을 조합하여 가르치는 모듈식 교수법 연구가 2010년~2015년 시기에 하나만 등장하였다. 실제 수준으로서의 교수 기법으로 공통적으로 사용한 것은 멀티미디어를 활용한 교수법이다. 문화 투영 교수법과 문화 언어 통합 교수법이라든가 문화 배경 교수법과 문화 침투식 교수법 등은 용어를 다르게 사용했지만 역시 공통적으로 사용한 교수법으로 볼 수 있다. 2010년~2015년 시기에 들어와서 중국 국내 연구에 교사중심의 문제를 지적하며 이를 극복하기 위해 문화투영 교수법과 인지적 교수법을 접목시킨 문화인지 교수법을 제시한 연구가 등장하였는데 이는 의미가 있는 교수법 혁신이라 볼 수 있다. 한편 한국에서의 연구는 다양한 언어권 학습자를 대상으로 하기 때문에 대조법, 모국어를 활용한 교수법을 보다 잘 사용한 반면에, 중국에서의 연구는 학습자들의 흥미를 일으키는 흥미유도 교수법을 잘 활용한 것이 뚜렷한 차이다.

5. 결론

본 연구의 목적은 한국어 교수법에 대한 한·중 연구 동향 고찰 및 비교를 통해 한국어 교수법 연구의 방향 모색과 효율적인 교수법 방

안을 제안하기 위함이다. 이러한 목적을 달성하기 위해 1차적으로
한국 학술 사이트 RISS와 중국 학술 사이트 CNKI에 수록된 한국어
교수법과 관련된 연구들을 수집하고 선별하였다. 2차적으로 최종
선정된 한·중 연구 자료에 대해 각각 시기별로 분류하였다. 그리고
시기별로 주제와 교수법에 따른 연구 동향을 분석하여 고찰하였으
며, 전시기에 걸쳐 양국 국내에서 이루어진 교수법 연구의 동향에
대해 분석하고 비교하였다.

연구의 결과 첫째, 주제 면에서 한국 국내에서 이루어진 교수법
연구와 비교했을 때 중국 국내에서 이루어진 교수법 연구는 아직 부
족한 상태이다. 특히 문법과 어휘·표현에 관한 연구는 세부적인 주
제가 다양하지 못하여 앞으로 연구의 폭을 더 넓혀야 한다. 한국은
최근 시기에 들어오면서 현장에서 적용하는 양상을 밝혀주는 실증
연구가 등장하여 교수법 연구의 새 지평을 열었는데 중국에서는 아
직 이런 연구가 나타나지 않았다.

둘째, 아직 양국에서 화용에 관한 연구가 미진한 상태이고, 기능
적 영역 연구도 많지 않아 앞으로 양국에서 이루어질 교수법 연구는
주제 측면에서 화용론 분야에 더 관심을 가질 필요가 있다. 그리고
보다 더 많은 기능 영역의 연구가 이루어져야 할 것이다.

셋째, 교수법 측면에서 양국은 모두 이론적 수준으로서의 접근법
못지않게 실제적 수준으로서의 교수 기법도 많이 개발하였다. 이론
적 수준으로서의 접근법인 외국어 교육에 주로 소개한 접근법은 한
국 국내 연구에 많이 나타난 반면에, 암시 교수법이나 침묵식 교수
법과 같은 인문주의 접근에 속한 교수법들은 중국 국내 연구에 아직

활용되지 못하고 있다. 한국은 일찍부터 절충적 보완식 교수법을 강조했는데 중국에서도 이런 경향이 보이지만 앞으로 더 강화할 필요가 있다. 실제적 수준으로서의 교수법을 든다면 한국에서의 연구는 다양한 언어권 학습자를 대상으로 하기 때문에 대조법, 모국어를 활용한 교수법을 더 잘 사용한 반면에, 중국에서의 연구는 학습자들의 흥미를 일으키는 흥미유도 교수법을 더 잘 사용한 것이 뚜렷한 차이적 특징이다. 또한 중국에서 목적어 언어 환경이 없는 것에 대비하여 목적어 언어 환경 창설 교수법을 다룬 것도 큰 차이다.

본 연구의 한계점은 연구 자료를 선정하는 과정에서 교수법과 관련하여 "한국어 교수법"과 "한국어 교수 방법" 두 가지의 검색어로 검색하였다는 점이다. 교수법에 관한 연구지만 혹시 연구 대상에서 빠진 연구가 있을 수도 있을 것이다. 그럼에도 불구하고 본 연구는 한국과 중국에서 이루어진 한국어 교수법 연구를 시기별로 나누어 주제와 교수법 측면에서 특징을 살펴보았으며 이는 앞으로 한국어 교수법 연구에 기여할 수 있을 거라는 점에 의의를 두고자 한다.

■ 참고문헌

Wang Dan(2009), 「중국에서의 한국어 교육의 현황과 전망」, 〈Journal of Korean Culture〉 12, 한국어문학국제학술포럼, pp.33~71.

간노(1991), 「일본인을 위한 한국어 교재 개발과 교수 방법」, 〈교육한글〉 통권 4호, 한글학회, pp.143~164.

강보유(2015), 「한국어교육의 문화인지적 접근방법-문화인지교수법」, 〈한국(조선)어교육연구〉10, 중국한국(조선)어교육연구학회, pp.141~158.

강사희(1999), 「외국어로서의 한국어 교수법: 성인 학습자를 위한 새 방향」, 〈외국어로서의 한국어교육〉 23(1), 연세대학교 한국어학당, pp.17~28.

강현화(2006), 「한국어 문법 교수학습 방법의 새로운 방향」, 〈국어교육연구〉 18, 서울대학교 국어교육연구소, pp.31~60.

권용해(2006), 「초급 한국어 교수법 모델 및 교재 구성에 대한 연구: 프랑스 대학생을 대상으로」, 성균관대학교 대학원 박사 학위 논문.

권현주(1996), 「日本人學習者를 對象으로한 韓國語 發音教授法 研究: 對照言語學的 方法을 통하여」, 이화여자대학교 교육대학원 석사학위논문.

권현주(1997), 「일본인 학습자를 대상으로 한 한국어 발음 교수법 연구-받침법칙을 중심으로」, 〈한국일본어문학회 학술발표대회논문집〉 2004(10), 한국일본어문학회, pp.72~75.

김영기(1991), 「외국어로서의 한국어 교육: 이론적 배경, 효과적 교수법과 교재 개발」, 〈교육한글〉 통권 4호, 한글학회, pp.55~108.

김영란(1999), 「한국어 금지 표현의 교수 방법」, 〈한국어 교육〉 10(2), 국제한국어교육학회, pp.171~193.

김영란(2004), 「한국어 교육을 위한 의문사 어휘 정보와 교수 방법 연구」, 상명대학교 대학원 박사학위논문.

김재욱(2006), 「수업 구성 원리에 따른 한국어 문법 교수 방법」, 〈언어와 문화〉 2(1), 한국언어문화교육학회, pp.19~36.

김지현(2008), 「의사소통전략을 활용한 한국어 말하기 교수법 연구」, 영남대학교 대학원 석사학위논문.

김지형(2003), 「한국어 교육에서의 한자 교수법」, 〈국제어문〉 27, 국제어문학회, pp.343~368.

김충실(2001), 「외국어로서의 한국어어휘교육의 실제와 교수방법」, 〈중국조선어문〉 116, 길림성민족사무위원회, pp.34~37.

김충실(2004), 「한국어수업분석을 통한 학습자중심교수법 연구」, 〈중국조선어문〉 133, 길림성민족사무위원회, pp.26~31.

남빅토르(2001), 「번역 과제 수행 중심 교수법 연구: 러시아어권 한국어 학습자 중심으로」, 경희대학교 교육대학원 석사학위논문.

박문자(2010), 「한국어교육에서의 교수법과 학습법의 상관관계 연구」, 〈중국조선어문〉 169, 길림성민족사무위원회, pp.25~30.

박수경(2010), 「인지언어학과 TPR 교수법에 의한 한국어 교육 활용방안 고찰: 다의어 '잡다'를 중심으로」 7(1), 〈한국언어문화학〉, 국제한국언어문화학회, pp.173~196.

박재승(2010), 「효과적인 한국어 교수-학습 방법에 관한 연구」, 〈개신어문연구〉 31, 개신어문학회, pp.349~376.

박혁(2015), 「태권도를 활용한 한국어 동작동사 교육 방안 연구: 전신반응 교수법을 중심으로」, 경희대학교 교육대학원 석사학위논문.

박환(2013), 「동영상 제작 과제를 활용한 한국어 교수 방법 연구: 초급 학습자를 대상으로」, 상명대학교 대학원 석사학위논문.

백봉자(2001), 「교재와 교수법을 통해 본 한국어 교육의 역사와 과제」, 〈외국어로서의 한국어교육〉 25, 연세대학교 한국어학당, pp.12~31.

심상민(2009), 「연구 방법과 연구 주제에 따른 한국어 읽기 연구 분석」, 〈새국어교육〉 82, 한국국어교육학회, pp.257~277.

양해승(2015), 「중국 내 '한국어 강독 수업'에 언어 중심의 문화교수법의적용 연구: 4년제 대학을 중심으로」, 〈어학연구〉 51(1), 서울대학교 언어교육원, pp.225~248.

오가레크-최(1991), 「폴란드인을 위한 한국어 교재 편찬과 교수 방법」, 〈교육한글〉통권 4호, 한글학회, pp.175~190.

우인혜(1999), 「홈페이지를 이용한 한국어 교수법-선문대 홈페이지 사이버교실 운영 사례-」, 〈새천년 및이 제 10 차 국제학술회의〉, 국제한국어교육학회, pp.135~143.

윤여탁(2006), 「한국어 문학 교수-학습 방법의 현황과 과제- 교육과정, 교재, 외국어 문학교육론을 통한 투시」, 〈국어교육연구〉 18, 서울대학교 국어교육연구소, pp.123-144.

윤희원(2006), 「한국어교육 방법론의 재검토; 한국어교수법 연구의 전제와 방법」, 〈국어교육연구〉 18, 서울대학교 국어교육연구소, pp.217~244.

이경화(1996), 「외국어로서의 한국어 교수-학습 방법 모색」, 〈교육한글〉 통권 9호, 한글학회, pp.177-198.

이기종(2003), 「한국어 듣기 교수 방법과 실제」, 〈한남어문학〉 27, 한남대학교 한남어문학회, pp.233~255.

이기종(2003), 「한국어 듣기 교수 방법과 실제」, 〈한남어문학〉 27, 한남대학교 한남어문학회, pp.233~255.

이동재(2008), 「한국어 교수법의 새 방향」, 〈한국어 교육〉 19(1), 국제한국어교육학회, pp.1~36.

이종은(1997), 「한국어 발음 교수 방법과 모형」, 〈교육한글〉 통권 10호, 한글학회, pp.327~348.

이주행(2003), 「한국어 문법 敎授-學習 方法에 대한 考察」, 〈어문연구〉 31(2), 한국어문교육연구회, pp.327~351.

임동윤(2002), 「한국어 조사 교수법에 대한 연구 : {-이/-가}와 {-은/-는}을 중심으로」, 안동대학교 교육대학원 석사 학위 논문.

임미화(2002), 「영어권 화자의 한국어 발음 교수법 연구: 발음 간섭 현상 개선을 중심으로」, 건국대학교 교육대학원 석사 학위 논문.

임상미(2011), 「변인에 따른 한국어 교수법에 대한 연구: 수업 변인, 학습자 변인, 교사 변인을 중심으로」, 〈태릉어문연구〉 17, 서울여자대학교 인문과학대학 국어국문학과, pp.95~118.

장경은(2001), 「한국어 교육을 위한 단계별 문화 내용과 교수 방법」, 전남대학교 대학원 석사학위논문.

장영미(2004), 「한국어교육에서의 문학교육의 위상과 효과적인 교수방법」, 〈중국조선어문〉 134, 길림성민족사무위원회, pp.31~35.

정정덕(2001), 「외국인을 위한 한국어 교수법: 한국어 발음을 중심으로」, 〈인문논총〉 8, 창원대학교 인문과학연구소, pp.1~29.

지수용(1999), 「중국인을 위한 문화 도입식 한국어 교수법 연구」, 〈한국어 교육〉 11(2), 국제한국어교육학회, pp.169-187.

지현숙(2007), 「한국어 구어 문법 교육을 위한 과제 기반 교수법」, 〈국어교육연구〉 20, 서울대학교 국어교육연구소, pp.247~270.

차은진(2014), 「중급 한국어 학습자를 위한 한국어 쓰기 교재 개발: 통합적 쓰기 교수법을 기반으로」, 이화여자대학교 외국어교육특수대학원 석사학위논문.

최권진(2006), 「전래동화를 활용한 한국어 교수-학습 방법 연구」, 〈한국어 교육〉 17(2), 국제한국어교육학회, pp.237~266.

최권진(2006), 「전래동화를 활용한 한국어 교수-학습 방법 연구」, 〈한국어 교육〉 17(2), 국제한국어교육학회, pp.237~266.

최권진(2007), 「한국어 읽기 교수-학습 방법의 새로운 패러다임 모색」, 〈한국어 교육〉 17(2), 국제한국어교육학회, pp.237~266.

최권진(2008), 「학습자 모국어를 활용한 한국어 교수-학습 방법의 모색」, 〈한국어 교육〉 19(1), 국제한국어교육학회, pp.1~21.

하정자(1982), 「無言原理에 입각한 英語와 韓國語의 敎授法研究」, 중앙대학교 대학원 석사 학위논문.

하정자(1984), 「무언원리에 입각한 영어와 한국어의 교수법 연구」, 〈교육 논총〉 1(1), 중앙대학교 교육대학원, pp.119~152.

함은주(2011), 「침묵식 교수법을 활용한 한국어 음운 지도 방안」, 인하대학 교 교육대학원 석사학위논문.

홍경표(1982), 「외국어로서의 한국어 교수-학습 방법 개선에 관한일 조사 연구」, 연세대학교 대학원 석사학위논문.

韓紅敏(2010), 「韓國語分類詞和中國語量詞對比及教學方法」, 延邊大學碩士學位 論文.

姜毅(2010), 「淺析創設語言環境的教學方法對韓國語教學的影響—以山西旅遊職 業學院韓國語教學為例」, 〈太原城市職業技術學院學報〉 2010(12).

金日平(2014), 「任務教學法在韓國語閱讀教學中的應用」, 〈遼寧經濟職業技術學 院學報〉2014(2).

金聖熙(2011), 「韓國語連接語尾的病句分析及其教學法研究—表示原因·理由 "(-아서, -니까, -느라고, -므로)"為中心」, 延邊大學碩士學位論文.

金英玉(2016), 「淺談韓國語會話教學的方法和途徑」, 〈中國校外教育〉2016(2).

李丹(2011), 「韓國語教學方法的探索與實踐」, 〈語文學刊(外語教育教學)〉 2011(5).

林麗(2012), 「韓國語近義詞分類法及教學方法初探」, 〈當代韓國〉 2012(4).

陸明偉(2011), 「重視任務型教學法在韓國語閱讀中的運用」, 〈科技信息〉 2011(8).

呂思文(2015), 「有效提高學生韓國語口語能力的方案探究」, 〈新課程研究〉2015(11).

呂亭亭,劉素珍(2010), 「文化背景教學方法在高職韓國語教學中的應用」, 〈考試周 刊〉 2010(39).

馬誌成(2009), 「韓國語閱讀教學方法淺析」, 〈科技致富向導〉 2009(14).

朴春蘭(2010), 「淺談韓國語語法教學中小組合作學習方法的運用」, 〈科學大眾(科學教育)〉 2010(8).

朴美玄(2010), 「提高韓國語寫作能力的教學方法」, 〈科教導刊〉 2010(4).

朴正實·王海軍(2009), 「韓國語專業教學內容及方法研究」, 〈鞍山師範學院學報〉 2009(3).

全金姬(2007), 「交流式韓國語語法教學方法探析」, 遼寧經濟管理幹部學院學報 2007(2).

全金姬(2016), 「韓國語歌曲在韓國語教學中的應用與效果」, 〈亞太教育〉2016(9).

全明姬(2010), 「韓國語敬語教學法研究」, 〈蘇州大學學報(哲學社會科學版)〉 2010(4).

沈麗瑛(2016), 「韓國語語音教學探究」, 〈教育教學論壇〉22.

孫華敏(2011), 「韓國語俗談的特征及教學法」, 〈職業時空〉 2011(4).

王金霞(2011), 「關於基礎韓國語課程教學方法的若幹思考」, 〈齊齊哈爾師範高等專科學校學報〉 2011(4).

王書明(2011), 「外語教學法在韓國語教學實踐中的運用探析」, 〈價值工程〉 2011(27).

肖麗艷(2014), 「情景教學法在韓國語教學中的運用」, 〈文學教育〉 2014(9).

楊紅靜(2012), 「韓國語閱讀教學方法研究」, 〈無錫商業職業技術學院學報〉 2012(4).

楊磊(2006), 「以發音為主的基礎韓國語教學方法研究」, 〈北京第二外國語學院學報〉 2006(10).

姚巍(2008), 「韓國語影視課教學方法探究」, 〈赤峰學院學報(漢文哲學社會科學版)〉 2008(6).

張洪蓮(2013), 「淺談外語教學法理論在韓國語教學中的運用」, 〈才智〉 2013(20).

張曉宇(2011), 「韓國語口語教學方法的探討」, 〈語文學刊(外語教育與教學)〉 2011(7).

趙永濤(2015), 「興趣教學法在高校韓國語教學中的應用」, 〈考試周刊〉 2015(56).

鄭梅(2014), 「關於韓國語課堂有效教學法的探究」, 〈韓國語教學與研究〉 2014(4).

周磊(2009), 「韓國語助詞"-가/이", "는/은"的習得偏誤及教學方法研究」, 〈語文學刊(外語教育教學)〉 2009(2).

05

중국인 학습자를 위한
한국어 담화표지 '그냥' 교수·학습 연구

 1. 서론

본 연구의 목적은 한국어 구어 담화에서 빈번하게 사용되지만 실제 한국어 교재에서는 크게 다루고 있지 않는 담화표지 '그냥'의 담화 기능을 검토하고, 각 기능에 대응되는 중국어 표현을 대조 분석하여 모국어화자 자료와 학습 자료를 비교분석함으로써 중국인 학습자에게 효율적인 교육 방안을 제시하는 데에 있다

한국어를 외국어로서 배우는 학습자들이 한국어를 배우는 궁극적 목표는 한국어를 모국어로 하는 화자처럼 자연스럽게 한국어를 구사하고 유창하게 원활한 의사소통을 하는 데에 있다. 성공적인 의

사소통은 정확한 문장을 생성하는 능력이 중요하지만, 맥락에 맞게 다양한 방식, 정확한 표현을 사용하는 능력도 중요하다. 그러나 외국인 학습자들의 실제 대화를 보면 한국어를 모국어로 하는 화자에 비해 표현의 방식이 다양하지 못한 점이 있다. 이는 외국인 학습자들이 모국어 화자처럼 다양한 담화표지를 사용하지 못하고 있기 때문이다. 담화표지는 사전적 의미와는 다르게 사용되기도 하고, 상황에 따라 여러 가지 의미로 실현되기도 하여 외국인 학습자들의 원활한 의사소통에 어려움을 주고 있다. 그러므로 외국인 학습자들의 언어 습득에 도움을 주기 위해서는 담화표지에 대한 연구와 교육이 필요하다고 본다.

선행연구를 검토해 보면, 한국어 담화표지와 그에 대응하는 중국어 표현의 대조에 대해서는 이미 많은 논의들이 있었지만 사용 빈도가 높은 '그냥'을 중국어 표현과 대조하고 교육 방안까지 제시한 논의는 기존 연구에서 제외되었음을 알 수 있다. 이에 본고에서는 연구대상을 '그냥'으로 한정하여 이에 대응되는 중국어 표현을 고찰하고 모국어 화자의 발화 자료와 학습 자료인 교재를 비교 분석함으로써 교육 방안의 일환인 교수·학습 모형을 제시하고자 한다.

2. 담화표지 '그냥'의 기능 및 대응되는 중국어 표현 분석

담화표지의 기능에 관한 의견들이 연구자들 사이에서 일치되지 않는다. 본고에서는 담화표지를 표현된 명제의 내용에 기여하는 것으로 보지 않고, 화자의 심리적 감정이나 태도 등 주관적 판단과 담화 간의 관계 등을 드러내는 결속성의 화용적 표현으로 다룬다. 이에 담화표지의 기능은 화자의 심리적 감정이나 태도 등 주관적 의식을 드러내는 양태적 기능과 담화 간의 관계 등을 드러내는 담화 결속 기능으로 구분한다. 박혜선(2012)에서는 담화표지 '그냥'의 기능을 '완화', '전후연결', '강조', '시간벌기', '대답회피/얼버무림'으로 보았다. 심란희(2013)는 '그냥'의 기능을 크게 결속 기능인 '화제와 화제의 결속', '화자와 화제의 결속', 그리고 양태적 기능인 '화자와 청자 결속', '약화', '강조'로 보았다.

본고에서는 담화표지 '그냥'의 기능을 담화 결속 기능인 '화제 연결', '화제 마무리', '화제 전이', '시간 벌기', '얼버무리기' 기능[1]과 양태적 기능인 '겸손 태도 표현'과 '부정적 태도 표현', '비판적 태도 표현' 그리고 '강조 표현'으로 보고, 이에 대해 보다 구체적으로 살펴보도록 하겠다.[2]

---

1 본고에서 담화 결속 기능은 담화간의 관계를 드러내는 기능으로 본다. 전영옥(2002)에 따르면 담화 결속은 화제와 화제 결속, 화자와 화제 결속, 화자와 청자 결속이 있다. '그냥'의 담화 결속 기능 중 '화제 연결', '화제 마무리', '화제 전이' 기능은 화제와 화제 결속에 속하고, '시간 벌기'와 '얼버무리기' 기능은 화자와 화제 결속에 속한다.
2 담화표지는 새롭게 생성한 어휘가 아니라 원래 있던 어휘에서 비롯되어 왔다. 담화표지 '그냥'도 역시 새로 나타난 어휘가 아니고 원래 부사 '그냥'에서 비롯되어 왔다. 그래서 본고에서 분석된 대응되는 중국어 표현을 부사 '그냥'의 의미에서 크게 벗어나지 않는다.

2.1. 결속 기능

2.1.1. 화제 연결

'그냥'의 첫 번째 기능은 바로 화제와 화제의 결속인 화제 연결 기능이다. 이때 '그냥'은 주로 발화 앞에서 사용되면서 화제를 도입한다. 도입된 화제는 완전히 앞 화제와 관련이 없는 것이 아니라 앞 화제와 연결돼서 관련이 있는 화제를 도입한다. 화제 연결 기능을 가진 '그냥'에 대응되는 중국어 표현은 '就'로 생각할 수 있다.

(1) A: 락 갔다 오면 살 쫙::쫙 빠져.

　　　 (去看了趁搖滾演出回来, 瘦了好多。)

　　 B: 어딘데?

　　　 (哪里？)

　　 A: 나 언더그라운드 밴드 갔다 왔는데 진짜 갔다 왔는데 2킬로
　　　 그램 빠졌잖아.

　　　 (我就去看了趁乐队表演, 真的就是去了趁就瘦了2公斤。)

　　 B: 홍대 앞에?

　　　 (宏大门口？)

　　 A: 어. 해롱해롱 해 가지구 살 쫙 빠지구.

　　　 (恩。来回摆动瘦了好多。)

　　 C: 그냥 요즘에 그런 데 있잖아, 엠넷이나 뭐~, 음악캠프에서 스
　　　 탠딩콘서트 하잖아. 어 그런데 가봐. 스탠딩 하면 진짜 살 쫙
　　　 쫙 빠져.

(就最近不是有那种地方嘛，类似于M-net什么的，在音乐棚里
的演唱会。去那种地方试试，站着看完真的会瘦很多。)

〈세종 말뭉치〉

앞서 논의하였듯이 (1)에서의 '그냥'은 화제 연결 기능을 하고 있
다. 이에 대응되는 중국어 표현은 '就'로 들 수 있다. '就'은 앞의 화제
를 끝내고 앞 화제와 관련된 다른 화제를 연결해 주는 기능을 한다.

2.1.2. 화제 마무리

발화 끝에 '그냥'이 나오면 화제 마무리 기능을 수행할 수 있다. 이
때 발화 끝에 어떤 내용이 생략되었는데 전혀 어색하지 않고 의사소
통이 원활하게 이루지고 있음을 확인할 수 있다.

(2) A: 왜 왜 왜 쉬었다 간 거예요?

为什么要休息一会再走？

B: 늦게 했잖아, 결혼식을 늦게 했으니까 뭐~ 밤에 비행기 타고
가기도 그렇고 그래 가지구 <u>그냥</u>.

婚礼不是举行的晚嘛。再说了坐晚上的飞机去也不太好，**(所以)**

就...

A: 그렇지.

也是。

〈세종 말뭉치〉

(2)에서 A가 왜 쉬었다 간 거냐고 물었다. B가 결혼식을 늦게 했

163

으니까, 밤에 비행기 타고 기기도 그렇고, 그래서 쉬었다 간 거라고 대답하였다. B가 담화표지 '그냥'을 사용하여 앞에 얘기한 이유 때문에 '쉬었다 갔다'가 생략되었다. 여기서 '그냥'은 화제 마무리 기능을 수행하고 있다. 이때 '그냥'의 대응되는 중국어 표현은 '(所以) 就...'이다.

2.1.3. 화제 전이

어떠한 요구를 하거나 하려고 하다가 포기하고 다른 화제로 바꾸어 발화할 때 '그냥'이 화제 전이 기능을 수행할 수 있다.

> (3) 지은: 무슨 일 있었어요?
>
> 出了什么事情吗?
>
> 영재: 뭐?
>
> 什么?
>
> 지은: 아니 <u>그냥</u>...(하다) 아이스크림 먹을래요?
>
> <u>没什么, 就</u>... 你吃冰激凌吗?　　　　　〈풀하우스〉

(3)에서 지은이가 무슨 일이 있었냐고 물었는데 영재가 반문하자 지은이가 뭔가 말하려고 하다가 말았다. 그리고 '그냥'을 사용하여 아이스크림을 먹느냐고 다른 화제로 바꿨다. 이때는 '그냥'이 화제 전이 기능을 한다. 화제 전이 기능을 가진 '그냥'과 대응되는 중국어 표현은 '没什么, 就...'이다.

2.1.4. 시간 벌기

대부분 담화표지들은 공통적으로 시간 벌기 기능을 가지고 있다. '그냥'도 화자가 발화 중 다음 발화를 준비하거나 발언권을 유지하기 위해 시간을 버는 기능을 한다. 시간벌기 기능을 수행한 '그냥'은 '그냥 뭐' 혹은 '뭐 그냥'의 형태로 많이 사용되며 위치는 단어나 구 혹은 절 사이도 자유롭다.

> (4) A: 의외로 안 아프더라, 오랜만에 많이 운동했는데.
>
> 很长时间没运动了，很意外竟然不疼。
>
> B: 첫 번째 준비운동하고 마지막에 정리운동 해서 그래. 그래서 그런게 익숙해진 틀이 있으니까 **그냥** 뭐 난 또 워낙 좋아하니까 뛰는 걸.
>
> 因为做了准备运动和整理运动才不疼的。熟悉了这样的套路，**就**再加上我本来就喜欢跑跳所以。。。　　　　＜박혜선(2012)＞

(4)에서 A가 오랜만에 많이 운동했는데 의외로 안 아프다고 했다. B가 첫 번째 준비운동하고 마지막에 정리운동을 해 익숙해진 틀이 있어서 그렇다고 하였다. 그리고 뛰는 것을 워낙 좋아한다는 발화를 하기 위해 발화 중간에 '그냥'을 사용했다. 여기서 '그냥'을 사용하여 화자가 발화 중 다음의 발화를 준비하기 위한 시간벌기 기능을 하고 있다. 이에 대응되는 중국어 표현은 '就'이다. 이런 시간 벌기 기능은 담화표지 대부분에서 나타난다.

2.1.5. 얼버무리기

화자가 대답을 회피하거나 구체적인 설명을 하지 않고 얼버무리려 할 때 '그냥'을 사용한다. 이때 얼버무리고 넘어가기 위해 '시간벌기' 기능을 같이 적용한다. 단 해야 할 발화가 이어지지 않는다는 점에서 차이가 있다.

(5) A: 무슨 날이야?

是什么日子呀?

B: 아니, **그냥**... 그날 우리 집에 꼭 와.

没什么... 那天一定要来我家。　　『연세한국어』5-1권 1과 2항

(5)에서 A가 무슨 날이냐고 물었는데 B가 구체적으로 무슨 날인지를 설명하지 않고 얼버무리려고 '그냥'을 사용하였다. 이 경우 '시간 벌기' 기능뿐만 아니라 '화제 전이' 기능도 같이 적용할 수 있다. 이에 대응되는 중국어 표현은 '没什么/(也)就...'이다.

2.2. 양태적 기능

2.2.1. 겸손 태도 표현

'그냥'은 화자의 겸손한 태도를 표현할 수 있다. 칭찬을 받을 때 많이 사용한다.

(6가) 미선: 이번 토요일에 시간이 있으면 저하고 양로원에 가지

　　　　　　　않을래요?

　　　　　　　这周六如果有时间的话，不和我一起去养老院吗？

　　 마리아: 양로원이라니요? 봉사 활동 다니세요?

　　　　　　　养老院? 你参加志愿活动吗？

　　 미선: 봉사 활동이라고까지 말할 정도는 아니에요. **그냥** 한

　　　　　　　달에 한 번 정도 시간을 내서 외로운 할머니, 할아버

　　　　　　　지와 놀아 드리는 거지요, 뭐.

　　　　　　　不算是志愿活动，**<u>就只是</u>**一个月抽出一个小时来去和孤

　　　　　　　独的老奶奶，老爷爷一起玩罢了。

『연세한국어』4-1권 1과 4항

(6나) A: 한국어 잘해?

　　　　　韩语好吗？

　　 B: 네. <u>**그냥**</u> 일상대화는 문제가 없어요.

　　　　　是的，<u>**还行凑合**</u>，日常对话没有问题。

　(6가)에서 마리아가 미선에게 봉사 활동 다니느냐고 물었다. 미선
이 봉사 활동은 아니고 한 달에 한 번 정도 양로원 가서 외로운 노인
들과 놀아 드리는 거라고 대답하였다. 그것은 봉사 활동인데 미선은
'그냥'을 사용하여 겸손한 태도를 표현하였다. (6나)의 경우는 B가
한국어 잘하냐는 물음에 대해 '네'라고 대답하고 그 다음에 '그냥'을
사용하여 겸손한 태도를 표현하였다. 겸손한 태도를 표현할 때 사용
된 '그냥'과 대응되는 중국어 표현은 '还行, 凑合/就只是'로 볼 수 있다.

167

2.2.2. 부정적 태도 표현

'그냥'을 사용하여 물음에 대한 화자가 부정적 태도를 표현할 수 있다.

> (7) A: 너 맞선 봤다면서? 어땠어? 남자가 잘 생겼어?
>
> 听说你去相亲了，怎么样？男方长得帅吗？
>
> B: <u>그냥...</u>
>
> <u>就那样，一般</u>

(7)에서 A가 맞선 본 B에게 맞선 본 남자가 어땠느냐고, 잘 생겼느냐고 물어봤다. B가 A의 물음에 대해 '그냥'으로 대답하여 그 남자의 얼굴에 대한 부정적 태도를 표현하였다. 이에 대응되는 중국어는 '就那样，(一般)'이다.

2.2.3. 비판적 태도 표현

'그냥'을 사용하여 화자가 발화 내용에 대한 비판적인 태도나 비아냥거림을 표현할 수 있다.

> (8) 길영: 지난번에 가져간 책 다 읽었으면 가져 와. 책을 빌려 가면
> **그냥** 떼어들 먹으려 드니, 원...
>
> 上次拿走的书如果看完了就拿来。把书借走(**竟然**)**就**打算把
> 书撕下来吃掉。。。
>
> 경민: 아니, 형두, 떼어 먹긴... 곧 갖다 드릴게요. 아직 끝내지 못

했지만 거의 다 읽었어요.

不是，哥也真是的，什么撕下来吃掉。。。很快就拿给你。

虽然现在还没都读完但是基本上看完了。

『延世大学韩国语教程』제60과

(8)에서 길영이 경민에게 지난번에 가져간 책을 다 읽었으면 반납
하라고 하였다. 책을 빌려 가면 돌려주지 않는 행동에 대한 불만이
담화표지 '그냥'을 통해 표현되었다. 길영이 담화표지 '그냥'을 사용
하여 경민의 책을 빌리고 반납하지 않는 것에 비판적인 태도를 표현
하였다. 이에 '그냥'과 대응되는 중국어는 '(竟然)就'이다.

2.2.4. 강조 표현

이정애(2002)가 지적한 담화표지 '그냥'의 중심 기능은 화자의 강
화적 태도의 표출이다. 즉 본래의 명제적 의미를 탈색하고 화자의
단순한 표출적 의미로 사용되는 담화표지 '그냥'은 화자가 자신의
의견이나 태도를 강조하기 위해 사용하는 장치로 보았다.

(9) A: 이름 주연에서 빼 달라구, **그냥** 특별 출연인 우정 출연으로
바꿔 달라고 그랬대.

让把名字从主演中删除，**也就**改成特别出演或者友情出演。

B: 그니까 비중이 너무...

就说嘛，比重太。。。 〈세종 말뭉치〉

(9)에서 A가 이름 주연에서 빼 달라고, 틀별 출연인 우정 출연으로 바꿔 달라고 했다. 주연이 아니고 특별 출연, 우정 출연을 강조하고 있다. 그래서 담화표지 '그냥'을 사용하여 '특별 출연', '우정 출연'을 강조하였다. 강조 기능을 가진 '그냥'과 대응되는 중국어는 '也就'이다.

지금까지 한국어 담화표지 '그냥'의 기능 및 대응되는 중국어 표현을 살펴보았다. 이를 정리하면 〈표 1〉과 같다.

〈표 1〉 한국어 담화표지 '그냥'의 기능 및 대응되는 중국어 표현

담화 기능		대응되는 중국어 표현
결속 기능	화제 연결	就
	화제 마무리	(所以)就...
	화제 전이	'没什么, 就...
	시간 벌기	就
	얼버무리기	没什么/(也)就
양태적 기능	겸손 태도 표현	还行, 凑合/ 就只是
	부정적 태도 표현	就那样, (一般)
	비판적 태도 표현	(居然)就
	강조 표현	也就

3. 모국어 화자의 발화 자료와 학습 자료 분석[3]

제2장에서는 이론적 배경을 바탕으로 담화표지 '그냥'의 기능을 분석하고 그와 대응되는 중국어 표현들을 살펴보았다. 본 장에서는 모국어 화자의 발화 자료와 한국어 교재에 제시된 '그냥'의 자료를 분석하여 기능별 출현 빈도를 중심으로 비교 분석을 토대로 한국어 교재의 문제점에 대해서도 논의하고자 한다.

3.1. 모국어 화자의 발화 자료 분석

본 연구에서 중국인 학습자의 학습 자료에 대한 문제점을 발견하기 위해 연구 대상으로 삼은 모국어 화자 자료는 21세기 세종계획에서 수집된 말뭉치 현대 구어 자료이다. 2015년 기준으로 세종 말뭉치에서 '그냥'은 총 2,373건으로 기록되었다. 본 연구에서는 이 자료 중 가장 최근 자료인 1874 ~ 2372호 총 500건[4]을 선택해서 분석을 실

---

3 본 연구에서 분석하는 자료는 세종 말뭉치와 한국어 교재들에서 수집하였다. 이들의 대상 자료는 다음과 같다.

종류	대상
모국어 화자 자료(세종 말뭉치)	'그냥' 현대 구어 말뭉치 1874~2372호
학습 자료 (한국어 교재)	『연세 한국어 1~6』
	『재미있는 한국어 1~6』
	『이화 한국어 1~6』
	『한국어 1~6』

4 수집 시간을 기준으로 본 연구에서는 최신 500건을 선택하였다.

시하겠다.

선택된 500개씩의 '그냥'이 담화기능을 가진 것의 점유율과 각 기
능별의 사용 빈도를 분석하여 모국어 화자의 담화표지 '그냥'의 기
능별 사용 빈도를 논의하고자 한다. 분석 결과를 표로 제시하면 다
음과 같다.

〈표 2〉 모국어 화자의 '그냥'의 기능별 사용 빈도

기능			개수		빈도	
담화 기능	결속 기능	화제 연결	30	145	6%	29%
		화제 마무리	0		0	
		화제 전이	2		0.4%	
		시간 벌기	64		12.8%	
		얼버무리기	12		2.4%	
	양태적 기능	강조 표현	25		5%	
		겸손 태도 표현	0		0	
		부정적 태도	7		1.4%	
		비판적 태도	5		1%	
의미 기능	부사 '그냥'의 의미		355		71%	
계			500		100%	

모국어 화자가 사용하는 '그냥'은 담화표지로서의 '그냥'의 사용
빈도가 29%이고 담화표지가 아닌 부사 '그냥'의 사용 빈도는 71%이
다. 모국어 화자는 '그냥'을 담화 기능보다 의미 기능으로 더 많이 사
용하고 있음을 확인할 수 있다. 담화 기능 중 결속 기능은 21.6%이

며, 양태적 기능은 7.4%로 결속 기능이 더 높다. 또한, 담화표지로 사용된 '그냥'은 화제 연결(6%), 화제 마무리(0), 화제 전이(0.4%), 시간 벌기(12.8%), 얼버무리기(2.4%), 강조 표현(5%), 겸손 태도 표현(0), 부정적 태도 표현(1.4%), 비판적 태도 표현(1%) 등으로 나눌 수 있다. 그리고 각 기능의 사용 빈도순으로 제시하면 모국어 화자의 담화표지로서의 '그냥'의 기능은 시간 벌기(12.8%) 〉 화제 연결(6%) 〉 강조 표현(5%) 〉 얼버무리기(2.4%) 〉 부정적 태도 표현(1.4%) 〉 비판적 태도 표현(1%) 〉 화제 전이(0.4%) 〉 화제 마무리(0) / 겸손 태도 표현(0) 순으로 사용하고 있어 시간 벌기 기능이 가장 높고, 화제 마무리와 겸손 태도 표현이 가장 낮다.

3.2. 학습 자료 분석

외국인 학습자가 일상생활에서 담화표지 '그냥'을 많이 듣고 학습이 필요함에도 불구하고 한국어 학습 자료에는 이 담화표지 '그냥'에 대한 적절한 설명 및 제시, 사용이 이루어지지 않는 것으로 보인다. 본 절에서는 한국어 교재에서 제시된 '그냥'을 살펴보고자 한다.

본 연구는 일반 목적 중국인 학습자를 위한 담화표지 교육 방안 연구로써 분석 대상으로 삼은 교재는 주로 한국의 대학교 한국어 언어교육기관에서 사용하고 있는 일반 목적 한국어 통합 교재이다. 교재는 해당 기관의 한국어교육의 역사, 영향력 혹은 널리 사용여부 그리고 구입 용이성 등을 고려하여 연세대학교, 고려대학교, 이화여자대학교, 건국대학교 4개 대학의 한국어교육기관에서 사용하는 한국어 교재를 분석 대상으로 선정하였다. 본 장에서 분석하고자 하는 4권의 교재에 대한 상관 정보를 표로 정리하면 다음과 같다.

〈표 3〉 선정된 분석 교재

제시 순서	교재	출판 년도	출판사	해당 기관
1	『연세 한국어 1~6』	1995	연세대학교	연세대학교
2	『재미있는 한국어 1~6』	2009	교보문고	고려대학교
3	『이화 한국어 1~6』	2010	이화여자대학교출판부	이화여자대학교
4	『한국어 1~6』	2009	건국대학교출판부	건국대학교

본고에서 이 4가지 한국어 교재를 대상으로 담화표지 '그냥'이 급수별로 얼마나 많이 나타나는지, 어떤 방식으로 나타나는지, 어떤 상황에서 나타나는지, 그리고 나타난 '그냥'은 어떤 담화 기능을 실행하는지를 중심으로 고찰하여, 모국어 화자들이 많이 사용하고 있는 담화표지들의 담화 기능이 교재에서 충분하게 제시되고 있는지를 파악하고자 한다. 즉, 각 교재에서의 '그냥'의 분포 양상, 제시 양상, 그리고 실행 기능을 중심으로 살펴보고 분석 결과를 표로 정리하여 제시할 것이다.

3.2.1. 등급별 분포 양상

본 절에서는 한국어 교재에 제시된 '그냥'을 초·중·고급별로 정리하였다. 이를 토대로 확인한 한국어 교재 초·중·고급의 '그냥'의 분포 양상은 다음과 같다.

〈표 4〉 한국어 교재 초·중·고급의 '그냥' 분포 양상

교재 \ 등급	초급		중급		고급		계
	1권	2권	3권	4권	5권	6권	
『연세 한국어』	0	0	9	5	10	8	32
	0		14		18		
『재미있는 한국어』	1	2	8	10	5	10	36
	3		18		15		
『이화 한국어』	0	2	14	3	5	3	27
	2		17		8		
『건국 한국어』	1	9	18	23	8	4	63
	10		41		12		
평균	4		23		13		40

〈표 4〉에 따라『연세 한국어』의 경우는 초급 0회, 중급 14회, 고급 18회로 총 32회의 '그냥'이 제시되어 있고『재미있는 한국어』의 경우는 초급 3회, 중급 18회, 고급 15회로 총 36회의 '그냥'이 제시되어 있으며,『이화 한국어』의 경우는 초급 2회, 중급 17, 고급 8회로 총 27회의 '그냥'이 제시되어 있다. 그리고『건국 한국어』의 경우는 초급 10회, 중급 41회, 고급 12회로 총 63회의 '그냥'이 제시되어 있다.

분석된 교재 가운데 '그냥'의 출현 횟수가 큰 차이가 보이지 않는 가운데 건국대 교재의 제시 횟수가 가장 많다. 등급별로 이 4가지 교재를 비교해 보면 '그냥'은 중급에서 많이 제시되어 있다. 다만『연세 한국어』에서는 중급보다 고급에 더 많이 제시되었다. 이 4가지 교재에서의 등급별 출현 횟수의 평균 횟수에 따르면 중급〉고급〉초급 순으로 분석할 수 있다.

175

3.2.2. 제시 양상

교재에서 '그냥'의 제시 방식은 여러 가지가 있다. '그냥'이 학습 목표로 하나의 어휘 항목이나 문법 항목으로 제시되는 직접적 제시 방식이 있고 듣기나 읽기 문장 혹은 다른 어휘/문법 예문 속에 나타나는 간접적 제시 방식이 있다. 한국어 교재의 제시 양상을 분석하면 다음 표와 같다.

<표 5> 한국어 교재 제시 양상 점유율

제시방식 \ 교재		『연세 한국어』	『재미있는 한국어』	『이화 한국어』	『건국 한국어』	계	점유율
직접	어휘 항목	1	0	2	2	5	3.1%
간접	본문 대화 중	7	8	6	17	38	23.8%
	듣기 지문 중	2	11	4	9	26	16.2%
	다른 어휘/문법 예문 중	15	6	11	32	64	40%
	말하기/읽기 과제 자료 중	7	11	6	3	27	16.9%
계		32	36	29	63	160	100%

<표 5>에 따라 한국어 교재에서 '그냥'의 제시 양상은 큰 차이를 보이지 않는다. 거의 5가지 제시 방식이 있다고 볼 수가 있다. 그중에서 '그냥'이 새 어휘 항목으로 제시되는 직접적인 제시방식의 점유율은 3.1%밖에 안 되고 간접적인 제시방식은 96.9%로 높은 점유율을 차지하고 있다. 특히 다른 어휘/문법을 설명할 때 예문에서 나타나는 방식이 40%의 점유율을 차지하고 있다. 이런 간접적인 제시 방식으로는 학습자들이 '그냥'의 대한 학습이 안 된다고 볼 수 있다.

3.2.3. 실행 기능

'그냥'은 여러 기능을 기지고 있다. 분석 대상으로 삼은 4권의 한국어 교재에서 제시된 '그냥'이 실행 기능별로 어떤 빈도로 제시되어 있는지를 분석한 결과는 다음과 같다.

〈표 6〉 교재에서의 '그냥'의 실행 기능별 빈도

기능		교재	『연세 한국어』	『재미있는 한국어』	『이화 한국어』	『건국 한국어』	계	빈도	
담화	결속 기능	화제 연결	1	2	1	2	6	3.8%	
		화제 마무리	0	0	0	0	0	0	
		화제 전이	0	0	0	0	0	0	
		시간 벌기	0	1	0	1	2	1.2%	14.3%
		얼버무리기	1	1	0	2	4	2.5%	
	양태적 기능	겸손 태도 표현	1	1	0	3	5	3.1%	
		부정적 태도	1	0	3	0	4	2.5%	
		비판적 태도	0	0	0	2	2	1.2%	
의미	부사 '그냥'의 의미		28	31	25	53	137	85.7%	
계			32	36	29	63	160	100%	

〈표 6〉에 따라 한국어 교재에서 제시된 '그냥'은 85.7%가 담화 기능을 하지 않고 의미 기능만을 담당하는 부사 '그냥'이다. '그냥'이 담화 기능을 가지는 것은 14.3%밖에 없다. 그리고 담화 기능을 가진 '그냥'의 결속 기능은 7.5%이고, 양태적 기능은 6.8%로 비슷한 수치를 보인다. 실행 기능별 빈도는 화제 연결(3.8%) 〉 겸손 태도 표현

(3.1%) 〉 얼버무리기(2.5%) / 부정적 태도 (2.5%) 〉 시간 벌기(1.2%) / 비판적 태도 (1.2%) 순서로 제시되어 있어 화제 연결이 가장 높고, 비판적 태도가 가장 낮았다.

3.3. 분석 결과

앞에서 '그냥'에 대한 기능별 모국어 화자의 사용 빈도와 분포양상, 제시 양상과 실행 기능을 기준으로 4가지 한국어 교재를 살펴보았다. 교재를 통한 학습 자료 분석 결과와 세종 말뭉치 빈도인 모국어 화자 자료 분석 결과를 실행 기능을 중심으로 비교하여 분석한 결과는 〈표 7〉과 같다.

〈표 7〉 '그냥'의 기능별 빈도 비교

기능			세종 말뭉치 빈도	교재 빈도
담화 기능	결속 기능	화제 연결	6%	3.8%
		화제 마무리	0	0
		화제 전이	0.4%	0
		시간 벌기	12.8%	1.2%
		얼버무리기	2.4%	2.5%
		강조 표현	5%	0
	양태적 기능	겸손 태도 표현	0	3.1%
		부정적 태도	1.4%	2.5%
		비판적 태도	1%	1.2%
의미 기능	부사 '그냥'의 의미		71%	85.7%
계			100%	100%

〈표 7〉에서 보면 '그냥'에 대한 세종 말뭉치 빈도는 담화 기능은 29%이고, 의미 기능은 71%이다. 이는 교재 빈도에서 보여준 담화 기능(14.3%)보다 높은 수치인 반면에 의미 기능은 세종 말뭉치(71%)보다 교재 빈도(85.7%)가 더 높게 나타났다. 따라서 교재에서 부사로 쓰이는 '그냥'의 출현 빈도가 모국어 화자의 사용 빈도보다 높은 것을 확인할 수 있다. 반면에 담화 기능 면에서는 모국어 화자의 사용 빈도가 교재 출현 빈도보다 높은 것을 알 수 있다. 그리고 모국어 화자의 사용을 나타내는 세종 말뭉치 빈도에서 결속 기능(26.6%)이 양태적 기능(2.4%)보다 매우 높게 나타나 교재에서의 빈도와는 차이가 있다. 이를 보다 쉽게 구별하기 위해 제시하면 〈그림 1〉과 같다.

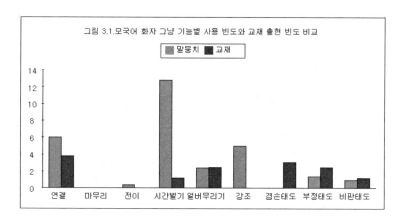

그림 3.1.모국어 화자 그냥 기능별 사용 빈도와 교재 출현 빈도 비교

〈그림 1〉에 따라 '얼버무리기' 기능과 '비판적 태도 표출' 기능은 교재에서의 출현 빈도가 모국어 화자의 사용 빈도와 비슷한 빈도를 보인다. 이에 따라 이 두 가지 기능에 대해서는 교재에서 적절하게

제시한 것을 볼 수 있다. 그러나 다른 기능들의 빈도가 큰 차이를 보인다. 특히 모국어 화자의 사용 빈도가 높은 '시간 벌기' 기능, '강조 표현' 기능 그리고 '화제 연결' 기능은 한국어 교재에서 대응되는 기능을 상대적으로 낮게 제시하였다. 모국어 화자가 담화표지 '그냥'을 가장 많이 사용하는 기능은 '시간 벌기' 기능인데 한국어 교재에 제시된 기능 중에서는 이 '시간 벌기' 기능을 가장 낮은 빈도로 제시하였고, 모국어 화자가 높은 순으로 세 번째 많이 사용하는 기능인 '강조' 기능의 경우 한국어 교재에 0%로 한 번도 제시되지 않았다. 그리고 '화제 전이' 기능은 모국어 화자가 '그냥'을 '화제 전이' 기능으로 사용하는데 한국어 교재에 언급하지 않았지만 큰 문제라고 할 수 없다. 모국어 화자도 자주 사용하는 기능이 아니기 때문이다.

반면에, 모국어 화자의 사용 빈도가 낮은 기능이 한국어 교재에서 높은 출현 빈도를 보이는 것도 있다. 즉 '겸손 태도 표현' 기능, '부정적 태도 표현' 기능 등이다. 모국어 화자가 자주 사용하지 않는 것을 외국인 학습자들이 많이 사용해도 의사소통에는 문제가 없기 때문에 문제가 없다고 본다.

그리고 분석 결과에 따르면 모국어 화자의 경우 '그냥'의 '화제 마무리' 기능과 '겸손 태도 표현' 기능의 사용 빈도가 0%로 나타났다. 이 결과는 세종 말뭉치를 분석할 때 모든 자료를 분석하지 못하고 500개만 선택해서 분석했기 때문으로 보인다. 따라서 이 점은 본 연구의 한계점이라고 본다.

이상의 분석 결과를 바탕으로 한국어 교재에서의 담화표지의 제시에 있어 다음과 같은 문제점을 발견하였다.

첫째, 담화표지가 급수별로 차지하는 비중의 문제이다. '그냥'의 경우는 교재에서 주로 중·고급에서 제시되어 있다.

둘째, 제시 방식의 문제이다. 담화표지의 제시 방식은 두 가지로 나눌 수 있다. 즉, 직접적인 제시 방식과 간접적인 제시 방식이다. 학습자들이 제대로 학습하기 위해서는 먼저 직접적 제시를 하고 여러 연습 문제나 예문 등 간접적인 제시 방식을 사용해야 한다. 특히 하나의 학습 목표로 된 항목으로 제시해야 학습자들이 잘 습득할 수 있다. 하지만 교재에 제시된 항목들이 모두 다 명시적인 담화표지로 제시하지 않았다. 이는 학습자들이 중시하지 않고 그냥 넘어갈 수 있기 때문에 학습 효과가 크지 않을 수 있다.

셋째, 담화표지의 제시 양의 문제이다. 담화표지 '그냥'은 한국어 화자가 자주 사용하는 담화표지임에도 불구하고 교재 중에서 너무 적게 지시되어 있는 문제가 있다.

넷째, 담화표지 기능별의 비중문제이다. 한국어교재에서 제시된 담화표지 '그냥'이 모국어 화자들의 경우 다양한 기능으로 사용하고 있지만 교재에서 제시된 기능은 한정되어 있다. 한국어 학습자들이 교재를 통해 다양한 담화 기능을 배울 수 없는 문제가 생길 수 있다. 그리고 제시된 기능의 빈도와 모국어 화자의 사용 빈도를 비교하면 모국어 화자의 사용 빈도가 높은 기능은 교재에서 적게 제시되고 사용 빈도가 낮은 기능은 높은 빈도로 제시하는 것이 많다는 문제도 있다.

마지막으로, 제시 방법의 문제이다. 담화표지는 무엇보다도 상황이 중요하다. 담화표지를 제시할 때 여러 예문만 제시할 것이 아니라 여러 상황을 먼저 제시한 다음에 여러 예문을 제시하는 방법이 적절하다. 한국어 교재에서 담화표지를 제시할 때 여러 상황을 명시적으로 제시하지 않고 예문을 통해서만 제시하였다. 이렇게 제시하면 학습자들이 이 담화표지를 이해할 수 있지만 실제 생활에서 적절하게 사용할 수 없는 문제가 생길 수 있다. 그래서 한국어 교재의 이러한 담화표지의 제시 방법도 문제가 있다고 볼 수 있다.

결론적으로 말하자면, 제시 양이나 비중의 문제를 넘어서 대체로 담화표지에 대한 개념을 제시하여 학습자에게 담화표지가 무엇인지 알려주기 위해 별도의 항목을 설정한 경우가 드물고 담화 상황 제시나 연습 항목을 따로 마련하여 제시한 경우도 거의 없다.

4. 교수·학습 모형

이상의 분석 결과를 토대로 본 연구에서는 다음과 같은 중국인 학습자를 위한 한국어 담화표지 '그냥'의 교육 방안을 위한 교수·학습 모형을 제안하고자 한다.

4.1. 단계별 교수 내용 선정

한국어 교재에서 '그냥'은 주로 중·고급에서 제시되어 있다. 그리고 모국어 화자의 사용 빈도가 높은 기능은 교재에서 적게 제시되어 있고 사용 빈도가 상대적으로 낮은 기능은 큰 비중으로 제시하고 있다. 이 문제들을 해결하기 위해 본 연구에서 안주호(2009)의 담화표지 선정과 위계화의 기준에 따라 담화표지 '그냥'의 단계별 교수 방법과 내용을 선정하고자 한다. 안주호(2009)에서는 Richard(1974), McCarthy(1990)를 바탕으로 담화표지 선정과 위계화의 기준을 다음과 같이 제시하고 있다.

첫째는 빈도(frequency)이다. 빈도는 학습자로 하여금 어휘 습득을 용이하게 해 주는 첫째 요인으로서 목표 항목 선정의 제일 기준이 된다. 둘째는 분포 범위(range)로서 해당 표지가 다양한 언어 자료에서 사용되는 것을 선택해야 한다. 목표 항목의 빈도는 높으나 분포 범위가 작다면 일부 담화 형태에서만 사용되고 폭넓게 사용되지 않는 것이다. 셋째는 학습의 용이도(learnibility)이다. 목표 항목 학습의 용이도와 난이도 빈도가 높은 것이 모든 텍스트에서 정기적으로 출현하여 학습자가 쉽게 흡수하고 배울 수 있으므로 빈도의 개념과 떼어 생각할 수 없다. 넷째는 학습자의 필요(Learner's needs)로서 학습자가 어떤 담화표지 항목을 필요로 하는가를 판단해야 한다(안주호:2009:152-153).

담화표지의 선정과 위계화의 기준이 필요하다. 그리고 선정된 담화표지도 다양한 기능을 실행할 수 있다. 기능에 따라 사용 빈도나 분포 범위나 학습 용이도, 혹은 학습자의 필요는 모두 다르다. 그래서 담화표지의 각 기능을 교수할 때도 이상의 4가지 기준을 모두 고려해야 한다. 하지만 담화표지의 각 기능의 분포 범위와 학습자의 필요는 별도 조사가 이루어져야만 하기 때문에 본 연구에서 사용 빈

도와 학습 용이도를 우선적으로 고려하려 한다. 빈도는 앞장에서 말
뭉치 분석 결과에 의해서 선정하고, 학습 용이도는 담화표지의 각
기능을 실행할 때 앞 뒤 문장과의 결합 등 통사적 특징과 2장에서 고
찰한 대응되는 중국어 표현 유무 등에 의해서 선정하겠다.

담화표지 '그냥'을 살펴보면, 빈도는 앞 장에서 논의한 바와 같이
시간 벌기(12.8%) 〉화제 연결(6%) 〉강조 표현(5%) 〉얼버무리기
(2.4%) 〉부정적 태도 표현(1.4%) 〉비판적 태도 표현(1%) 〉화제 전
이(0.4%) 〉화제 마무리(0) / 겸손 태도 표현(0) 순으로 나타났다. 빈
도만 고려하면 사용 빈도가 높은 기능을 먼저 교수하고, 빈도가 상
대적으로 낮은 기능을 약간 높은 등급에서 교수한다. 학습 용이도로
보면, '그냥'의 각 기능별로 대응되는 중국어 표현의 사용 양상과 실
행기능은 시간벌기 〉부정적 태도 〉겸손 태도 표현 〉화제 전이 〉얼
버무리기 〉화제 연결 〉강조 표현 〉비판적 태도 〉화제 마무리 순으
로 볼 수 있다[5]. 이 두 가지 기준을 고려해서 본고에서 한국어 담화표
지 '그냥'을 다음과 같이 3단계로 교수할 것을 제안하고자 한다.

〈표 8〉 담화표지 '그냥'의 단계별 교수 내용

1단계(초급)	·시간 벌기 기능 ·겸손 태도 표현 기능	·얼버무리기 기능 ·부정적 태도 표현 기능
2단계(중급)	·화제 연결 기능 ·강조 기능	·화제 전이 기능
3단계(중·고급)	·화제 마무리 기능	·비판적 태도 표현 기능

---

5 한국어 담화표지 '그냥'의 대응되는 중국어 표현이 있는지 없는지와 중국어 모국
어 화자가 자주 사용하는지에 따라 정리한 순이다.

4.2. 교수·학습 모형

4.2.1. 담화표지 교수 절차

기존 연구에서 담화표지 교수·학습 절차는 크게 두 가지를 제시
하였다. 즉 정선혜(2005), 김에스더(2008)에서 제시된 '담화분석 활
용을 적용한 담화표지 교수 절차'와 김미경(2007), 김성옥(2010)에서
제시한 '의사소통 전략 훈련을 위한 수업 절차'이다. 먼저 정선혜
(2005), 김에스더(2008)에서 학습자가 스스로 학습할 내용을 관찰하
여 인지할 수 있도록 하며 학습자의 의사소통 능력을 향상시킬 수
있는 담화분석 활용을 적용한 담화표지 교수 절차를 제시하였다. 교
수 절차는 다음과 같다.

〈표 9〉 담화분석 활용을 적용한 담화표지 교수 절차

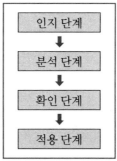

이 교수 절차는 학습자의 흥미를 유발할 수 있고 수업 참여도도
높일 수 있으며 적용 단계에서는 실제 의사소통 상황을 제공하므로
학습자에게 담화표지를 사용할 수 있는 기회를 제공한다는 장점이

있다. 하지만 이 교수 절차에서 도입 단계와 마무리 단계가 빠진 것이 사실이다. 인지 단계부터 적용 단계까지 모두 전개 단계로 볼 수 있는데 실제 수업에서 도입이 없이 바로 전개 단계로 넘어가면 학습자들이 머릿속에 학습 목표가 무엇인지 인식하기 어렵고, 수업의 중점이 혼동될 수 있는 문제점이 있다. 또한 마무리 단계가 없으면 학습자들이 학습 목표가 되는 항목을 잘 이해하고 있는지를 확인할 수 없다는 문제점도 있다.

다음은 김미경(2007), 김성옥(2010)에서 제시한 의사소통 전략 훈련을 위한 수업 절차이다.

〈표 10〉 의사소통 전략 훈련을 위한 수업 절차

도입	학습 목표 제시 및 확인
제시·설명	담화표지 제시 및 설명
연습	안내된 담화표지 적용 연습
활용	담화표지 적용 및 과제 수행
마무리	담화표지 사용에 대한 점검 및 평가

이 교수 절차는 도입 - 전개 - 마무리 단계를 갖추었으며 학습자들이 짝 활동이나 조별 활동을 통해 다양한 연습을 할 수 있고, 활용 단계에서 학습자들에게 담화표지를 직접 사용해 볼 수 있는 기회를 제

공한다. 이는 이 교수 절차의 장점이라고 할 수 있다. 하지만 이 교수 절차로 수업을 진행하면 학습자들이 스스로 담화표지를 인식하고 분석해보는 기회가 없고 학습자 중심 수업이 아니라 교사 중심 수업이 될 수 있다는 문제점이 있다. Willis(1996)에 의한 일종의 PPP 수업 모형의 한계를 극복할 수 없다. 교사의 설명과 형태적 연습을 바탕으로 의미와 언어 사용에 초점을 둔 의사소통적 산출 활동을 하게 되지만, 그 기회가 적을 뿐만 아니라 교육받은 학습자들이 교실 안에서는 자신 있게 활동할 수 있을 것 같지만 교실 밖 실제 상황에서는 그렇지 못하거나 부정확하게 사용할 수 있는 것이다.

담화분석 활용을 적용한 담화표지 교수 절차의 장점이 바로 의사소통 전략 훈련을 위한 수업 절차의 문제점이고, 의사소통 전략 훈련을 위한 수업 절차의 장점이 바로 담화분석 활용을 적용한 담화표지 교수 절차의 문제점이다. 이 두 가지 교수 절차의 장점을 유지하고 문제점을 해결하기 위해 두 가지 교수 절차를 절충하여 하나로 만들었다. 그래서 본 연구에서는 이를 토대로 전통적인 PPP 수업 모형에서 결여되어 있는 의사소통 능력을 향상시킬 수 있는 교수·학습 절차를 아래와 같이 제안하고자 한다.[6]

---

6 PPP(Presentation-Practice-Production)는 교사 중심 수업 모형으로 학생 중심의 수업 모형인 ESA(Engage-Study-Activate)가 제시되었다. 이 모형에서 Harmer (2007)는 PPP 모형을 확대 발전시켜 학습자가 지식을 스스로 구성하고 내재화하는 것을 강조하였다. 이는 각 단계가 고정적이지 않고 유동적이라는 점에서 학습자의 수준이나 변화에 따라 각 단계를 자유롭게 그리고 신선하게 수업을 이끌어 갈 수 있다. 일방적인 교수가 아니라 학습자 스스로 규칙을 발견할 수 있도록 도와주는 수업 모형 구조를 가져 창의적이며 반복적일 수 있다.

〈표 11〉 담화표지 '그냥' 교육을 위한 교수·학습 절차

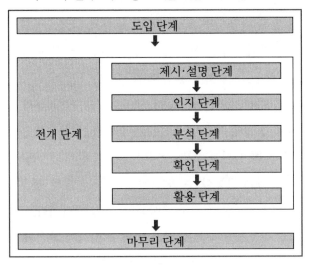

제안된 교수·학습 절차는 ESA(몰입-학습-활동) 수업 모형[7]을 변형한 것으로 도입 단계 – 전개 단계(제시·설명 단계, 인지 단계, 분석 단계, 확인 단계와 활용 단계) – 마무리 단계로 구성하였다. 이 교수·학습 절차는 담화분석 활용을 적용한 담화표지 교수 절차의 도입, 마무리 단계에 없는 문제점을 해결할 수 있다. 또한 의사소통 전략 훈련을 위한 수업 절차로 학습자들이 스스로 담화표지를 인식할 수 있고 분석할 수 있도록 교사가 도와주는 학습자 중심의 수업 절차이다.

---

7 ESA 수업 모형은 '몰입(Engage)-학습(Study)-활동(Activate)' 단계 모형으로 가장 큰 특징은 각 단계가 고정적이지 않고 유동적이라는 점이다. 박정아(2012)에서는 ESA 수업 모형을 세 가지 유형(① 직선 모형, ② 패치워크 모형, ③ 부메랑 모형)으로 제시하였다. 그리고 강비(2014)에서는 이를 종합하여 이해 단계와 사용단계로 나누어 '몰입-활동1-학습-활동2-정리'로 제시하였다.

4.2.2. 담화표지 '그냥'의 교수·학습 모형

〈표 11〉에서 제시한 담화표지 '그냥'의 교수-학습 절차에 실제 수업에 따른 구체적인 학습 모형을 제시하면 〈표 12〉와 같다.

〈표 12〉 담화표지 '그냥'의 교수·학습 모형

도입 단계		학습 목표된 '그냥' 제시
전개 단계	제시·설명 단계	학습 목표된 담화표지 '그냥'의 해당 기능 제시
	인지 단계	· '그냥'을 사용한 영상·녹음 자료 제시 · 학습자 스스로 관찰 · 담화표지 '그냥' 인지
	분석 단계	· 짝 활동이나 조별 활동 · '그냥'의 기능 분석 · '그냥'과 대응된 중국어 표현 찾기
	확인 단계	· 조별 발표 · '그냥'의 모든 정보 정리
	활용 단계	· 실제적 상황에서 과제 수행 · 짝 활동이나 역할극
마무리 단계		· 최종 피드백, '그냥'의 내용 정리 · 퀴즈

교수·학습 모형의 첫 번째 단계는 도입 단계이다. 이 단계에서는 교사가 학습자에게 학습 목표를 제시한다. 즉 교사가 담화표지 '그

냥'을 학습자에게 제시한다.

두 번째 단계는 전개 단계인데 제시·설명 단계, 인지 단계, 분석 단계, 확인 단계와 활용 단계를 포함한다. 제시·설명 단계에서는 교사가 학습 목표가 된 담화표지에 대한 지식을 학습자에게 설명한다. 즉, 교사가 담화표지 '그냥'의 화제 연결, 화제 마무리, 화제 전이, 시간 벌기, 얼버무리기, 강조, 겸손 태도 표현, 부정적 태도 표현, 비판적 태도 표현 기능에 대하여 배경지식을 활성화할 수 있도록 설명한다. 다음으로 인지 단계에서는 교사가 담화표지 '그냥'을 사용한 드라마나 방송 등 영상, 녹음 자료를 학습자들에게 보여주고 학습자들이 영상이나 녹음 자료를 관찰함으로써 스스로 담화표지 '그냥'에 대해 인지하는 단계이다. 이 단계에서는 교사에 의한 일반적인 제시가 아닌 학습자들이 스스로 관찰함으로써 학습 동기를 강화시키고 학습자의 흥미를 유발할 수 있다.

그리고 분석 단계에서는 학습자들이 짝 활동이나 조별 활동을 통해 인지 단계에서 제시된 영상이나 녹음 자료를 분석하는 단계이다. 즉, 인지 단계에서 제시된 드라마 장면이나 녹음을 다시 보여 주고, 대화 대본을 만들어서 학습자에게 나눠 준다. 학습자들은 조를 나눠서 조별 활동을 한다. 조별 활동을 통해 드라마 장면이나 녹음 자료에 나온 대화의 상황과 맥락을 고려하여 대화에 나온 담화 표지 '그냥'이 무슨 기능을 실행하는지를 분석하고 담화표지 '그냥'의 각 기능에 대해 용법이 무엇인지를 학습자끼리 스스로 분석하여 해결한다. 김영자(1994)에서는 외국어를 습득하는 학습자는 이미 배운 모국어 체계의 영향 아래 외국어를 배우고 해석할 수밖에 없어서 외국어 수업에서 모국어의 역할에 대한 고찰이 필요하다고 하였다. 그래서 분석 단계에서는 각 기능을 분석한 다음에 그들의 대응되는 중국어 표현을 소그룹의 다른 학습자와 함께 찾아낸다. 이 단계에서 학습자들이 담화표지에 대한 분석 결과를 소그룹의 다른 학습자와 같이 토론하여 학습자의 수업에 대한 참여도를 높일 수 있고 담화표지에 대한 인식의 폭을 넓힐 수 있다.

확인 단계는 학습자들이 짝 활동이나 조별 활동으로 분석한 결과를 확인하는 단계이다. 이 단계에서 학습자들은 분석 결과를 발표 형식으로 진행하고, 교사는 분석 단계에서 학습된 모든 정보를 정리하고 종합함으로써 학습자들의 발표에 대한 피드백을 준다. 즉, 학습자들은 담화표지 '그냥'의 분석 결과를 발표하면, 교사는 발표한 결과에 대한 피드백을 주고 담화표지 '그냥'의 각 기능에 대한 모든 정보를 정리하고 학습자에게 가르친다.

활용 단계는 학습자들이 학습한 담화표지가 실제 상황에서 활용될 수 있도록 연습하는 단계이다. 이 단계에서는 교사가 여러 가지 실제 언어 상황을 제시하고 학습자들이 짝 활동 혹은 역할극을 통해 '그냥'을 사용하여 실제 언어 상황을 협의한다. 즉, 교사는 담화표지 '그냥'에 대한 기능을 〈표 8〉에서 제시한 것처럼 단계별로 ① 시간 벌기, 얼버무리기, 겸손 태도 표현, 부정적 태도 표현, ② 화제 연결, 화제 전이, 강조, ③ 화제 마무리, 비판적 태도 표현 기능을 사용할 수 있는 언어 상황을 제시하고 학습자들은 '그냥'의 다양한 기능을 순차적으로 사용해서 역할극을 한다. 이를 통해 학습자들로 하여금 교실 안에서도 실제로 '그냥'을 사용할 수 있는 상황에 접근시키고 담

191

화표지의 종합적인 응용 능력을 향상시킬 수 있다.

마무리 단계에서는 교사가 학습한 내용을 간단하게 정리하고 학습자들이 학습 내용을 이해하였는지를 퀴즈 형식으로 확인한다. 그리고 과제를 제시함으로써 수업을 마친다.

5. 결론

본 연구에서는 중국인 학습자가 한국어 구어 담화에서 빈번하게 사용되지만 실제 한국어 교재에서는 크게 다루고 있지 않는 담화표지 '그냥'을 효율적으로 배울 수 있는 교육 방안을 제안하였다. 이를 위해 본 연구에서는 담화표지 '그냥'의 기능, 그리고 각 기능에 대응되는 중국어 표현을 검토하고 모국어 화자의 발화 자료와 학습 자료인 교재를 비교 분석하였다.

본 연구에서는 모국어 화자의 발화 자료를 통해 한국어 교재의 문제점을 해결할 수 있는 교육 방안으로 교수·학습 모형을 제안하였다. 따라서 중국인 학습자들이 한국어 담화표지를 학습할 때 보다 효율적인 수업을 진행할 수 있다는 점에서 본고의 의의가 있다. 그리고 담화표지 '그냥'과 그에 대응되는 중국어를 찾아냄으로써 중국인 학습자들이 모어 표현과 비교하여 한국어 담화표지를 쉽게 이해하고 배울 수 있다는 점에서도 의미가 있다고 본다.

그러나 본 연구에서 제시한 교수·학습 모형을 실제 중국인 학습자를 대상으로 검증해보지 못했다는 아쉬움이 있고, '그냥'을 사용한 담화표지 전체를 모두 분석하지 못하였다는 한계도 있다.

■ 참고문헌

강 비(2014), "중국인 학습자를 위한 한국어 추측 표현 교수·학습 방안 연구", 인하대학교대학원 교육학박사학위논문.

김영철(2004), "우리말 담화표지의 기능 고찰", <한국언어문학>(한국언어문학회) 52, 23-36.

김태엽(2000), "국어 담화표지의 유형과 담화표지되기", 〈우리말 글〉(우리말글학회) 19, 1-23,

김태엽(2002), "담화표지되기와 문법화", 〈우리말 글〉(우리말글학회) 26, 61-80.

김향화(2001), "한국어 담화표지의 기능", <한국학논집>(계명대학교 한국학연구소) 28, 113-140.

김향화(2003), "한국어 담화표지에 대한 연구", 계명대학교 국어국문학과 박사학위 논문

문수지(2013), "한국어 학습자의 말하기 능력 향상을 위한 담화표지 교육 방안 연구", 한국외국어대학교 대학원 석사학위 논문.

박정아(2012), "PPP 수업 모형과 ESA 수업 모형의 효과 비교: 영어 듣기, 말하기 능력 신장과 정의적 측면", 서울교육대학교 석사학위논문.

박혜선(2012), "한국어 학습자의 구어에 나타난 담화표지 '그냥'", <이중언어학>(이중언어학회) Vol.49 No.-, 137-162.

박혜선(2012), "담화표지어 '그냥'에 대하여", 〈언어학〉(대한언어학회) 20, 211-228.

심란희(2013), "담화표지 '그냥'의 기능 연구", 〈어문논총〉(한국문학 언어학회) 59, 155-186.

안주호(2009), "한국어교육에서의 담화표지 위계화 방안", 〈한국어 교육〉(국

　　　제한국어교육학회) 20-3.
유나(2014), "중국인 학습자를 위한 한국어 담화표지 교육 내용 구성에 대한
　　　일고찰", 〈한국 언어문화학〉(국제한국언어문화학회) 11, 171-197.
전영옥(2002), "한국어 담화 표지의 특징 연구", 〈화법연구〉(한국화법학회,) 4,
　　　113-145.
Harmer, J.(2007), *The practice of English language teaching*(4th ed.), Pearson
　　　Education.
Willis, Jane(1996), *A framework for task-based learning,* New York: Longman.

06

중국인 학습자를 위한 한국어 피동 표현의
교수·학습 연구

1. 서론

언어 학습의 궁극적인 목표인 원활한 의사소통을 위해서는 한국
의 문화, 풍속 및 습관까지도 잘 알아야 하겠지만, 이에 앞서 기본적
으로 모든 한국어 구문을 잘 활용할 줄 알아야 할 것이다. 이 가운데
특히 피동[1] 표현은 중국어와 한국어 두 언어에서 자주 쓰이는 문장
형식임에도 불구하고, 두 언어의 차이를 간과하여 자주 오류를 범하

---

[1] 피동(被动)은 국립국어원(2005)에서는 피동을 "다른 사람에 의해 움직이게 되는
것"이라고 정의하였고 박덕유(2006:225)에서는 피동을 "문장의 주어가 남의 행동
을 입어서 행해지는 동작을 나타내는 동사를 被动词라 하고, 제 힘으로 행하는 동
작을 나타내는 동사를 能动词라 한다"고 정의하였다.

게 되는 부분이다. 중국어는 독립어[2]이고, 한국어는 교착어[3]이기 때문에 중국어 피동 표현[4]에 비해 한국어 피동 표현은 훨씬 복잡하고 다양하게 나타난다. 그래서 중국인 학습자들은 피동 표현을 사용할 때 많은 어려움을 겪을 수밖에 없다.

　　20세기 초부터 김규식(1908), 유길준(1909), 주시경(1910)등은 피동 표현에 대한 논의를 시작하였다. 이후에 최현배(1937: 423-429), 김민수(1981: 109-112), 이익섭·임홍빈(1986: 197-203), 우인혜(2001: 101-102)에서는 각각 피동 표현의 의미 및 범주를 규정하였다. 한국어교육 연구에서는 최영(2008)에서 한국어 피동 표현을 '-이/히/리/기-'에 의한 파생적 제1피동문, '-되다/받다/당하다'에 의한 어휘적 제2피동문과 '-아/어지다, -게 되다'로 된 제3피동문으로 나누었다.

2　독립어(独立语)는 주어와 목적어 뒤에 조사가 필요 없으며, 서술어 뒤에 어미가 필요 없다.

　　예: 我　　吃　　饭　　了
　　　　주어 서술어 목적어 허사
　　　　나　 먹다　 밥　 동작의 변화와 완료를 나타냄
3　교착어(交着语또는附着语)는 주어와 목적어 뒤에 조사를 붙여야 하며, 서술어 뒤에 어미가 있어야 한다.

　　예: 나(는)　　　　 밥(을)　　　　　　 먹었(습니다).
　　　　주어(주격 조사)　목적어(목적격 조사)　서술어(어말어미)
4　중국어의 피동 표현은 세 가지가 있다. 첫 번째는 전치사 '被', '叫', '让', '给', '由'를 이용하여 피동 표현을 만드는 것이다. 두 번째는 어휘 '遭受', '受'를 사용하여 피동 표현을 만드는 것이다. 세 번째는 피동 표지를 사용하지 않고 문장 내의 연결 및 문장과 문장의 연결에서 피동의 의미를 나타내는 것이다.

　　예문: 가. 小偷被警察抓住了。(도둑이 경찰에게 잡혔다.)
　　　　　나. 他受到大家一致好评.(그는 많은 사람에게 칭찬받았다.)
　　　　　다. 学校已经盖起来了。(학교는 이미 지어졌다.)

그리고 한국어 피동 표현과 중국어 피동 표현이 어떻게 대응되는지 체계적으로 제시하였다. 이효숙(2008: 221-243)에서는 일본인 학습자를 대상으로 '-이/히/리/기-'形 피동 접미사에 의한 피동법과 '-아/어지다'形에 의한 피동법의 오류 원인을 간략히 살펴본 후, 일본인 학습자들에게 의뢰한 일기나 작문 과제물을 통해 어떤 오류가 발생되는지 오류 원인에 대해 분석하였다. 그리고 국내 한국어 교육기관의 교재를 살펴본 후 필자의 교실 현장 경험을 토대로 피동에 대한 효율적인 교수 방안과 단계별 교수 모형을 제시하였다. 진강려(2010: 345-360)에서는 한국어 '-이/히/리/기-' 파생접미사로 구성된 피동 표현, '-어지다'에 의한 피동 표현, '-하다'류 동사의 피동 표현과 중국어 피동 표현을 간단하게 대조하고 고급 학습자의 오류 분석을 토대로 피동 표현 교수 학습 방안이 아닌 교수 학습 내용만을 제시하였다. 김용(2012: 83-109)에서는 파생적 피동의 결과인 피동사와 이에 대응되는 중국어의 피동 표현을 대조 분석하여 양자의 공통점과 차이점을 밝히고 이를 통해 간단하게 피동사의 교수 학습 내용만을 제시하였다. 장경청(2015)에서는 한·중 피동 표현의 개념과 범위를 검토한 후, 한국어 파생적 피동, 통사적 피동, 어휘적 피동과 중국어에서 가장 대표적인 '被字文'을 대조 연구하고 교재 분석과 오류 분석을 바탕으로 효율적인 피동 표현의 유형 별 교육 방안을 제시하였는데, 학습자 수준에 따라 교수 학습 방법이 다르기 때문에 수준별로 효율적인 교육 방안을 제시하지 못했다는 데 아쉬움이 있다.

이에 본 논문은 오류 분석의 중요성을 밝힌 후에 중국 내 대학의 한국어학과 재학생 80명을 대상으로 한국어 피동 표현에 대한 인지 및 사용 양상을 분석하기 위해서 설문 조사를 실시하고 설문 조사 결과를 분석하여 어떤 유형의 오류를 많이 범하는지, 오류가 생긴 원인이 무엇인지를 파악할 것이다. 나아가 오류를 범하는 원인에 따른 효율적인 교수 학습 방안을 제시하고자 한다.

2. 한국어 피동 표현의 유형 및 특징

2.1. 한국어 피동 표현의 개념

먼저 피동 표현의 개념을 보면 유길준(1909)은 '제 힘의 유무'에 따라 능동과 피동으로 나누었고, 주시경(1910)은 "움직이는 힘에 의해 바로움(能动)과 입음움(被动)으로 나눌 수 있다"고 하였다. 최현배(1937:420)는 "월의 임자가 스스로 제힘으로 그 움직임을 하지 아니하고, 남의 힘을 입어서 그 움직임을 하는 것을 나타내는 움직씨의 이름이니라"고 정의하였다. 또한, 국립국어원(2005)에서는 피동을 "다른 사람에 의해 움직이게 되는 것"이라고 정의하였고 박덕유(2006:225)에서는 피동을 "문장의 주어가 남의 행동을 입어서 행해지는 동작을 나타내는 동사를 被动词라 하고, 제 힘으로 행하는 동작을 나타내는 동사를 能动词라 한다"고 정의하였다. 고영근·구본관(2011: 344)에서는 "문장의 주어로 나타난 사람이나 사물이 제 힘으로 어떤 행위를 일으키는 것이 아니라 다른 사람이나 다른 사물에 의하여 이루어지는 행동이나 작용을 피동이라 한다"고 제시하였다. 그러므로 능동문은 동작을 강조하는 반면에 피동문은 결과나 상태를 강조한다고 볼 수 있다. 그리고 기타무라 다다시(2004:40)에서는 "많은 선행 연구에서 '피동'의 의미가 정의되어 왔지만, 그 정의들에 공통적인 점은 다음 세 가지로 요약할 수 있다. 가. 피동작주가 존재하여, 그것이 표현의 중심이다. 나. 동작주도 존재하지만, 그것은 표현의 주변이다. 다. 피동작주에 대한 동작주의 동작/작용이 존재한다."고 제시하였다.

2.2. 피동 표현의 유형

국립국어원(2005:281)에서는 한국어 피동의 범주를 '-이/히/리/기-'에 의한 피동 표현과 '-어지다'에 의한 피동 표현, '-되다/받다/당하다'에 의한 피동 표현으로 규정하고 있다. 이에 따라서 본 논문도 '-이/히/리/기'에 의한 형태적 피동, '-되다/받다/당하다'에 의한 어휘적 피동, '-어지다'에 의한 통사적 피동 등 피동의 범주를 세 가지로 나누어 분석하기로 한다.

2.1.1. 형태적 피동

형태적 피동은 피동사에 의한 피동문으로 가장 전형적인 피동문이라 알려져 왔다. 피동사에 의한 피동문은 타동사 어간에 피동의 접미사 '-이/히/리/기-'등이 결합하여 이루어진 피동사가 서술어로 참여하는 문장이다(고영근·구본관, 2011:348).

(1) 능동문   <u>고양이가</u>   <u>쥐를</u>   <u>잡았다.</u>
　　　　　　 주어　　 목적어　 능동사

　　피동문   <u>쥐가</u> <u>고양이에게</u> <u>잡혔다.</u>
　　　　　　 주어　　 부사어　　　피동사

가. 철수가 돈을 다 썼다.

가'. 돈이 철수에게 다 쓰였다.

나. 태풍이 집을 휩쓸었다.

나'. 집이 태풍에 휩쓸렸다.

다. 바람이 낙엽을 쓸었다.

다'. 낙엽이 바람에 의해서 쓸렸다.

　능동문의 주어 '고양이가'는 피동문에서는 부사어 '고양이에게' (-에게, -에, -에 의해서)로 바뀌고, 능동문의 목적어 '쥐를'은 주어 '쥐가'가 되며, 능동사 '잡다'는 피동사 '잡히다'가 된다. '-에게'는 유정명사에 사용되고, '-에'는 무정명사에 사용되며 대체로 '-에 의해서'가 사용된다. 예문(1가')에서 '철수'는 유정명사이므로 '-에게'를 사용하고, 예문(1나')에서 '태풍'은 무정명사이므로 '-에'를 사용하며, 예문(1다')에서는 '바람'이 무정명사이므로 '-에'는 대체로 '-에 의해서'의 형태로 사용된다.

2.2.2. 어휘적 피동

　어휘적 피동은 주로 서술어인 '하다'를 대신하여 피동의 뜻을 나타내는 '되다', '받다', '당하다' 등 동사를 같이 넣어서 만드는 문장이다. '-되다', '-당하다', '받다'는 동사와 같은 의미를 가지는 명사에 붙여서 피동의 의미를 나타낸다. '-되다/받다/당하다'에 의한 어휘적 피동은 혼동하기 쉬우므로 다음 표에서 어휘적 피동을 비교하기로 한다.

〈표 1〉 어휘적 피동의 비교

유형	사용 상황	예
'-되다'에 의한 어휘적 피동	피동 주어가 사람이 아닌 경우에 두루 쓰이고 자연적 변화에 따른 피동적 상황일 때 주로 쓰인다.	나는 시험이 걱정되었다.
'-당하다'에 의한 어휘적 피동	불행한 일을 당할 때는 주로 쓰인다.	사슴이 사자에게 습격당했다.
'-받다'에 의한 어휘적 피동	제한 없이 긍정적인 상황이나 부정적인 상황에 다 쓸 수 있지만 보통 긍정적인 일에 많이 쓰인다.	1) 나는 선생님한테 칭찬받았다. 2) 나는 그 일에 충격을 받았다.

2.2.3. 통사적 피동

통사적 피동은 보조동사 '-아(어, 여) 지다'로 이루어진 피동을 가리킨다. '-어지다'에 의한 피동문은 타동사뿐만 아니라 자동사나 형용사에 '-어지다'가 결합한 서술어가 사용되는 피동문이다. 고영근·구본관(2011: 349)에서는 " '-어지다'에 의한 피동문은 이미 언급한 것처럼 의도적인 문맥에서 자연스럽다. 그런데 '-어지다'가 특히 형용사에 결합하는 경우 피동의 의미보다는 상태의 변화를 나타내는 경우가 많다. 그리고 피동의 의미를 표현하기 위해서 '-에 의해'의

도움이 많이 필요하다. 반면 '-에 의해'의 도움 없이도 뚜렷한 피동문을 이룰 수 있는 예도 있다"라고 하였다. '-어지다' 피동의 예문을 다음과 같이 살펴보고자 한다.

> (2) 가. 이 책상은 나무로 만들어졌다.   (타동사와 결합)
> 나. 드디어 꿈이 이루어졌다.   (타동사와 결합)
> 다. 얼굴이 갑자기 굳어진다.   (자동사와 결합)
> 라. 요즘 날씨가 점점 따뜻해진다.   (형용사와 결합)

위의 예문(2가~나)에서는 타동사 '만들다', '이루다'와 '-아/어지다'가 결합하여 피동의 의미를 표현한다. 예문(2다)에서는 자동사 '굳다'와 '-아/어지다'가 결합하여 피동의 의미를 표현한다. 예문 (2라)에서는 형용사 '따뜻하다'와 '-아/어지다'가 결합하여 피동의 의미보다는 날씨의 변화를 나타낸다.

피동사와 '-어지다'가 결합한 서술어는 상보적으로 분포하는 경우가 많다. 곧 어떤 타동사가 피동사 파생이 가능하면 '-어지다'에 의한 피동 표현을 가지지 않는 것이 일반적이다. 하지만 '닫히다-닫아지다', '막히다-막아지다'처럼 접미사와 '-어지다'에 의한 피동 표현을 모두 가지는 경우가 있다. 이때 피동사에 의한 피동 표현과 '-어지다'에 의한 피동 표현은 대체로 의도성의 차이를 가진다. 예문을 다음과 같이 살펴보기로 한다.

> (3) 가. 하수도가 막혔다.

가'. 하수도가 장난친 아이에 의해 막아졌다.

나. 문이 닫혔다.

나'. 문이 도둑에 의해 닫아졌다.

위의 예문(3가~나)의 의미는 하수도가 자연적으로 막힌 경우를 나타내고 문이 자연적으로 닫힌 경우이다. 예문(3가', 나')에서는 하수도가 장난친 아이에 의해 인위적으로 막아진 뜻을 나타내고 문이 도둑에 의해 인위적으로 닫혔다는 뜻을 나타낸다. 앞의 한국어 피동 표현의 유형을 분석하기 위해 각 유형의 특징을 다음 〈표 2〉와 같이 제시한다.

〈표 2〉 한국어 피동 표현의 각 유형별 특징

유형	특징	예
형태적 피동	자연히 이루어진 일에 사용하기 자연스럽다.	코가 막히다.
어휘적 피동	단어 자체에 피동의 의미가 포함된다.	그 예쁜 여자배우는 사람에게 주목받았다.
통사적 피동	의도적인 문맥에서의 사용이 자연스럽다.	코가 종이에 의해 막아졌다.

3. 한국어 피동 표현의 오류 분석

3.1. 오류 분석의 중요성

Brown(2010:278)에서는 "학습자들은 오류를 범하기 마련이며 학습자의 언어 체계를 알아보기 위해 이러한 오류를 관찰, 분석, 분류할 수 있는 오류 분석(error analysis)을 통해 학습자의 오류 연구를 활성화시켰다"라고 하였다. Brown(2010)에 의하면 오류의 유형은 모국어의 간섭으로 인한 언어 간 오류, 목표어 내에서의 언어 내 오류, 의사소통의 사회 언어적 상황에서 야기되는 오류, 심리 언어학적 혹은 인지적 전략 때문에 발생하는 오류, 그리고 무수히 많은 정의적 변인 때문에 범하는 오류가 있다고 기술하였다. Corder(1967:167)에서는 "학습자의 오류는 중요하다. 왜냐하면 이러한 오류는 언어를 어떻게 학습 또는 습득하는지, 즉 언어를 발견해 나갈 때 학습자가 어떤 전략이나 절차를 사용하는지에 대한 증거를 연구자에게 제공하기 때문이다"라고 하였다. 이훈호(2015)에서도 "외국어 학습자는 누구나 언어 학습 과정에서 오류를 범하고 이를 정정하며 언어 지식과 기술을 익힌다"라고 지적하였다. 이를 정리하면 오류 분석의 의의를 다음과 같이 제시할 수 있다. 첫째, 오류 분석을 통해 학습자가 목표어를 학습하는 데 부족한 부분이 무엇인지를 파악할 수 있다. 이를 통해 교사가 체계적으로 가르쳐 주어야 할 내용과 학습자가 학습해야 할 내용이 분명해진다. 둘째, 오류 분석을 통해 학습자가 오

류를 범하는 원인에 따라 교사가 어떤 전략 및 교수 방법으로 가르
칠지 계획할 수 있다.

3.2. 중국인 학습자의 피동 표현 사용 오류 분석

3.2.1. 조사 대상 및 조사 내용

본고는 중국 내 청도농업대학교, 산동공상대학교, 서안외국어대
학교 3개교 4년제 대학교의 한국어학과 2학년, 3학년, 4학년 학생들
을 설문의 조사 대상으로 삼았다. 그 중에서 청도농업대학교에 재학
중인 2학년 학생 40명, 산동공상대학교에 재학 중인 3학년 학생 20명,
서안외국어대학교에 재학 중인 4학년 학생 20명을 조사하였다. 1학
년 학생들은 일부 피동 표현을 아직 배우지 않아서 설문조사의 신뢰
도가 낮아질 가능성이 크기 때문에 설문 대상에서 제외시켰다. 중국
내 한국어학과의 1-2학년 기초 과목은 보통 '한국어 정독(精读)', '한
국어 시청(视听)', '한국어 회화(会话)'로 구성되어 있다. '한국어 정
독(精读)'은 주로 한국어 발음·어휘·문법을 중심으로 교수한다. 그
러므로 피동 표현과 같은 교육은 주로 '한국어 정독(精读)' 수업에서
이루어진다. 설문지는 중국 내 한국어학과의 학습자들이 한국어 피
동 표현에 대한 중요성, 사용 빈도, 난이도, 이해도, 한·중 피동 표현
을 대조하는 필요성 등을 알아보기 위한 인식 조사와 한국어 피동
표현에 대한 오류 양상을 알아보기 위한 사용 실태 조사로 구성하였
다. 인식 조사 설문은 선택형 문형 [Ⅰ. 1~7] 7문항 및 서술형 문형
[Ⅰ. 8] 1문항으로 구성하였다. 사용 실태 조사 설문은 피동사를 쓰는

문형 {Ⅱ. 1. ①~⑳} 20문항, 선택형 문형{Ⅱ. 2. (1)~(20)} 20문항, 번역 문형 {Ⅱ. 3. ①~⑩} 10문항으로 구성하였다.

3.2.2. 조사 결과 및 오류 원인 분석

3.2.2.1. 인식 양상 분석

중국 내 한국어학과 학습자들의 한국어 피동 표현에 대한 사용 실태를 분석하기 전에 한국어 피동 표현의 학습 필요성과 사용 빈도, 난이도, 이해도 등의 인식 정도를 알아보았다. 학습자들이 한국어 피동 표현에 대한 인식 양상의 조사 결과를 정리하면 다음과 같다.

첫째, 90% 이상의 학습자들이 피동 표현이 중요하다고 생각하였으며 별로 중요하지 않다고 생각하는 학생은 거의 없었다. 그리고 학년이 올라갈수록 피동 표현의 중요성을 인식하고 있었다. 둘째, 대부분의 학생들이 한국어 피동 표현에 대해 어느 정도는 인지하고 있음을 알 수 있었다. 잘 알거나 잘 모른다는 학생은 80명 중에 10명밖에 없다. 또한, 학년이 높을수록 피동 표현에 대한 아는 학생이 많아지고 잘 모른다는 학생이 적어짐을 확인할 수 있었다. 셋째, 모든 학생들이 한국어 피동 표현이 어렵다거나 조금 어렵다고 생각하고 있었다. 이에 따라 한국어 피동 표현을 어떻게 효율적으로 교수할지에 대한 연구가 절실히 필요함을 알 수 있다. 넷째, 대부분의 학생들이 한국어로 대화할 때 피동 표현이 어려워서 가끔 사용하거나 자주 사용하지 않는다고 응답하였다. 그러나 학년이 높을수록 거의 사용하지 않았던 학생들이 적어지고 피동 표현에 대해 상대적으로 잘 파악하여 피동 표현의 사용 빈도를 높인 것으로 나타났다. 다섯째, 대부분의 학생들이 한국어로 대화 시에 피동 표현을 정확하게 사용할 수 없을 때는 다른 표현 방식을 사용하는 회피 전략을 사용하고 있었다. 피동 표현에 대한 회피 전략이 학습자들이 피동 표현을 잘 사용할 수 없는 원인중의 하나임을 추측할 수 있다. 즉, 회피도가 높다는 결과의 도출이 가능하다. 여섯째, 대부분의 학생들이 한국어 피동 표현은 중국어 피동 표현과 많이 다르거나 조금 다르다고 생각하고 있었다. 이에 한·중 피동 표현을 대조하여 교수·학습하면 효과가 더 좋을 것이라고 추측할 수 있다.

3.2.2.2. 오류 양상 분석

1. 형태적 피동 표현 오류분석

형태적 피동 표현에 대한 설문 조사의 문항은 Ⅱ. 1. ①~⑳, 2. (8), (10), (12), (17), (19), 3. ①, ⑥, ⑦, ⑧, ⑨가 있다. 오답률이 높은 문항을 중심으로 분석하기로 한다.

<표 3> 단어의 피동 표현 쓰기 오답

	정답	오답
① 놓다	놓이다	놓히다, 놓기다, 놓치다
② 보다	보이다	
③ 얽매다	얽매이다	얽매히다, 얽매어지다, 얽매히다, 얽매기다, 열매기다, 얽매지다, 얽매우다, 얽매히다, 얽매다, 얽히다
④ 묶다	묶이다	묶히다
⑤ 차다	차이다	차기다, 차리다, 채우다, 차다, 차여다

	정답	오답
⑥ 잠그다	잠기다	잠이다, 잠그다, 잠겨다, 잠그러다, 잠거지다, 잠그리다, 잠지다, 잠그지다, 잠그기다
⑦ 닫다	닫히다	닫이다, 닫아다, 닫지다, 닫기다, 닫치다
⑧ 먹다	먹히다	먹기다, 먹이다,
⑨ 뒤집다	뒤집히다	뒤집어지다, 뒤집이다, 뒤집다, 뒤지치다, 뒤집혀지다, 뒤집어다
⑩ 맺다	맺히다	맺이다, 맺지다, 맺추다, 맺기다, 맺으다
⑪ 팔다	팔리다	팔이다, 필히다, 팔아다, 파리다
⑫ 읽다	읽히다	읽이다, 읽기다,
⑬ 물다	물리다	물이다, 물히다, 물기다
⑭ 듣다	들리다	듣이다, 듣디다, 들이다, 듣히다, 듣기다, 들어지다
⑮ 쫓다	쫓기다	쫓히다, 쫓아다, 쫓이다, 쫓여다, 쫓하다
⑯ 빼앗다	빼앗기다	뺏기다, 빼앗이다, 빼앗지다, 빼앗히다, 빼다, 빼앗되다, 빼기다, 빼앗간다
⑰ 뜯다	뜯기다	뜯히다, 뜯이다, 뜯아다, 뜰리다. 뜯우다, 뜯지다, 뜯어다, 뜯치다, 뜯어진다,
⑱ 담다	담기다	담히다, 담으다, 담이다, 담켜다, 담아다, 담기다
⑲ 찢다	찢기다	찢이다, 찢기다, 찢히다, 찢여다, 찢어지다
⑳ 끊다	끊기다	끊히다, 끊이다, 끊으다, 끊리다, 끊어지다, 끊게 되다,

　이에 분석한 오답의 오류 유형은 다음과 같다. 첫째, 동사 어간에 접미사 '-이/히/리/기-' 중 어떤 것을 붙일지 잘 몰라서 범한 오류이다. 예를 들면, '놓다 → 놓이다, 놓기다, 놓치다', '물다 → 물이다, 물히다, 물기다' 등 오류 양상이 나타났다. 둘째, 피동접미사 '-이/히/리/기-'를 사동접미사 '-이/히/리/기/우/구/추-'와 혼동해서 범한 오류이다. 예를 들면, '차다 → 채우다', '맺다 → 맺추다', '먹다 → 먹이다'

등 오류 양상을 볼 수 있었다. 셋째, 형태적 피동 접미사 '-이/히/리/기-'를 '-아/어/여지다'와 혼동해서 범한 오류이다. 예를 들면, '듣다 → 들어지다', '얽매다 → 얽매지다', '잠그다 →잠거지다' 등 오류 양상이 나타났다.

[2~(12)] 태풍이 집을 _____(휩쓸었다)
① 휩쓸되다   ② 휩쓸었다   ③ 휩쓸렸다   ④ 휩쓸하였다

이 문항의 정답은 ②번이고 20개의 문항 중에서 이 문항의 오답률이 72.5%로 세 번째로 높은 조사 결과가 나왔다. 응답 결과로 2학년이 30명(75%), 3학년이 18명(90%), 4학년이 10명(50%), 총 58명으로 72.5%의 학생들이 오답을 선택하였다. 그러나 학년이 올라갈수록 오답률이 낮아지는 현상이 나타났다. 이 문항은 능동문과 피동문의 구조를 잘 구분할 수 있는지 없는지에 조사 의도가 있다. 능동문의 구조가 '주어 + 목적어 + 능동사'인 반면에 피동문의 구조는 '주어 + 부사어 + 피동사'이다. 문항 '태풍이 집을 _____(휩쓸었다).'에서 주격조사 '이'와 목적격조사 '을'이 있으므로 '태풍'이 주어이고 '집'이 목적어가 된다. 그러므로 '태풍이 집을 휩쓸었다'는 능동문이고 정답이 ②번 '휩쓸었다'이다. 그러므로 ②번을 제외한 다른 번호를 선택한 학생들은 '휩쓸다'의 피동 표현을 잘못 파악한 것이다.

문항 [Ⅱ. 3~(1)]
我们的说话声被他听到了。

정답: 우리의 말소리가 그에게 들렸다.

주요 오답: (가). 우리의 말소리가 그에게 들었다.

(나). 우리의 말소리가 그에게 들히다/듣히다/들이다/들리게 된다.

(다). 그는 우리의 말소리를 들었다.

(라). 그분 우리 말소리을 들렸어요.

(마). 우리의 말소리가 그 가/의/가에게/는 들렸어요.

문항 [Ⅱ. 3~(1)]은 중국어 피동문 중에 '被'자가 있는 대표적인 유표지 피동문이며 한국어 역문 '우리 비밀이 그에게 들렸다.'도 전형적인 파생적 피동문이다. 오답의 형태는 주로 (가)처럼 능동사를 그대로 쓰거나 (나)처럼 피동표현을 잘못 쓰거나 또는 (다)처럼 능동문으로 번역한 것, (마)처럼 조사를 잘못 사용한 것으로 나타났다. 특히, (라)는 능동문인데 피동사를 사용하는 오답의 형태를 통해서 학생들이 능동문과 피동문을 혼동한 것으로 볼 수 있다.

문항 [Ⅱ. 3~(6)]

淑真感冒了。

정답: 수진은 감기에 걸렸다.

주요 오답: (가). 수진이 감기에 거려요.

(나). 수진가 감기를 걸리다.

(다). 수진이 감기가 했어요.

문항 [II. 3~(6)]도 중국어에서 '被'자가 없는 의미 피동문이지만 자주 쓰는 한국어 문장이므로 틀린 학생이 많지 않았다. 주요 오류 양상은 오답 (가), (나), (다)이다. 오답 (가)는 '걸리다'의 피동 표현이 잘못 쓰인 것이다. 오답 (나)는 조사 '를'이 잘못 쓰인 능동문과 피동문 혼동의 오류이다. 한국어 능동문의 구조는 '주어(이/가) + 목적어(을/를) + 능동사'이며 한국어 피동문의 구조는 '피동주(이/가) + 부사어(에/에게/에 의해) + 피동사'이다. 오답 (다)를 쓴 학생은 능동문과 피동문의 개념을 전혀 이해하지 못하고 '감기에 걸리다'라는 연어적 표현도 모르는 것으로 볼 수 있다.

문항 [II. 3~(7)]

看不清那人。

정답: 저 사람이 잘 안 보인다.

주요 오답: (가). 그 사람이 잘 못 보여요.

(나). 그분을 잘 보지 못해요/못 봤어요.

(다). 그 사람이 볼 수 없어요.

(라). 그 사람이 잘 안 보았다.

문항 [II. 3~(7)]은 중국어의 능동 표현이지만 한국어의 경우 능동 표현보다 피동 표현이 더 자연스럽다. 한국어의 피동문 중에서 부정 부사 '못'을 잘못 사용한 (가)는 오답이다. (나)는 능동 표현이다. (다)는 조사를 '을'로 바꾸거나 뒤에 피동사가 쓰이면 앞뒤의 문장 구조가 호응된다. 오답 (라)는 피동사가 능동사로 잘못 쓰인 것이다. 문항

[Ⅱ. 3~(7)]과 비슷한 문항은 [Ⅱ. 3~(8), (9)]가 있고, 오류 양상도 비슷해서 다시 분석하지 않기로 한다.

2. 어휘적 피동 표현 오류분석

문항 [Ⅱ. 2~(16)]

진리가 과학자에 의해 _____.(발견하다)

① 발견되다   ② 발견해지다   ③ 발견하다   ④ 발견하게 하다

이 문항의 정답은 ①번이고 20개의 문항 중에서 이 문항의 오답률이 57.5%로 여섯 번째로 오류율이 높다는 조사 결과가 나왔다. 응답 결과 2학년이 31명(77.5%), 3학년이 10명(50%), 4학년이 5명(25%) 전체 응답자 중 46명인 57.5%의 학생들이 오답을 선택하였다. 그리고 학년이 올라갈수록 오답률이 낮아지는 현상이 나타났다.

이 문항은 '-되다/받다/당하다' 어휘적 피동 표현의 차이를 잘 구분할 수 있는지 없는지에 조사 의도가 있다. '-되다'에 의한 어휘적 피동 표현은 피동 주어가 사람이 아닌 경우에 두루 쓰이고 자연적 변화에 따른 피동적 상황일 때 주로 쓰인다. '-당하다'에 의한 어휘적 피동 표현은 외부로부터 원하지 않는 불행한 일을 당할 때 주로 쓰인다. '-받다'에 의한 어휘적 피동 표현은 제한 없이 좋은 일이나 불행한 일에 모두 쓰일 수 있다. '진리가 과학자에게 발견되다'는 피동 주어 '진리'가 사람이 아니며 자연적 변화이므로 이 문항의 정답은 ①번 '발견되다'이다. 이와 비슷한 문항으로 문항 [Ⅱ. 2. (1), (3),

(6), (9), (11), (13), (14))]가 있으며 분석하지는 않는다.

문항 {Ⅱ. 3~(2)}

我不在的时候房间被(妈妈)整理干净了。

정답: 제가 없을 때 방이 (엄마에 의해) 깨끗이 정리되었다.

주요 오답: (가). 내가 없을 때 방이 엄마에게 깨끗하게 청소하게 되
다/정리해 됐다/청소해졌어요/정리를 당했어요.

(나). 내가 없을 때 엄마가 내 방을 청소해 주셨다.

(다). 내가 없을 때 방을 엄마한테 깨끗히 정리하셨다.

(라). 저는 없을 때 엄마가 방을 깨끗하게 만들었다.

문항 {Ⅱ. 3~(2)}은 중국어 피동문 중에 '被'자가 있는 유표지 피동
문이므로 대부분의 학생들이 한국어 피동문으로 번역하는 것은 의
식하지만 한국어 피동 역문을 쓰기는 어렵다. '-하다'가 결합하는 동
사들은 피동사 파생에 참여하지 못하는 경향이 있고 '-아/어/여지다'
에 의한 피동 표현은 주로 자동사나 형용사에 '-어지다'가 결합하는
것이다. 또한 '정리하다'의 피동 표현이 어휘적 피동 표현 '정리되다'
이다. 그리고 오답 (가)는 '정리하다'의 피동 표현을 잘못 쓴 것이다.
오답 (나)는 능동문이고 이 문항은 중국어 피동문의 역문으로 적절
한 문장이 아니다. 오답 (다)는 피동문의 형식에 맞지만 피동사 '정
리해지다'는 정확한 피동사가 아니다. (라)는 사동문과 피동문을 혼
동해서 생긴 오답이다.

문항 [Ⅱ. 3~(4)]

他被(同学们)选为班长。

정답: 그가 (학생들에 의해) 반장으로 당선되었다/뽑혔다.

주요 오답: (가). 그가 반장으로 선택하였다/지정했어요.

　　　　　 (다). 그는 학생에게 반장으로 선발아졌어요/뽑되었어요/

　　　　　　　　 뽑았다/고르게 했다/선발아졌어요/뽑아되었어요..

　　　　　 (나). 그는 반장을 선정집니다.

　　문항 [Ⅱ. 3~(4)]도 중국어의 피동 표지 '被'자가 있는 유표지 피동문이며 대부분의 학생들이 한국어 피동문으로 번역하는 것을 잘 인식하였다. '-이/히/리/기'에 의한 형태적 피동 표현 '뽑히다'와 '-되다/받다/당하다'에 의한 어휘적 피동 표현 역시 사용할 수 있다. 그러나 일부분 학생들은 정확한 피동 표현을 쓰지 못하였는데 특히, 주의할 것은 한국어 피동문 중에서 부사어 '학생들에 의한' 구문이 없는 것이 더 자연스럽다는 것이다. 오답 (가)는 피동문 중에서 능동사가 그대로 쓰인 것이다. 오답(다)는 피동문이지만 피동 표현이 잘못 쓰인 것이다. 오답(나)는 역문의 의미와 중국어 문장의 의미가 완전히 다른 것으로 볼 수 있다.

3. 통사적 피동 표현 오류분석

문항 [Ⅱ. 2~(15)]

길이_____(넓다).

① 넓히다　　② 넓이다　　③ 넓어지다　　④ 넓혀지다

이 문항의 정답이 ③번이고 20개의 문항 중에서 오답률은 68.75%로 네 번째로 오답률이 높다는 조사 결과가 나왔다. 응답 결과로 2학년이 31명(77.5%), 3학년이 13명(65%), 4학년이 11명(55%)으로 전체 응답자 중 55명 68.75%의 학생들이 오답을 선택하였다. 그리고 학년이 올라갈수록 오답률이 낮아지는 현상이 나타났다. 타동사만 형태적 피동 표현이 있고, 자동사와 형용사는 형태적 피동 표현이 없다, 그러나 '-어지다'에 의한 피동문은 타동사뿐만 아니라 자동사나 형용사에 '-어지다'가 결합한 서술어가 사용되는 피동문이다. 그리고 '-어지다'가 특히 형용사와 결합하는 경우 피동의 의미보다는 상태의 변화를 나타내는 경우가 많다. '넓다'는 형용사이므로 접미사에 의한 형태적 피동 표현이 없으므로 이 문항의 정답은 ③번 '넓어지다'이다. 비슷한 문항이 바로 문항 [Ⅱ. 2~(20)]이다. '물이____(쏟다).'중에서 '쏟다'가 타동사이므로 접미사에 의한 형태적 피동 표현은 존재하지 않는 반면에 자동사가 '-어지다'에 의한 피동문은 존재하므로 정답은 '물이 쏟아진다'가 된다.

　　문항 [Ⅱ. 2~(18)]
　　하수도가 사람에 의해 고의적으로 _____(막다).
　　① 막히다　　② 막이다　　③ 막아지다　　④ 막혀지다

이 문항의 정답은 ③번이고 20개의 문항 중에서 오답률은 85%로 두 번째로 오답률이 높다는 조사 결과가 나왔다. 전체 응답자 중에서 정답을 선택한 학생은 10명이다. 응답 결과 2학년이 31명(77.5%), 3학년이 19명(95%), 4학년이 18명(90%) 총 68명, 85%의 학생들이 오답을 선택하였다. 이 문항은 '-이/히/리/기'접미사에 의한 형태적 피동과 '-아/어/여 지다'에 의한 통사적 피동의 차이를 잘 파악할 수 있는지 없는지에 조사 의도가 있다. '피동 접미사'에 의한 피동이 자연히 이루어진다는 것을 뜻한다면, '-아/어/여지다'에 의한 피동은 자연히 이루어진 일 외에도 힘든 과정, 즉 인위적인 행위가 가해진다는 뜻이 된다 (박덕유, 이옥화, 송경옥 2013: 116). 문항은 하수도가 사람에 의해 인위적인 행위가 가해져서 막아진다는 뜻을 표현한 것이다. 그래서 정답이 ③번 '막아지다'이다. 비슷한 문항[Ⅱ. 2~(17)] '하수도가 저절로 _____(막다)'은 하수로 자연히 막히는 뜻을 표현하므로 정답이 ①번 '막히다'이다. 응답자들이 '막히다'를 자주 사용하는데, 문항[Ⅱ. 2~(17)] 37.5%의 오답률인 반면에 문항[Ⅱ. 2~(18)]은 85%의 오답률을 보여 훨씬 낮은 결과이다. 그리고 ②번을 선택한 학생들의 경우 '-이/히/리/기'접미사에 의한 형태적 피동 표현을 제대로 파악하지 못한 것을 알 수 있다.

문항 [Ⅱ. 3. (3)]

学校已经盖起来了。

정답: 학교는 이미 지어졌다.

주요 오답: (가). 학교가 짓겨져다/짓였다/짓히었어요/짓되다/짓이었다/짓혀다/짓게했어요/짓게 된다.

(나). 학교를 벌써 지었다/새웠어요.

(다). 학교는 이미 지었어요/성장했어요/만들었어요.

문항 [Ⅱ. 3~(3)]은 중국어에서 '被'자가 없는 무표지 피동문이므로 능동문과 같은 구조는 즉 '주어 + 동사 + 기타성분'이다. 이에 무표지 피동문과 능동문은 구조에 의하여 구별이 잘 안 되고 문장이 가지는 피동 의미에 의하여 구분해야 한다. 그러므로 중국인 학습자들은 흔히 무표지 피동문을 인식하지 못하여 능동문으로 번역하기 십상이다. 문항 중에 주어는 '学校'이며 서술어는 능동사 '盖'인데 문항 '盖' 앞에 '被'자를 붙여서 '被'자 피동문으로 바꾸면 부자연스럽다. 이처럼 중국어 무표지 피동문에서 주어가 피동주라도 능동사를 서술어로 사용하는 것이 가능하다. 따라서 많은 학생들은 중국어의 영향으로 번역할 때 그대로 오답인 (나)처럼 능동문으로 번역했다. 또한, 오답 (가)처럼 피동 표현을 사용하는 것은 의식하였지만 피동 표현을 잘못 써서 오답을 한 학생들도 많은 것으로 보인다. 오답 (다)처럼 조사를 잘못 사용한 경우도 나타났다.

문항 [Ⅱ. 3~(5)]

天晴多了。

정답: 날씨가 많이 풀렸다/맑아졌다/개었다.

주요 오답: (가). 날씨가 맑입니다/맑혀요/맑히졌어요/풀었다/개어
            전다.

        (나). 날씨가 깼다/깨졌다.

문항 [Ⅱ. 3~(5)]도 중국어에서 '被'자가 없는 무표지 피동문이다. 모국어의 영향으로 문장을 능동문으로 번역한 학생들이 많았다. 이 외에 오답 (가)처럼 문장을 피동문으로 번역한 것을 인식하였지만 피동사를 잘못 쓴 학생들도 있고 오답 (나)처럼 '깨다'와 '개다'를 제대로 구분하지 못해서 오류를 일으킨 학생들도 있다. '개다'는 원래 '흐리거나 궂은 날씨가 맑아지다'라는 의미를 갖고 있으므로 '개어지다'는 틀린 표현이다. 문항 [Ⅱ. 3~(5)]와 비슷한 문항은 [Ⅱ. 3~(5)]가 있고 오류 양상도 비슷하므로 다시 분석하지 않기로 한다.

3.2.3. 오류 원인 분석

이상으로 [문항 Ⅱ.1~3] 세 가지 문형을 통하여 중국 내 한국어 전공 대학생들의 피동 표현 사용 양상을 살펴보았다. 오류를 범하는 원인을 정리하면 다음과 같다.

첫째, '-이/히/리/기/'의 오용이다. 즉, 능동사를 피동사로 바꿀 때 어떤 동사 어간에 '-이-'를 붙이고 어떤 동사 어간에 '-히-', '-리-', '-기-'를 붙이는지 규칙이 없으므로 기억하기 어렵다. 둘째, 피동 접미사와 사동 접미사의 혼동이다. 즉, 피동사 접미사 '-이/히/리/기-'와 사동사 접미사 '-이/히/리/기/우/구/추-'가 비슷하기 때문에 피동사와 사동사의 어휘를 헷갈려서 기억하기 어렵다. 셋째, 어휘적 피동 표현의 각 유형의 혼동이다. 즉, 어휘적 피동 표현의 오류는 주로 '-되다/받다/당하다'에 의한 어휘적 피동 표현을 혼동해서 잘못 사용한다. 넷째, 통사적 피동 및 형태적 피동의 의미의 혼동이다. 즉, '-어지다'에 의한 통사적 피동과 '-이/히/리/기'에 의한 형태적 피동의 의미 차이를 제대로 구분하지 못하여 범하는 오류이다. '-어지다'에 의한 통사적 피동 표현은 의도적인 문맥에서 자연스럽다. 다섯째, 능동문과 피동문을 구분하지 못하는 것이다. 즉, 능동문과 피동문을 제대로 구분하지 못하여 능동문에서 피동사를 쓰거나 피동문에서 능동사를 쓰기 때문에 오류를 범한다. 여섯째, 피동문의 회피이다. 즉, 피동문이 복잡하고 어려워서 학생들이 피동문을 회피하고 능동문을 쓰기 때문에 문장의 의미를 제대로 표현하지 못한 것이거나 중국어 무표지 피동문의 영향으로 한국어의 피동문 대신 능동문을 잘못 사용한다.

4. 중국인 학습자를 위한 한국어 피동 표현 교수 학습 내용

한국어는 교착어이고 중국어는 고립어이므로 두 언어의 피동 표현이 많이 다르다. 그리고 이러한 차이점으로 인해 중국인 한국어 학습자들이 한국어 피동 표현을 학습하는 데 어려움을 많이 겪고 있음을 확인할 수 있었다. 이에 중국인 한국어 학습자의 피동 표현 사용 실태와 오류를 분석하고, 그 오류를 범한 원인을 밝혔다. 또한 조사 결과에 따르면 대부분의 조사 대상들은 한국어 피동 표현이 어렵고 교육이 매우 필요하다고 하였다. 그러므로 본 장에서는 앞에서 분석한 설문 조사 결과를 바탕으로 중국인 학습자들이 피동 표현을 쉽게 파악하고 정확하게 사용할 수 있도록 효율적인 피동 표현의 교수 학습 내용을 고찰하고자 한다.

4.1. 피동 표현 오류에 대한 지도

앞에서 제시한 설문 조사 결과를 바탕으로 중국인 학습자가 피동 표현을 사용할 때 범하는 오류의 원인을 파악하여 피동 표현의 교수, 학습 방안을 다음과 같이 제안해 보겠다.

(1) 오류1: '-이/히/리/기'의 오용

〈표 4〉의 분석 결과를 보듯이 학습자가 학년을 올라 갈수록 '놓이다', '보이다', '들리다' 등 자주 쓰는 피동사를 올바르게 사용하게 되었다. 이에 학습자가 한국어를 학습하는 과정에서 피동 표현의 지식을 스스로 습득하게 되고 오류를 스스로 수정하게 되었다. 그럼에도 불구하고 '먹히다', '끊기다' 등 자주 쓰는 피동사를 4학년에 올라가서도 여전히 오류를 많이 범함을 확인할 수 있었다. 이에 교사가 고급에서 먼저 과제를 주고 학습자가 그룹 활동으로 스스로 능동사를 피동사로 바꿀 때 어떤 동사의 어간에 '-이-', '-히-', '-리-', '-기-'를 붙이는지 규칙을 발견하게 하고, 다음으로 교사가 결과를 보완하거나 수정해 주는 것이 좋다. 과제 수행을 통해서 피동사의 형태에 초점을 두어 학습자 중심의 활동을 통해서 학습자가 더 쉽고 오래 기억할 수 있도록 지도한다.

(2) 오류2: 피동 접미사와 사동 접미사의 혼동

접미사에 의한 피동 표현을 사동 표현과 대조하여 교수하고 반복적으로 연습시킨다. 접미사에 의한 피동 표현을 이미 학습하고, 사동 표현을 학습할 때 피동 표현을 먼저 복습시키는 과정이 필요하다. 연습 단계에서도 피동 표현에 관한 문제와 사동 표현에 관한 문제를 섞어서 제시하는 것도 좋다. 활동 단계에서는 학생들을 A, B 두 팀으로 나누고, 교사가 능동사(주동사)를 말하면 학생들이 피동사를 답하게 한다.

(3) 오류3: 어휘적 피동 표현의 각 유형의 혼동

한 단어를 정해 가르치고 반복적으로 연습시킨다. 앞의 분석 결과에서 보듯이 고학년에 올라갈수록 범한 오류가 적어졌다. 그리고 학습자는 한국어 학습과정에서 어휘적 피동에 관한 지식을 스스로 습득할 수 있음을 확인하였다. 그럼에도 불구하고 4학년에 오류를 많이 범하는 문제도 있었다. 이를 위해서는 의미 측면에서 어휘적 피동 표현의 각 유형의 특징 및 적용 상황을 중국어 피동 표현과 비교하여 교수하는 것이 필요하다.

한국어	중국어	사용 상황	예
'-되다'류 피동사	보통 능동표현으로 표시한다.	피동 주어가 사람이 아닌 경우에 두루 쓰이고 자연적 변화에 따른 피동적 상황일 때 주로 쓰인다.	걱정되다 担心 이해되다 理解 정리되다 整理
'-당하다'류 피동사	遭受	불행한 일을 당할 때는 주로 쓰인다.	협박당하다 遭受恐吓 거절당하다 遭受拒绝
'-받다'류 피동사	受	제한 없이 긍정적인 상황이나 부정적인 상황에 다 쓸 수 있지만 보통 긍정적인 일에 많이 쓰인다.	감동받다 受感动 대접받다 受款待 칭찬받다 受表扬

(4) 오류4: 통사적 피동 및 형태적 피동의 의미 혼동

통사적 피동과 형태적 피동의 차이를 의미측면에서 교수함이 필요하다. 형태적 피동은 자연적으로 이루어진 일에 사용하기 쉬운 반면에 통사적 피동은 의도적인 문맥에서의 사용이 자연스럽다는 것을 중국어로 설명해 준다. 예를 들면, 교사가 몸동작으로 코가 감기 때문에 막힌다는 것과 휴지로 코가 막아진다는 차이를 학생들에게 보여준다. 활용단계에서는 학생들의 짝짓기 활동을 통해 형태적 피동과 통사적 피동에 대한 사용 방법을 동작으로 표현하게 한다.

(5) 오류5: 능동문의 실현 방법과 피동문의 실현 방법을 구분 못함

학습자들이 피동문의 실현 방법을 모르거나 피동문에 아직 익숙지 않아서 오류를 범한다. 학습자들이 피동 표현에 대한 올바른 인식을 형성하기 위해서는 중급에서 피동 표현을 처음 접촉했을 때 교사가 피동 표현의 의미, 형태 등 피동문의 실현 방법에 초점을 두어 교수해야 한다. 예를 들면 "쥐가 고양이에게 잡힌다"는 그림을 이용하여 중국어로 그림 안에 있는 쥐와 고양이의 동작 및 상태를 설명함으로써 학습자에게 피동 표현의 개념을 이해시키고 피동 표현과 능동 표현을 구분시킨다. 능동문과 피동문을 어떻게 바꾸는지 특히 부사어 뒤에 '-에게'와 '-에' 그리고 '-에 의해서'가 사용되는 상황에 대해서 자세히 설명해 준다.

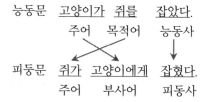

(6) 오류6: 피동문의 회피

중국인 학습자가 피동문을 회피하는 원인은 두 가지가 있다. 하나는 피동문이 복잡하고 어렵기 때문이다. 그리고 다른 하나는 중국어 무표지 피동문의 영향으로 한국어의 피동문 대신 능동문을 사용하기 때문이다. 이에 대한 해결 방법은 연습과 활용을 통해서 학습자가 피동 표현을 익히게 하는 것이다. 또한 중국어 피동과 대조하여 한국어 피동을 교수하는 방법이 효율적이다.

가. 孩子起名字了吗?

　　아이가 이름이 지어졌어요?

나. 他通过不断努力终于实现了梦想.

　　그는 수많은 노력을 통해서 드디어 꿈이 이루어졌어요.

다. 行李都收拾完了吗?

　　짐이 다 정리되었어요?

중국어와 한국어는 일부 표현 방식이 다르기 때문에 중국어에서는 능동표현을 사용하더라도 한국어에서는 피동 표현을 사용하는 것이 더 자연스러운 경우가 있다.

223

가. 天晴了。	날씨가 풀렸다.
나. 我感冒了。	나는 감기에 걸렸다.
다. 听见孩子的哭声了吗?	아이가 우는 소리가 들렸어요?
라. 我很担心这次考试.	난 이번 시험에 많이 걱정된다.

5. 결론

한국어는 교착어이고 중국어는 고립어이므로 두 언어의 피동 표현은 많이 다르다. 이로 인하여 중국인 한국어 학습자들은 피동 표현을 사용할 때 많은 어려움을 겪고 있다. 이에 본 논문은 중국인 학습자들의 설문을 통한 피동 표현의 오류분석을 실시하였다. 오류를 범하는 원인을 바탕으로 중국인 한국어 학습자를 위한 효율적인 한국어 피동 표현의 교수·학습 내용을 제시하여 피동 표현을 사용할 때 오류를 줄이도록 하는 데 그 목적을 두었다.

중국 내 대학의 한국어학과 재학생 80명을 대상으로 한국어 피동 표현에 대해서 인지 및 사용 양상을 분석하기 위해서 설문 조사를 실시하였다. 설문 조사 결과를 분석하며 어떤 유형의 오류를 많이 범하는지, 오류가 생긴 원인이 무엇인지를 파악하였다. 가장 많이 범하는 오류는 '-이/히/리/기'의 오용, 피동 접미사와 사동 접미사의 혼동, 통사적 피동 및 형태적 피동의 의미 혼동, 어휘적 피동 표현의 각 유형의 혼동, 능동문의 실현 방법과 피동문의 실현 방법을 구분

못함, 피동문의 회피로 나타났다. 그리고 각 오류에 대한 교수 학습 내용을 제시하였다.

본 논문에서 제시한 교수 학습 내용을 통해 중국인 학습자, 특히 중국 내 한국어학과 재학생들이 한국어 피동 표현을 학습하는 데 조금이나마 도움이 되기를 바란다.

■ 참고문헌

고영근·구본관,『우리말 문법론』, 집문당, 2011

김민수,『국어의미론』, 일조각, 1981.

김용,「한국어 피동사 교육 방안 연구−한·중 대조 분석을 중심으로」, 서울대학교 교육연구소, 2012.

김정해,「중국인 학습자들을 위한 한국어 피동 표현 교육 방안」, 고려대학교 대학원, 2012.

국립국어원,『외국인을 위한 한국어 문법 1』, 커뮤니케이션북스, 2005.

박덕유,『학교 문법론의 이해』, 도서출판 역락, 2012.

박덕유 외,『한국어교육의 전략과 탐색』, 도서출판 박문사, 2010.

박덕재·박성현,『외국어 습득론과 한국어 교수』, 박이정, 2011.

이효숙,「한국어 교육에서의 효율적인 피동 교수 방안−일본인 학습자를 대상으로」, 한국언어문화교육학회, 2008.

진강려,「고급 학습자를 위한 피동 표현 교수 학습 연구」, 한국(조선)어교육연구, 2010.

장경청,「한국어 피동 표현 사용 실태 및 교육 방안 연구」, 충복대학교 대학원, 2015.

최현배,『우리말본』, 정음사, 1937.

최영,「한국어와 중국어 피동문의 대조연구」, 연세대학교 대학원, 2008.

부록

Ⅰ. 한국어 피동표현 인식 및 교육 실태 조사

(1) 피동표현은 중요하다고 생각하십니까?
　　① 아주 중요하다.
　　② 중요하다.
　　③ 좀 중요하다.
　　④ 별로 중요하지 않다.

(2) 한국어 피동표현의 대해 잘 아십니까?
　　① 잘 안다.
　　② 안다.
　　③ 조금 안다.
　　④ 잘 모른다.

(3) 한국어 피동표현은 어렵다고 생각하십니까?
　　① 어렵다.
　　② 조금 어렵다.
　　③ 조금 쉽다.
　　④ 쉽다.

(4) 한국어로 대화할 때 피동표현을 사용하십니까?
　　① 자주 사용한다.
　　② 자주 사용하지 않다.
　　③ 가끔 사용한다.
　　④ 거의 사용하지 않다.

(5) 한국어로 대화할 때 피동표현 때문에 어려움을 느껴 본 적이 있으십니까?
　　① 예
　　② 아니요

(6) 한국어로 대화할 때 피동표현을 사용하고 싶지만 정확하게 사용할 수 없을 때 어떻게 하셨습니까?
   ① 정확하게 사용할 수 없어도 사용한다.
   ② 다른 표현방식을 사용한다.

(7) 한국어 피동표현이 중국어 피동표현과 많이 다르다고 생각하십니까?
   ① 많이 다르다.
   ② 조금 다르다.
   ③ 다르지 않다.

(8) 한국어 피동표현을 배울 때 중국어 피동 표현을 대조하여 더 잘 배울 수 있다고 생각하십니까?
   ① 예
   ② 아니요

II. 한국어 피동 표현에 관련 실제 활용 실태 조사

1. 다음 단어의 피동표현을 써 보세요.

① 놓다 →	② 보다 →
③ 얽매다 →	④ 묶다 →
⑤ 차다 →	⑥ 잠그다 →
⑦ 닫다 →	⑧ 먹다 →
⑨ 뒤집다 →	⑩ 맺다 →
⑪ 팔다 →	⑫ 읽다 →
⑬ 물다 →	⑭ 듣다 →
⑮ 쫓다 →	⑯ 빼앗다 →
⑰ 뜯다 →	⑱ 담다 →
⑲ 찢다 →	⑳ 끊다 →

2. 다음 빈 칸을 채워 보세요.

(1) 친구한테 부탁하는데 _____.
   ① 거절되다   ② 거절당하다   ③ 거절받다   ④ 거절하다

(2) 내가 처음으로 _____.
   ① 좌절되다   ② 좌절당하다   ③ 좌절받다   ④ 좌절하다

(3) 나는 선생님한테 _____.(칭찬하다)
   ① 칭찬되다   ② 칭찬당하다   ③ 칭찬받다   ④ 칭찬하다

(4) 이 책상은 나무로 _____.(만들다)
   ① 만들되다   ② 만들당하다   ③ 만들받다   ④ 만들어지다.

(5) 드디어 꿈이 _____(이루다)
   ① 이루되다   ② 이루하다   ③ 이루어지다   ④ 이루어다

(6) 나는 그 일에 _____.(충격하다)
   ① 충격되다   ② 충격당하다   ③ 충격받다   ④ 충격하다

(7) 나는 시험이 _____.(걱정하다)
   ① 걱정되다   ② 걱정당하다   ③ 걱정받다   ④ 걱정하다

(8) 시간이 많이 _____.(걸다)
   ① 걸리다   ②걸이다   ③ 걸기다   ④ 걷히다

(9) 그는 정부에게 재산을 _____(몰수하다)
   ① 몰수되다   ② 몰수당하다   ③ 몰수받다   ④ 몰수하다

(10) 돈이 철수에게 다 _____.(쓰다)
   ① 쓰이다   ② 쓰히다   ③ 쓰어지다   ④ 쓰기다

(11) 철수는 친구에게 _____(배신하다)
   ① 배신되다   ② 배신당하다   ③ 배신받다   ④ 배신하다

(12) 태풍이 집을 _____(휩쓸었다)
   ① 휩쓸되다   ② 휩쓸었다   ③ 휩쓸렸다   ③ 휩쓸하였다

(13) 혼자가 의사선생님에게_____(치료하다)
   ① 진료되다   ② 치료당하다   ③ 치료받다   ④ 치료하다

(14) 증인가 범인에게 _____(협박하다)

    ① 협박되다   ② 협박당하다   ③ 협박받다   ④ 협박하다

(15) 길이 _____(넓다)

    ① 넓히다   ② 넓이다   ③ 넓어지다   ④ 넓혀지다

(16) 진리가 과학자에 의해 _____(발견하다)

    ① 발견되다   ② 발견해지다   ③ 발견하다   ④ 발견하게 하다

(17) 하수도가 저절로_____(막다)

    ① 막히다   ② 막이다   ③ 막아지다   ④ 막혀지다

(18) 하수도가 사람에 의해 고의적으로_____(막다)

    ① 막히다   ② 막이다   ③ 막아지다   ④ 막혀지다

(19) 이 영화가 '써니'라고 _____(부르다)

    ① 부러다   ② 부려다   ③ 불러다   ④ 불려다

(20) 물이 _____(쏟다)

    ① 쏟여다   ② 쏟겨다   ③쏟아진다   ④ 쏟혀다

3. 다음 문장을 번역해 주세요.

    ① 我们的秘密被他听到了。

    ② 我不在的时候房间被(妈妈)整理干净了。

    ③ 学校已经盖起来了。

    ④ 他被(同学们)选为班长。

    ⑤ 天晴多了。

    ⑥ 淑真感冒了。

    ⑦ 看不清那人。

    ⑧ 听不见音乐。

    ⑨ 泡菜吃得很好。

    ⑩ 刮风之后，酷暑减退了。(酷暑: 더위　减退: 꺾다)

중국인 학습자 모어 특성에 따른
한국어교육 연구

제3장

읽기와 말하기

중국인 학습자 모어 특성에 따른
한국어교육 연구

중국인 학습자를 위한 스키마 활성화한 읽기 전 활동 방안 연구

1. 서론

현재 한국어 교육에서 의사소통을 많이 강조하고 있는데, 사람과 사람이 얼굴을 맞대어 상대방의 말을 듣고, 거기에 자신의 반응, 견해 등을 나타내는 것을 의사소통이라 생각하고 있는 경향이 아직도 많다[1]. 그러나 한국어 교육에서의 의사소통은 보다 더 큰 범위에서의 이해가 필요하다. 즉 우리는 음성언어로만 소통을 하는 것이 아니라 문자언어로도 소통을 하고, 특히 학문목적 학습자들은 문자언

---

[1] 전통적으로 외국어 읽기 교육은 구어만을 의사소통 상황 속에서 보고, 문어를 의사소통 상황 밖에서 보는 이분법적인 관점 속에서 이루어져 왔다.

어를 통해 새로운 지식을 습득함으로써 자신의 의견, 아이디어, 생각 등을 표현하기도 한다. 이러한 의미에서 읽기 교육도 학습자 목표어로 의사소통 능력을 향상시키는 데에 중요한 역할을 하고 있다. 하지만 실제 교육 현장에서 한국어 읽기 교육을 아직도 간과하고 있다. 김충실(2011)[2]에 따르면, 중국의 한국어교육에서 읽기 교육에 대한 연구가 부진한 상태인데, 그 이유를 보면 하나는 읽기 교육의 필요성이 절박하지 않다는 것이다. 한국어교육 중 발음, 말하기, 어휘와 문법에만 중시하고 읽기 교육을 간과하고 있다. 다음은 학교의 커리큘럼 설정과 연관되는데, 읽기 교과목을 따로 설정하지 않고 범독이나 문학작품 선독 등으로 읽기 수업을 대신하고 있다[3]. 최근에 들어와서 읽기 교육은 전보다 중시되고 있다. 그 연구 영역을 보면 주로 읽기 전, 중, 후를 함께 다루는 논문이 비교적 많고, 읽기 전략에 관한 연구가 또한 많은데 본고는 읽기 수업에서 중요한 역할을 하고 있는 읽기 전 활동을 어떻게 할 것인가에 대해 그 방법을 탐색해보고자 한다. 즉 읽기 전 단계에서 어떤 활동을 하고, 왜 이런 활동을 설계하는지, 그리고 보다 유용한 학습결과를 보일 수 있을지에 대해 고찰하고자 한다.

---

2 김충실(2011)에서는 중국에서 읽기 교육방안에 대한 연구를 〈중국에서의 한국어교육〉1~5와 〈한국(조선)어 교육연구〉의 8회를 대상으로 연구주제를 살펴봤는데, 한국어 회화, 문법, 발음, 쓰기, 문화 등 여러 주제가 있었지만 읽기에 대한 주제논문이 한편도 없었다고 한다.
3 이에 대해 국내에서는 여러 양상을 보이고 있는데, 읽기 수업을 따로 설정되어 있지 않고 범독으로 신문강독, 문학작품 선독 등 수업으로 대신하는 경우도 있고, 읽기 수업을 설정되어 있는 경우도 있다. 각 학교마다 조금씩 다르긴 하지만 읽기 수업을 따로 설정하든 안 하든 읽기 교육은 하고 있다고 할 수 있다.

중국의 읽기 교육에서 가장 오래된 교수법, 지금도 많이 쓰이는 교수법 중의 하나가 문법 번역식 교수법이다. 이러한 교수법은 상향식 읽기로서 학습자를 수동적으로 만드는 측면이 있다. 그러나 읽기에 대한 관점에서 보면 읽기는 더는 수동적인 과정이 아닌 능동적인 과정이다. 1826년 이전까지는 읽기의 본질을 기억의 촉진자, 관리자로 인식하였고, 1910년까지 읽기를 수용과정으로 인식하였다. 그러다가 1910년 이후에 읽기를 구성과정으로 보고, 1950년대에 이르러 읽기를 글에서 의미를 추구하는 과정으로 보았으며, 2000년대에 들어와서부터 읽기를 의미 재구성의 과정으로 인식하고 있다. 이처럼 읽기의 본질에 대한 인식은 '지식 획득 과정'에서 '사고 획득 과정', '의미 추구 과정', '의미 재구성의 과정'의 변화를 가져왔다[4]. 즉 읽기 과정은 독자가 텍스트에서 제공하고 있는 정보를 수동적으로 받아들이기만 하는 것이 아니라 기존지식을 바탕으로 새로운 정보를 재구성하는 능동적인 참여의 과정이어야 한다는 것이다.

여기서의 '의미 재구성'이라는 것은 새로운 지식이나 경험을 기존의 지식이나 경험과 동화하거나, 기존의 경험이나 지식을 새로운 경험이나 지식에 맞춰 조절하는 과정을 거쳐 수정하고 변화시켜 새로운 지식구조를 형성하는 과정이다. 읽기가 이런 의미 재구성의 과정이기 때문에, 기존의 지식과 새로운 지식의 상호작용을 통해 의미의 재구성이 실현된다는 것이다. 본고는 이를 바탕으로, 학습자들의 기존 지식이나 경험을 활성화시키고 이에 새로운 지식이나 경험을 입

4 정길철, 〈읽기 교육의 이론과 실제〉 도서출판 역락, 2000년, pp:69, (재인용)

력시키고자 하는데, 학습자가 가지고 있는 기존 지식 중 어떤 지식
이나 경험을 활성화시킬 것인가, 어떻게 활성화시킬 것인가를 해결
하는 차원에서 읽기 전 활동을 중심으로 그 방안을 마련함으로써 보
다 효율적인 학습효과를 추구하고자 한다. 그리고 학습자 사전, 사
후 설문조사를 통해 스키마를 활성화하기 위한 읽기 전 활동이 읽기
수업에 어떤 영향을 미쳤는지 확인할 것이다.[5]

 2. 이론적 배경

읽기 수업은 독자가 수동적으로 정보를 받아들이는 것으로부터
기존지식을 바탕으로 새로운 정보를 새롭게 재구성하는 능동적인
참여인 것만큼 수업에서 중심은 텍스트, 교사로부터 학습자로 옮겨
왔다. 학습자들이 적극적으로 읽기 활동에 참여하게 하려면 흥취를
불러일으키고, 명확한 학습동기를 부여해 학습자로 하여금 읽기를
통하여 언어적, 사회적 배경지식을 알게 함으로써 이를 통해 사회
적인 활동을 가능하게 해야 한다. 제1언어나 제2언어의 읽기 교육
에 관한 기존의 연구는 이미 학생들의 배경지식 즉 스키마를 활성
화시켜 학생들의 학습동기를 불러일으킬 수 있다는 연구가 비일비
재하다.

---

5 무미건조한 읽기 수업을 보다 재미있고 학생들의 지적 수준에 맞고 학습 동기를
불러일으킬 수 있는 활동방안을 모색하는 것이 본 연구의 목적이라 하겠다.

2.1. 읽기 전 활동의 중요성에 관한 연구

Graces·Prenn(1984)[6]은 읽기 전 활동은 읽기를 보다 쉽게 할 수 있
도록 구체적인 배경지식을 활성화시키고, 학생들의 기대 심리를 유
발하여 학생들 스스로 사용할 수 있는 전략들을 보여 줄 수 있는 필
수적인 단계라고 하였다. 염복음(2016)에서는 한국어 교육에서의 읽
기 전 활동이 그 중요성에 비해 주목받지 못하고 있다면서 읽기 전
활동의 중요성을 강조하였다. 그는 4가지 다른 읽기 전 활동 유형[7]을
설계하고, 이 활동이 읽기 이해에 어떤 영향을 미치는지 초급, 중급
한국어 학습자를 대상으로 연구를 하였다.

그러므로 읽기 전 활동에서 학습자들의 긍정적인 동기를 부여하
는 것은 보다 나은 읽기 효과를 위한 필수적인 활동 단계이다. 교사
들은 학습자들의 동기를 불러일으키기 위해 스키마를 활성화시켜
텍스트를 이해하는 데 필요한 정보를 제공하며, 학생들이 텍스트에
관련된 정보를 예상할 수 있도록 주제에 대한 흥미를 자극하고자 노
력하고 있다.

---

6 백승경(2009:6)에서 재인용.
7 활동1은 언어매체와 말하기 기능 활용해서 개인 경험 및 의견 교환하는 활동을 하
고, 활동2는 청각 매체와 듣기 기능 활용해서 음성 자료를 듣고 내용 확인하는 활
동을 하고, 활동3은 인쇄 매체와 읽기·쓰기 기능을 활용해서 사진이 있는 읽기 자
료를 보고 개요 짜기와 작문하기 활동을 하고, 활동4는 시청각 매체와 말하기·듣
기 기능을 활용해서 초급과 중급을 나누어 초급에서는 설문에 답하기와 동영상 시
청하기 활동을 하고 중급은 주제에 대해 이야기 하고 동영상 시청하기 활동을 하
였다.

2.2. 스키마에 관한 이론 및 연구

한국어 능력이 갖추어지면 읽기가 거의 자동적으로 습득된다고 보았던 전통적인 견해와는 달리 읽기 모형이 복잡해지고, 읽기 기술 배양을 위한 전략 연구가 활발히 진행되어 오면서 학습자가 읽기 수업에서 능동적으로 참여할 수 있도록 학습자들의 스키마 활성화의 중요성이 강조되고 있다. 카렐(1989)은 제2언어 읽기에 대한 스키마 이론 개념의 유용성을 조사한 바가 있다. 그는 내용 정보의 활성화가 학생들의 이해와 글의 정보 회상에서 주된 역할을 한다는 사실을 보여주었다. 특히 스키마 활성화의 부족이 제2언어 독자의 이해 처리상 어려움의 주요원인이라고 주장하였다.(정길정 외, 1996). Gillet·Temple(1990:262)[8]은 스키마를 활성화시키는 활동은 학습자가 새로운 정보를 받아들이는 토대를 만드는 데 도움을 주며, 사전 지식을 기억하고 조직하는 데에 도움을 준다고 하였다. 김현진(2005)[9]에 따르면 제2외국어 독자들이 읽기를 실패하는 이유는 적절한 스키마에 접근하지 못하였거나 적절한 스키마를 가지고 있지 않기 때문이라고 하였다. 즉 텍스트를 이해하는 과정에서 학습자 즉 독자의 기존 지식을 활성화시키거나 형성해야 텍스트의 의미를 재구성할 수 있다는 것이다.

스키마의 개념은 칸트(1787)로부터 시작되었는데, 그의 '순수이성비판'에서 오늘날 스키마 이론가들이 인식하는 의미로서 이 용어

---

8 염복음(2016:86) 재인용.
9 염복음(2016:85) 재인용.

를 사용하였다. 칸트는 순수한 선험적 상상과 현실 세계에서의 경험을 분리하여 순수한 선험적 상상을 스키마라고 불렀다. 그 후 바틀렌트(1932)가 스키마의 개념을 현대적 의미로 사용한 최초의 연구자로 인정되었는데, 스키마는 추상적인 지식 구조나 기억 속에 저장된 일반적인 개념을 표시하는 자료구조라고 정의하였다[10].

스키마는 '독자의 인지 구조로서 추상적인 지식 구조를 뜻하기 때문에 사전지식 또는 배경지식', '과거 반응이나 과거 경험의 활성적 조직', '경험과 지식의 체계로 새로운 경험과 지식을 받아들이며 지속적으로 변하는 인지구조', '독자의 현재 개념, 독자의 기억 속에 이미 저장되어 있는 지식구조', '인간이 자신의 경험을 토대로 형성한 여러 가지 지식을 구조화하여 가지고 있는 것' 등으로 정의되고 있는데, 이를 총괄해보면 스키마는 다음과 같은 특징이 있음을 알 수 있다. 우선 스키마는 독자의 머릿속에 이미 저장되어 있는 지식구조이다. 그리고 스키마는 고정 불변하는 것이 아니라 기존지식과 새 지식이 상호작용하면서 지속적으로 변하고 있다. 셋째, 스키마는 기존 독자의 지식구조이므로 새 지식을 받아들이는 경우, 새 지식과 기존 지식의 관계에 따라 긍정적 영향을 줄 수도 있고 부정적인 영향을 줄 수도 있다. 넷째, 스키마는 개인의 차이에 따라 다르다.

10 바틀레트는 인간의 기억 현상과 이에 미치는 과거 경험의 영향을 연구하기 위하여 영국인들에게 생소한 북미 인디언 설화 '유령들의 전쟁'을 읽게 하고 이를 회상하게 하였다. 바틀레트는 〈기억〉에 관한 연구에서, 줄거리를 기억할 때 생기는 여러 가지 왜곡, 삭제, 그리고 시간이 지남에 따라 생기는 기억의 변화는 사람이 무엇을 기억할 때 이야기 스키마를 사용한다는 증거라고 했다. 기억을 할 때 실제의 내용보다 이상적인 줄거리로 만들기도 하는데 이러한 현상은 스키마이론으로 설명된다고 하였다.

　스키마의 유형을 보면 내용 스키마와 형식 스키마가 있다. 내용 스키마는 사회 문화 문맥적 지식과 배경지식이다. 일반적인 세계 지식의 영역으로, 대상과 사건들의 지식과 학습자들이 읽음으로써 얻어지는 사회 문화적인 지식과 이해를 포함한 것이다. 예를 들면 어떤 특정 분야에 관한 독자의 지식, 종교나 관습에 관한 지식 및 일상사의 여러 사건이나 사물에 대한 구조화된 세상 지식 등이다. 형식 스키마는 글의 형식, 정보, 즉 글의 유형과 구조적 패턴에 대한 지식이다. 문화 속에서 읽기 텍스트의 내용이 어떻게 설명되는가, 작가들이 어떤 전형적인 글의 형식을 통해 이해에 도움을 주는가, 텍스트의 형식이 어떻게 의미의 단서를 제공하는가 등과 같은 담화 구조와 관습의 지식에 대한 것이다. 본고는 읽기 전 단계에서 내용 스키마를 활성화시켜 읽기 전 활동 방안을 짜고 학습자들의 학습동기를 불러일으킴으로써 능동적으로 텍스트를 이해하고 새로운 정보로 지식구조를 재구성하는데 중점을 둔다. 그러므로 본고의 연구문제는 "어떻게 학습자들의 스키마를 활성화시킬 것인가?", 즉 읽기 전 활동방안을 모색하는 것이다.

　지금까지 읽기 교육에서 학습자들에게 동기부여의 중요성, 그리고 동기부여를 읽기 전, 중, 후 단계에서 읽기 전 단계에서 해야 하고, 읽기 전 단계에서 동기부여의 유용성과 스키마를 통한 읽기 전 단계에서 활동을 해야 하는 이유를 다루었다. 그리고 위의 논의를 기초로 본고는 읽기 텍스트를 선정하여 중국 대학교 한국어학과 2학년 학생(3급 해당)을 대상으로 읽기 전 활동 방안을 제시할 것이다.

3. 읽기 전 활동 방안 예시

본고는 현재 설문조사의 대상(중국 T대학의 한국어학과 2학년 학습자)이 실제 사용하고 있는 교재에서 읽기 텍스트를 선정하였다. 학습자 대상과 목적에 따른 읽기 교재가 마련되어 있다면 이상적이지만, 아직 그렇지 못한 상황에서 기존의 교재를 사용해야 하기 때문에 따로 읽기 내용을 선정하지 않고, 현재 사용 중인 읽기 텍스트를 선정하였다. 이 글의 내용은 다음과 같다.

유명인들의 별난 책 읽기

한국에서는 예로부터 '책을 천하게 여기는 것은 아비를 천하게 여기는 것과 같다.'고 해서 책을 함부로 넘어 다니지 않았다. 조선 시대 세종대왕은 궁궐 안에 '독서당'이라는 기관을 만들어 독서를 장려하였다. '독서당'은 국가의 중요한 인재를 길러 내기 위해 세운 전문 독서 연구 기구로서, 많은 선비들이 이곳에서 책을 읽었다.

서양의 유명한 독서가로는 나폴레옹을 꼽을 수 있다. 나폴레옹은 여행 중이나 전쟁 중에도 책을 한 마차씩 싣고 다녔는데, 한번 읽은 책은 마차 밖으로 던져 버리는 이상한 버릇이 있었다. 아마도 그 책에서 더 배울 만한 것이 없을 정도로 자세히 읽어서인지, 아니면 그 책이 훌륭하지 않아서 그랬는지 알 수 없다고 한다. 그래서 나폴레옹의 부하들도 나폴레옹이 버린 책을 주워서 열심히 읽게 되었는데 그 결과 부하들도 나폴레옹의 생각을[미리] 짐작하고 전쟁마다 이길 수 있었다고 한다.

이탈리아의 독재자 무솔리니도 나폴레옹에 버금가는 유명한 독서가

이다. 무솔리니는 책 읽기를 좋아하는 모든 사람들이 대개 그렇듯이 글 재주 또한 뛰어났다고 한다. 그리하여 히틀러가 나치즘을 600쪽으로 요약하였는데 비해, 무솔리니는 파시즘을 단 10쪽으로 요약해 놓았다고 한다. 무솔리니는 독재자들 가운데에서 가장 교양이 있고 세련된 지식인이라는 평을 받고 있다.

이와 같이 책을 읽지 않고서는 지도자가 될 수 없을지도 모른다. 책을 읽어야 나라가 부강해지고 또 개인도 잘 살아갈 수 있다고 한다. 한국의 국민 평균 독서량은 선진국에 비해 아직도 많이 뒤떨어져 있다고 한다. 책 읽는 양이 많을 때에 비로소 세계인들과 어깨를 나란히 할 수 있는 당당한 지식인이 될 수 있을 것이다.

이 텍스트는 학습자들이 사용하고 있는 교재 중의 내용이다. 학습자들의 스키마를 활성화시키기 위해 브레인스토밍을 통해 어휘망을 그리는데, 단지 동위나 하위 등 어휘관계가 있는 어휘만 재생시키는 것이 아니라, 텍스트의 흐름과 결합한 적절한 질문을 통해 진행한다. 즉 브레인스토밍을 통해 필요한 어휘, 표현 등을 제시하고 텍스트와 관련된 질문을 설계함으로써 텍스트의 흐름, 내용 등을 예측하도록 하고 텍스트의 틀을 세우고 읽기 과정을 계속적으로 점검하는 역할을 하도록 하려는 데 목적이 있다. 학습자들이 가지고 있는 배경지식이 다르다는 것을 염두에 두고 비슷한 스키마를 형성하게 하는 것이 읽기 전 단계의 주요 목적이므로 단순히 스키마를 활용하는 것이 아니라 스키마를 활성화시키고 관련된 스키마를 형성하는 과정이 바로 읽기 전 단계에서 실현되도록 하는 것이다. 본고는 이러한 읽기 전 설정된 텍스트에 관한 목적을 실현하기 위해 질문을 네 개로 설계할 것이다.[11]

〈스키마를 활성화시키기 위한 질문〉

질문 1) 중국어에 '책의 중요성'에 관한 속담이나 성구, 관용어 등이 있나요?

질문 2) 여러분이 알고 있는 친구들 중에서 독서(책 읽기)를 좋아하는 학생이 있다면 그 친구는 책을 어떻게 읽나요(독서 습관)? 또한 책 읽기를 통해 영향을 받았다면 어떤 장점이 있는지요?

질문 3) 여러분이 알고 있는 중국의 책 읽기로 유명한 사람은 누구인가요? 그는 책을 어떻게 읽었고 어떤 사람인가요?

질문 4) 나폴레옹과 무솔리니에 대해 알고 있나요? 어떤 사람이라고 생각하나요?

질문만으로 읽기 전 활동을 진행하는 것이 아니라 보다 직관적이고 이해하기 쉽도록 칠판에 브레인스토밍 결과와 도해를 그리면서 진행한다. 구체적인 절차는 다음과 같다.

우선, 읽기 전 단계에서 학습목표를 제시하여 학습자들로 하여금 명확한 학습목표를 가지고 학습을 시작하도록 한다. 다음으로 교사가 수업 전에 이미 본 텍스트에서의 가장 중요한 핵심 어휘를 찾는다. 핵심어휘로 브레인스토밍을 하는데, 브레인스토밍을 위한 어휘는 반드시 어려운 어휘거나 새롭게 출현된 어휘여야 하는 것은 아니다. 핵심 어휘를 찾는 것이 읽기 전 활동의 성공여부의 관건이라

---

11 moirand(1979:9-10)에 따르면 "읽기와 쓰기, 즉 문어에도 의사소통 상황이 존재하며, 우리가 텍스트를 읽는다는 것은 '누가, 어디서, 언제' 썼는지 "무엇에 관하여" 어떤 의도로 '누구에게' 썼는지에 대한 질문의 답을 찾는 것으로부터 출발한다"고 하였다. 본고는 텍스트 특징과 읽기 전 단계에서 다루어야 할 문제를 중심으로 설계한 질문인데, 위 질문 중에서 '무엇에 관하여'를 중심으로 하였다. 기타 질문은 텍스트를 이해하는 과정에서 지속적으로 해결하고 답을 찾고자 한다.

할 수 있다. 유의해야 할 것은 학습자들의 스키마는 지금까지 생활해온 환경, 즉 사회적, 문화적 배경에 따라 차이가 있다는 것이다. 앞에서 제시하였듯이 학습자의 여러 가지 측면에서 고려할 때, 모든 학습자들이 비슷하게 형성된 스키마를 가지고 있으리라고 기대할 수는 없다. 그러므로 스키마 활성화할 때 전적으로 학습자들이 스스로 스키마를 활성화하도록 방치하는 것이 아니라 교사의 유도가 필요하다. 텍스트 이해를 위한 스키마를 활성화시키는 과정에 어떤 학생들은 기존 지식을 되살리는 과정이겠고 어떤 학생들에게는 이 유도 과정이 이미 새 지식의 전수가 시작되었다는 것을 부인할 수 없다. 텍스트 이해를 위한 스키마 활성화에서 교사의 유도를 홀시하여서는 안 된다. 그러므로 이 단계는 스키마 활성화를 비롯한 새 지식 입력도 시작된다.

이 텍스트의 핵심어휘는 다음과 같다. 아래 어휘의 순서는 브레인스토밍을 하면서 유도하려는 어휘들이고 중요도는 1) 2) 3의 순서이다.

〈핵심어휘〉

1) 책
2) 유명인
3) 이상하다, 자세하다, 인재, 지식인, 세련되다, 지도자, 유명하다, 교양 있다, 선진국, 당당하다, 열심히, 글재주……

핵심어휘의 선택은 텍스트의 중심 내용 및 글의 구성과 밀접한 관련이 있는 어휘들이어야 한다. 교사가 수업 전에 미리 핵심어휘를 추출해내야 하는데, 이를 읽기 전 단계에서 직접 학습자들에게 보여주는 것은 아니지만 교사가 읽기 전 활동을 전개하는 근거이며 질문의 중심이 된다. 그 다음으로는, 읽기 전 단계로서 도입을 시작하는데, 본 텍스트의 제목에서부터 시작한다. 일반적으로 교사는 한국어로 된 텍스트 제목을 중국어로 무슨 뜻이냐고 묻는 경우가 많다. 제목을 간단하게 번역하고 넘어간다는 것은 제목의 중요성을 간과한 것이다. 우리는 제목을 통해 수많은 정보를 얻을 수 있다는 것을 유념해야 한다. 교사는 칠판에 "책"을 적고 제목을 이용해 질문1)을 한다.

〈도해 1〉

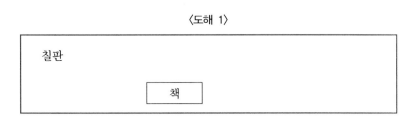

이 질문은 '책 읽기'의 중요성을 강조하기 위해서 필요한데 이는 본고의 중심 사상과도 밀접한 관련이 있기 때문이다. 쉬운 질문으로부터 시작해서 학습자들이 모국어나 스스로 번역한 한국어로 질문에 답하도록 이끌어줌으로써 학습자들의 주의를 끌어야 한다. 그리고, 책읽기의 중요성을 중국어 속담 등으로 알아본 후 질문 2)를 한다. "여러분이 알고 있는 친구들 중에서 독서(책 읽기)를 좋아하는

학생이 있어요? 그 친구는 책을 어떻게 읽어요(독서습관)? 그 친구
는 어떤 친구인가요(어떤 면에서 뛰어나는지)?". 학생들과 밀접한
관계가 있는 질문을 함으로써 학생들의 흥미와 동기를 유발시킬 수
있다. 본 질문은 '인물', '책 읽는 습관', '책 읽기를 통해 얻은 것' 등
의 내용이 포함되어 있는데, 이렇게 질문을 설계하는 것은 이미 배
운 어휘들도 되살릴 수도 있고, 이 질문에 관한 새로운 어휘들도 나
올 수 있으며, 또한 텍스트가 어떻게 전개 되었는지도 미리 예측 가
능하게 할 수 있다. 학생들이 대답을 할 때마다 교사는 이와 관련된
어휘를 하나씩 칠판에 적는다.

〈도해 2〉

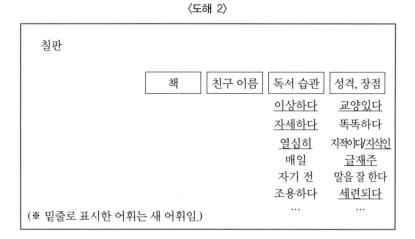

학습자들의 답변에서 위의 내용이 모두 나올 수 없기 때문에 교사
의 유도가 개입되어야 한다. 위에서 제시 되어 있는 어휘 중 어떤 어
휘는 모국어인 중국어로 답이 나오는 경우가 있는데, 이때 교사는

이 기회를 잡아 그 어휘의 한국어를 칠판에 적어 학습자들이 주의 깊게 보도록 제시해준다. 그리고 텍스트에서 다시 언급될 때 다시 그 의미나 용법을 설명한다. 읽기 전 단계에서 제시된 새 어휘는 깊게 설명하지 않는다. 학생들에게 부담감을 주면 적극성이 떨어질 수도 있기 때문이다.

칠판에 '유명인'을 적고, 의미를 확인한 후 질문3)을 하는데, 이 부분에서는 친구가 아닌, 중국에서 책 읽기로 유명한 사람에 대해 이야기하게 한다. 이는 텍스트 내용과 더 가깝게 하기 위해서이다. 여기에서도 비슷한 어휘들이 다시 나오게 되고 새로운 어휘도 나올 수 있는데, 2)번 질문에서 나온 어휘를 다시 언급하는 과정은 기존 어휘나 새 어휘를 다시 복습하게 될 과정이 되기도 한다. 또한, 3)번 질문이 2)번 질문과 같아서 이때 학습자들은 칠판에 적힌 순서에 따라 비교적 완전한 문장을 스스로 만들 수 있을 것이다.

〈도해 3〉

칠판					
인물 평가	유명인	책	친구 이름	독서 습관	성격, 장점
				이상하다	교양있다
				자세하다	똑똑하다
				열심히	지적이다/지식인
				매일	글재주
				자기 전	말을 잘 한다
				조용하다	세련되다
				…	…

학습자들이 답한 후 교사는 책을 읽는 유명인들의 습관이나 버릇, 혹은 기이한 방법, 일화 등을 이야기해 줌으로써 학습자들의 흥취를 불러일으키고 주의력을 끈다. 그리고 다음 질문으로 넘어간다. 마지막으로 '나폴레옹과 무솔리니에 대해 알고 있어요? 어떤 사람이에요?'라는 질문을 하면서 이 두 사람이 읽기 텍스트에 등장하고 있는 주요 인물임을 알게 하고, 두 인물에 관한 스키마를 활성화시키고 읽기 텍스트를 질문과 흥취를 갖고 읽도록 유도한다. 이 두 인물에 대해 알아보고 읽기 중 단계로 들어간다. 그리고 칠판에 '책'의 위와 아래쪽에 각각 '무솔리니'와 '나폴레옹'을 적는다. 읽기 중 단계에서도 칠판 내용을 적어 나감으로써 두 인물에 관한 텍스트의 내용을 브레인스토밍과 함께 계속 완성한다.

〈도해 4〉

읽기 전 활동을 진행하고, 칠판에 제공된 정보를 충분히 활용하여 읽기 활동을 한다. 질문의 순서를 보면 우선 '친구', 다음은 '중국의 유명인', 그리고 텍스트에 등장한 '무솔리니, 나폴레옹'의 순서로 하고 있는데, 이는 학습자들의 흥취를 불러일으키기 위해 난이도를 쉽고 친근한 화제로부터 점점 어렵고 익숙하지 않은 생소한 화제로 진행하는 것이다. 학습자들이 어려움을 덜 느껴 "i+1"의 입력을 하기 위해서이다. 또한 이런 순서는 교사와 학습자의 상호작용을 활발히 할 수 있게 하고, 텍스트를 읽기 전에 '무솔리니'와 '나폴레옹'은 어떻게 독서를 했는지 하는 의문이 생기게 함으로써 학습동기를 갖고 읽기를 진행할 수 있도록 하기 위함이다. 즉 학교에서의 읽기 교육은 특수한 환경과 교육목표에 얽매인 '비자발적인 읽기'를 하는 것이 아니라 '자발적인 읽기'를 하도록 유도하려는 데 있다. 물론, 읽기 전 활동에서만 스키마 활성화가 가능하다는 것은 아니다. 읽기 중, 읽기 후 단계에서도 수요에 따라 스키마를 활성화시켜야 한다. 브레인스토밍은 핵심 어휘에서 시작해야 하고, 어떤 어휘들을 유도하려는지는 교사의 질문하기에 달려 있다. 학생들이 "책"이라는 어휘를 봤을 때 떠오르는 모든 어휘를 다 표현하는 것이 아니라 읽기 내용과 관련된 어휘가 나오도록 교사가 유도해야 하며, 이 과정에서는 모국어 사용을 허락하거나 쉬운 어휘로 해석을 하도록 진행하여야 한다.

읽기 전 단계에서의 스키마 활성화를 위한 질문을 할 때 아래와 같은 점에 유의해야 할 것이다. 첫째, 핵심어휘를 선택할 때, 텍스트의 내용을 잘 분석하고 학습자의 스키마를 잘 활성화시킬 수 있는 어휘를 선택해야 한다. 둘째, 학습자들이 이 과정에서 반드시 목표어를 사용할 것을 강요하지 말고 모국어 사용도 허락해야 한다. 이때 새 텍스트와 관련된 새 어휘가 나올 수 있기 때문에 브레인스토밍하면서 새 어휘도 같이 가르칠 수 있는 장점이 있기 때문이다. 셋째, 학습자의 학습동기, 흥취, 그리고 집중도를 위해 질문은 유의미한 질문이어야 하며 텍스트와 관련이 없는 질문은 삼가야 한다. 넷째, 교사가 이 단계에서는 유도자임을 명심해야 한다. 이는 학습자의 능동성과 학습자가 수업의 중심이라는 것을 부인하는 것은 결코 아니다. 도입 단계에서 교사가 스키마를 활성화하는 과제를 학습자한테 맡기는 것은 수업 진행에 부작용이 있을 수 있다고 보기 때문이다. 다섯째, 본 활동 방안에서 제시한 것처럼 도해를 그리거나, 그림을 보여주거나, 동영상 혹은 사진 등의 방식으로 직관적 사물을 노출함으로써 학습자들로 하여금 더 쉽게 이해하고 기억하도록 하는 것이 효율적이다. 여섯째, 학습자들이 가지고 있는 배경지식에 차이가 있음을 인식하고 비슷한 수준, 비슷한 범위의 스키마를 활성화시키도록 내용과 난이도가 적절하여야 한다. 일곱째, 새 지식 입력이 불가피함을 인식하여야 하며 배우지 않았다고 회피하지 말고 도입단계에서도 적당한 새 지식의 입력을 허용해야 한다. 여덟째, 읽기 전 단계의 최종 목표는 학습자들의 학습동기를 불러일으키고 학습자들로 하여금 능동적으로 수업에 참여하도록 유도하는 중요한 단계이므로 교육 방안을 설계할 때도 이 점을 항상 유념하고 있어야 한다.

4. 수업방안 효용성 분석

보다 실제적인 수업안을 위해 학습자들을 대상으로 설문조사를 진행하였다. 설문조사는 모두 두 차례 진행하였다. 본 연구는 학생들의 수업 만족도와 동기부여 상황을 조사하기 위해 한국어학과 2학년 학습자 22명을 대상으로 사전 설문조사, 적용 후 사후 설문조사를 진행하였다. 사전 설문조사는 기존의 읽기 수업의 상황, 읽기 수업에서의 학습자들의 상황에 대해 조사하였고, 사후 설문조사는 스키마를 활성화시킨 새로운 읽기 전 활동 방식을 적용한 후 읽기 수업 효과에 대한 설문을 진행하였다. 두 차례 설문조사를 통해 제시한 방안이 학습자들에게 유용한지를 확인하면서 보다 효율적으로 읽기 수업을 운영할 수 있는 방법을 모색하는 데 유의하며 진행하였다.

4.1. 기존 읽기 수업에 대한 조사

기존 읽기 수업에서 학습자의 수업평가에 대한 설문 문항은 다음과 같다.

(1) 학습자들이 읽기 수업을 좋아하는가?
(2) 읽기 수업이 한국어 학습에 중요한가?
(3) 읽기 수업에서 도입이 중요한가?

(4) 기존의 읽기 수업에 도입이 있는가?

(5) 도입이 있다면 주로 어떤 내용으로 도입을 설계했는가?

(6) 설계된 도입내용이 텍스트 이해에 적극적인 영향을 주는가?

(7) 기존의 읽기 수업의 도입 활동에서 교사와 학습자의 상호작용이 활발한가?

(8) 도입이 학습자들의 흥취를 불러일으켰는가?

(9) 읽기 텍스트가 잘 이해되는가?

위의 설문 문항에 대해 응답한 학습자들의 설문 조사 결과를 자세히 살펴보도록 하겠다. 우선, 읽기 수업을 좋아한다고 대답한 학생은 37.5%였고, 읽기 수업이 한국어 학습에 중요하냐는 설문에는 34.38%가 그렇다고 답변했다. 수치상에서 볼 때 두 문항 모두 학생들은 읽기 수업에 큰 관심이 없다는 것을 발견할 수 있다. 읽기가 한국어 학습자에게 있어서 아주 중요한 수업임에도 불구하고 그 수치는 비교적 낮다고 볼 수 있다. 그러므로 읽기 수업에서 학습자들에게 학습동기를 부여하고 읽기의 중요성을 강조해야 할 것이다.

다음으로 읽기 수업에서 도입이 중요하냐는 문항에 대해 중요하다는 학습자는 43.75%였다. 도입은 읽기 수업을 원활하게 진행할 수 있는 중요한 단계인데, 학습자들은 기존의 읽기 수업에서 이를 잘 인식하지 못하고 있다. 이는 기존의 읽기 수업의 도입이 그만한 효과를 발휘하지 못했음을 시사하는 것으로 볼 수 있다. 도입이 풍부하고 적절해야 학습자들이 텍스트에 관심을 갖고 더 잘 이해할 수 있으며 그 의미를 재구성할 수 있는데, 도입이 적절하지 못하고 학습자들의 배경지식, 사전지식을 제대로 활성화시키지 못하면, 도입의 의미를 간과하게 되는 것이다. 그리고 읽기 전 단계에서 항상 도입이 있었느냐, 있었다면 주로 어떤 내용인가에 대한 문항에 93.75%의 학생이 도입이 있다고 대답하였으며, 그중 53.13%는 도입이 풍부하다고 하였으며, 40.43%는 도입을 간단하게 하고 있다고 답하였다. 이는 도입에 대한 학습자들의 기대치가 다름을 시사하고 있다. 어떤 도입이 좋고 풍부하고 유용한 도입인지, 학습자의 기대치가 다름에 따라 결론도 다르겠지만 불만족스러워하는 학생들은 기존 읽기 수업에서 진행한 도입이 텍스트 이해에 큰 도움이 없었거나 자신의 학습동기를 불러일으키지 못했기 때문인 것이다. 도입 단계에서 주로 어떤 내용을 도입으로 했느냐에 대해 43.75%가 어휘라고 하였고, 31.25%가 문화에 관한 내용이라고 하였으며, 25%가 텍스트 중심에 관한 내용이라고 하였다. 그리고 기존 읽기 수업에서 도입이 텍스트 이해에 도움이 있었느냐는 설문에 대해 53.13%는 도움이 크다고 답변하였다. 이는 위 도입 내용이 풍부하다고 대답한 수치와 같은데, 풍부하다고 생각하는 학생들은 텍스트를 잘 이해하지만, 도입이 간단하거나 도입이 없다고 생각하는 학습자들은 텍스트 내용을 이해 못했거나 이해하기가 어려웠음을 알 수 있다.

기존 읽기 수업의 도입 활동에서 교사와 학습자의 상호작용이 활발한가에 대해 68.76%의 학습자는 아주 많거나 비교적 많다고 하였다. 그리고 기존의 읽기 수업의 도입 활동을 통해 학습자들의 학습동기를 불러일으켰느냐에 대해 그렇다고 답한 학생은 56.25%였다. 상호작용은 비교적 높은 비율을 차지했지만 학습 동기의 부여에 대

해서는 긍정적이라고 생각하는 학생은 절반을 조금 넘었다. 읽기 전
단계에서 학습자들의 배경지식 즉 스키마를 활성화시켜 동기를 부
여해야 학습이 성공적이라고 할 수 있는데, 절반이 조금 넘는 학생
들만 그렇다고 해 이에 대해서도 점검해야 할 사항이라고 본다.

총체적으로 볼 때, 기존의 읽기 수업은 학습자들로부터 중시를 받
지 못했고, 도입 활동이 학습자들에게 충분히 동기를 부여하지 못했
으며 학습자들의 집중도 역시 높지 않았으며 상호작용이 그리 활발
하지 않았다. 결국 도입 단계에서 주입식 위주의 학생들이 수동적인
상태에 처해 있어 읽기 전 단계의 활동이 학습자들의 텍스트 이해에
효과를 충분하게 발휘하지 못했다는 것이다. 이에 본고에서는 읽기
전 단계에서 어떻게 스키마를 활성화시켜 수업을 진행할 것인가에
관한 방안을 모색하고, 실제 2학년 학습자들에게 스타마를 활성화
시키는 읽기 수업 방법을 적용한 후에 사후 설문조사를 진행하였다.

4.2. 사후 설문조사

사전 설문조사를 통해 학습자들은 기존 읽기 수업에서 충분한 동
기 부여를 얻지 못했고, 읽기 전 단계의 활동과 역할에 대해서도 아
주 만족스러운 것이 아니었다. 이에 학습자들의 학습동기를 불러일
으키고, 텍스트를 보다 잘 이해시키기 위해 본 연구에서는 스키마
활성화를 브레인스토밍을 통해 어휘뿐만 아니라 텍스트의 흐름과
도 결합시켜 학습자들의 학습 동기를 불러일으키고, 기존 지식, 배
경지식을 활성화시켜 나아갈 것이다. 아울러 텍스트 전개 방식도 미

리 인식하게 하고, 텍스트를 예측하여 보다 쉽게 텍스트를 이해하고 자 한다. 따라서 3장에서의 교육 방안을 실험대상에 적용하여 실제 수업을 진행한 후에 설문조사를 재진행할 것이다.

　제2차 설문조사 문항은 다음과 같다. 주로 제1차와 비교하는 식으 로 설계하고, 새로운 도입방식에 관한 평가 문항을 추가하였다. 우 선 읽기 전 단계에서 설계한 활동이 기존의 읽기 수업의 활동과 비 교할 때, 학생과 교사의 상호작용이 더 많아졌는가에 대해 87.5%의 학생이 훨씬 많아졌다고 하였는데, 이는 대다수 학습자들이 수업에 적극적으로 참여했음을 시사하고, 또한 도입 단계에서 설계한 활동 이 다수 학습자들이 완성 가능한 활동임을 알 수 있다. 즉 도입 단계 에서 너무 어려운 활동은 학습자들에게 수업 참여도를 낮추게 하기 때문에, 학습자 상황에 맞추어 활동을 설계해야 한다. 그리고 2학년 학생임을 고려해 적당히 모국어 사용을 허락해야 수업을 더 원활하 게 진행할 수 있다. 또한 도입의 내용이 텍스트 이해에 도움이 있었 는지에 대해 81.25%의 학생이 기존의 방식보다 더 쉽게 텍스트를 이 해할 수 있었다고 하였는데, 이는 읽기 전 활동이 학습자들에게 텍 스트 이해에 비교적 유용함을 알 수 있다. 다음으로 이번 수업 중의 읽기 전 단계 활동이 학습자들의 학습 흥취를 불러일으켰는지에 대 해서 75%의 학습자들이 긍정적이라고 하였다.

　읽기 전 활동을 평가하는 문항 중 이번 수업에 사용한 도해를 그 리는 방식과 브레인스토밍을 동시에 진행하였는데 90.63%의 학생 들은 브레인스토밍을 통해 이미 배운 어휘를 복습하게 되었고, 새로 배우게 될 어휘를 미리 제시하여 맵을 통해 텍스트 내용을 예측할 수 있었으며, 이를 도식화함으로써 기억에도 큰 도움이 되었다고 한다. 그리고 학습자들로 하여금 적극적으로 사고할 수 있게 하고, 역시 적극적으로 수업에 참여하도록 유도하여 대부분 매우 좋았다고 응답하였다. 그리고 읽기 전 활동이 끝난 후 텍스트 중심 내용이나, 텍스트의 흐름을 예측할 수 있었는지에 대해 100%가 그러하다고 하였다. 읽기 수업을 진행할 때, 여러 전략을 이용하면서 학습자들로 하여금 미리 텍스트를 예측하도록 진행하는 것은 텍스트를 정확하게 예측할 수 있느냐 없느냐이므로 학습자들이 텍스트를 이해하는 데에 큰 영향이 있음을 예증하는 것이다. 이에 본 연구는 읽기 전 단계에서 스키마를 활성화시켜 학습자들의 배경지식을 활성화하면서 텍스트 내용이나 중심 사상도 예측할 수 있게 하였다.

정리하면 사후 설문조사를 통해 읽기 전 단계에서 스키마 활성화가 읽기에 유의미한 영향을 끼쳤음을 확인할 수 있었다. 즉, 학생들의 수업 참여도, 집중도, 그리고 학습 성취도가 훨씬 높아졌음을 알 수 있어 스키마 활성화 교육 방안의 효과를 가져왔다는 점에 본고의 의의가 있다.

 5. 결론

본 연구는 스키마 활성화를 통한 읽기 전 단계에서의 활동 방안을 제시하고 읽기 수업에 어떤 영향을 끼쳤는지 학습자 조사를 통해 알아보았다. 본고는 스키마 활성화가 학습자들의 텍스트 이해에 있어서 중요한 역할을 하고 있다는 인식에서 읽기 전 단계의 활동방안을 모색했는데, 주로 브레인스토밍과 도해 그리기를 이용해 활동을 기술하였다. 그리고 대학교 한국어 학과 2학년 22명의 학생을 상대로 사전, 사후 설문조사를 진행하고 그 영향을 분석하였다. 사전 조사에서는 주로 기존 읽기 수업에서의 도입 내용, 수업 중 교사와 학습자의 상호작용, 학습자의 동기 부여 상황 및 텍스트 이해 상황에 대해서 조사를 진행하였는데, 그 결과 기존의 읽기 수업은 학습자들의 학습 흥미를 충분히 불러 일으키지 못했고, 교사 주입식이어서 학습자들이 수동적이고 도입 내용도 텍스트 이해에 큰 도움을 주지 못하는 것으로 나타났다. 하지만 본고에서 제시한 활동 방안을 이용한 후, 사후 설문조사를 보면 가시적인 성과를 보였다고 볼 수 있다. 텍스트와 관련된 질문이 쉬운 것, 익숙한 것으로부터 시작하여 점차 난이도를 높여 진행함으로써 학습자들이 심리적인 안정감을 느껴 부담 없이 브레인스토밍과 도해를 칠판에 제시하게 하였다. 학습자들이 적극적으로 수업에 참여하고 사고하게 되어 교사와 학습자의 상호작용이 활발해졌고, 학습자들의 집중도도 높여서 텍스트 내용 및 흐름을 충분히 예측할 수 있었으며, 무엇보다 학습 동기를 충분히 부여하여 텍스트를 보다 쉽게 이해할 수 있도록 하였다.

하지만 계량적인 수치로 고찰하여 객관성을 확보하였지만 활동 방안의 유용성을 증명하지 못한 한계점이 있다. 추후에 이에 대한 연구를 진행하여 실험 전, 후의 학생들이 텍스트의 언어지식의 습득 상황, 텍스트 내용의 이해도를 측정하고자 한다. 그리고 본고는 단지 3급 수준의 학습자들을 대상으로 한 연구로 초급과 고급은 이에 포함되어 있지 않았다. 초급과 고급에서도 같은 효과를 얻을 수 있는지 더 연구할 필요가 있다.

■ 참고문헌

김중섭(2002), "중국인 학습자를 위한 한국어 읽기 교육 방법 연구", 『한국어 교육』, 국제한국어교육학회, 47~67

김충실(2011), "텍스트문법에 기초한 한국어 읽기 교육 방안-초급과 중급학습자를 대상으로-," 『국제한국어교육학회 학술대회논문집』, 국제 한국어교육학회, 1~15

백승경(2009), "중학교 영어 교육 과정에 필요한 효과적인 읽기 전 활동 방안", 서강대학교석사학위논문.

신윤경(2011), "한국어 읽기를 위한 어휘의 문화 배경 지식 활용", 『한국어교 육』, 국제한국어교육학회, 179~201.

염복음(2016), "읽기 전 활동 유형이 한국어 학습자의 읽기 이해에 미치는 영향 연구", 『한국어와 문화』, 숙명여자대학교 한국어문화연구소, 83~116.

이강록·임명옥(2009), "한국어 읽기 능력 향상을 위한 문학작품 읽기-중국인 학습자의 스키마 활용을 통한 문학작품 읽기", 『비교한국학』, 국제비 교한국학회, 463~496.

이경화(2014), 『읽기 교육의 원리와 방법』(개정판), 도서출판 박이정

이수미(2008), "텍스트 읽기를 통한 한국 문화 이해의 제 양상 연구", 『한국언 어문화학』 5권, 국제한국언어문화학회, 273~291.

이지현(2014), "학습자 주체의 스키마 활성화를 통한 읽기 학습 방안", 『중등 영어교육』, 한국중등영어교육학회, 91~112.

정기철(2000), 『읽기 교육의 이론과 실제』, 도서출판 역락.

정길정, 연준흠(1996), 『외국어 읽기 지도의 이론과 실제』, 한국문화사.

정우향 역(2011), 『바흐친의 대화주의와 외국어 읽기 교육』, 도서출판 박이정.

08

중국인 학습자를 위한
말하기 교육 방안
─교재 분석을 중심으로─

 1. 서론

최근 외국어로서의 한국어교육은 학습자의 의사소통을 향상시키는 데에 목적을 둔다. 중국인 학습자들에게 말하기 능력은 다른 기능주의 영역에서 가장 부족하다[1]. 특히 중국에서 한국어를 말할 수 있는 환경이 제한되어 있어서 학습자들은 좋은 말하기 교재가 더 필요한 상황이다. 현재 중국에서 출판된 말하기 교재들은 주로 어휘와

---

1 조렬녕(2011)에서 172명 중국어권 학습자를 대상으로 설문조사를 통해 다수의 학습자가 말하기가 가장 부족하다는 결과를 얻었다.

문법을 제시하는 데에 중점을 두고 있기 때문에 말하기 활동 유형은 비교적으로 부족하다. 뿐만 아니라 중국 대학에서 한국어를 학습할 때 반에서 학습자의 수가 너무 많아서 말하기 활동을 전개하는 데에 영향을 미친다. 이런 어려움을 최대한 극복하려면 좋은 말하기 교재가 필요하다.

한국어교육에서의 말하기 교육의 기존 연구를 살펴보면 김선정·김용경·박석준(2010:44)에서 말하기 교육 이론을 제시하였고, 이에 바탕을 둔 실제 교육에 대한 연구로는 황인교(1999)를 들 수 있다. 이들 연구는 구어의 특징이나 발화 방식에 따른 종류, 발화 내용을 살펴보고 말하기 교수의 원리로 상호작용을 중심으로 하는 과제나 활동의 필요성이 탐구되었다. 특히 이미혜(2002), 허용(2003)에서는 교재에서의 의사소통 능력에 대한 연구를 통해 수업 내에서 활동할 수 있는 다양한 말하기 활동들이 제안되었다.

또한 현재 중국인 학습자를 위한 한국어교육에 관련된 논문들이 많이 나타나는 동시에 교재에 대한 분석도 많이 등장한다. 현재 논문 중에서 교재의 분석 방법은 매우 부족하다고 생각한다. 이에 본 연구에서는 양적 연구를 중심으로 말하기 교재를 더 객관적으로 분석하고자 한다. 본 논문은 지금 중국에서 사용하고 있는 초·중급 한국어 말하기 교재[2]와 한국에서 사용하고 있는 초·중급 한국어 말하기 교재를 비교 분석을 통해 특히 교재 단원구성과 말하기 활동 유형에 대해 중국 국내 대학에서 쓰고 있는 말하기 교재의 장단점을

---

2 중국 대학에서 전문적인 말하기 수업은 주로 대학 1학년과 2학년에 설치하기 때문에 본 연구에서 초·중급 말하기 교재를 선택했다.

발견하고자 하는 동시에 말하기 교재를 편찬하는 데에 개선 방향을 제안하고자 한다.

 2 교재 분석

2.1. 교재 분석 대상 및 기준 선정

2.1.1. 교재 분석 대상 선정

중국 국내 말하기 주요 교재로는 동남대학출판사에서 발간된 〈한 국어구어입문〉(2005년), 연변대학교출판사에서 발간된 〈초급 한국 어 회화(상, 하)〉(2011년), 대련이공대학출판사에서 발간된 〈한국어 회화(상, 하)〉(2012년), 민족출판사에서 발간된 〈한국어구어교정초 급〉(2006년), 외어교학연구출판사에서 발간된 〈한국어구어교정: 초 급〉(2010년) 등이 있다.[3] 본 연구에서 선정한 교재를 제시하면 아래 〈표 1〉, 〈표 2〉와 같다.

---

3 량진보(2015) 참고.

<표 1> 중국에서 출판된 교재

약칭	교재명	출간 연도	필자	출판사
가	初级韩国语会话 上 초급한국어 회화(상)	2011	俞春喜	延边大学出版社
나	初级韩国语会话 下 초급한국어 회화(하)			
다	韩国语会话 上 한국어회화(상)	2012	李民, 王笑天等	大连理工大学出版社
라	韩国语会话 下 한국어회화(하)			

<표 2> 한국에서 출판된 교재

약칭	교재명	출간 연도	필자	출판사
A	대학 생활을 위한 한국어 말하기 초급	2014	연세대학교 한국어학당 편	연세대학교 대학출판문화원
B	대학 생활을 위한 한국어 말하기 중급1			
C	대학 생활을 위한 한국어 말하기 중급2			

2.1.2. 분석 기준 선정

이해영(2001ㄱ)은 평가 항목을 '교수·학습 상황 분석, 외적 구성, 내적 구성'으로 세분하였다. '내적 구성'에서는 '교재 구성 목표, 학습 내용, 학습 활동'으로 나눈 후 이를 각각 세분하여 평가 항목을 설정하였다. Paulston and Bruder(1976)에서는 의사소통 준비 단계를 기계적인 연습, 형태적인 연습, 유의미한 연습으로 나누었다. 기계적인 연습은 대화문이나 언어 자료를 발음 억양 따라 하기, 듣고 반복하는 연습을 포함한다. 형태적인 연습에서는 변형·대치해서 말하기, 알맞은 어구 넣어 말하기, 유의미한 연습에서 모방하여 암기하기, 문맥에 맞게 응답하기, 문맥에 맞게 묻고 대답하기를 포함한다. Littlewood(1981:86)에서 제시하고 있는 구조적 활동, 인위적 의사소통 활동, 기능적 의사소통 활동, 사회적 상호작용 활동 이렇게 네 가지의 활동 유형을 분석하였는데, 이들 연구를 정리하여 제시하면 〈표 3〉과 같다.

〈표 3〉 Littlewood의 네 가지 활동 유형

활동	활동의 개념	활동의 유형
구조적 활동	의사소통 행위 전 활동으로서 구조 연습으로 이루어지며, 문법 체계와 언어 항목이 결합되는 방식에 초점이 있다.	• 발음 연습 • 문장 단위의 듣고 따라 하기
인위적 의사소통 활동	구조적 활동과 함께 실제 의사소통 활동들을 준비하도록 의도된 것이다. 이는 하나 또는 두 개의 전형적인 대화 주고받기로 이루어진다. 어떤 것은 훈련에 가깝지만 어떤 것들은 대화에 가깝다.	• 질문 듣고 대답하기 • 시각 자료(그림, 사진, 도표, 지도, 실물 자료 등)를 활용하여 말하기 • 지문을 읽고 질문에 대답하기
기능적 의사소통 활동	의사소통 행위 전 활동의 지식과 기술을 통합하여 총체적인 연습을 할 수 있도록 준비된 것이다. 이들 과제에서는 학습자가 정보 간격을 극복하거나 문제를 해결한다.	• 정보차 활동 • 직소 활동 • 문제해결 활동 • 묘사하여 말하기
사회적 상호작용 활동	기능적 의사소통 활동과 함께 실제 의사소통 활동에 해당한다. 다만, 기능적 의사소통과는 달리 분명히 정의된 사회적 맥락이 추가되어야 한다. (예 : 역할극, 게임, 발표 등)	• 역할극 • 게임 • 토론하기 • 발표하기

위의 이론 배경을 바탕으로 본 논문의 교재의 단원 구성 및 활동 유형을 중심으로 분석 기준을 제시하면 아래 〈표 4〉와 같다.

〈표 4〉 분석 기준

단원구성 분석	• 제시 순서 • 장마다 단어, 문법, 연습 활동의 제시 순서 및 비중		
말하기 활동 유형 분석	연습적인 활동	기계적인 연습	대화문이나 언어 자료를 발음 억양 따라 하기, 듣고 반복하기
		형태적인 연습	변형·대치해서 말하기, 알맞은 어구 넣어 말하기
		유의미한 연습	모방하여 암기하기, 문맥에 맞게 응답하기, 문맥에 맞게 묻고 대답하기
	활용적인 활동	인위적 의사소통 활동	• 질문 듣고 대답하기 • 시각 자료를 이용하여 말하기 • 지문을 읽고 질문에 대답하기
		기능적 의사소통 활동	• 정보차 활동 • 직소 활동 • 문제해결 활동
		사회적 상호작용 활동	• 역할극 • 게임 • 토론하기 • 발표하기

2.2. 비교 분석

2.2.1. 단원 구성

(1) 중국에서 출판된 교재

중급에서 출판된 교재를 초급과 중급의 말하기 교재로 나누어 각 교재의 단원 구성을 제시하면 아래와 같다.

<표 5> 중국에서 출판된 교재 단원 구성

교재명	단원 구성
(가) 교재	제목-대화문-단어-문법-연습 문제-문화
(나) 교재	제목-대화문-단어-문법-연습 문제-문장 학습-보충단어-문화
(다) 교재	제목-대화문-단어-문법-연습 문제-문화-보충단어
(라) 교재	제목-대화문-단어-문법-연습 문제-문화-보충단어

〈표 5〉를 보면 중국에서 출판된 교재의 단원 구성은 주로 '제목 제시-대화문-단어 제시-문법 제시-연습 문제-문화 소개 순서'로 제시할 수 있다. 이를 구체적으로 분석하려면 초급 교재와 중급 교재가 어떤 순서로 제시되며, 각 부분이 어떤 비중을 차지하는지를 알아야한다. 이에 초급 교재의 단원 구성 및 각각 부분의 수량을 구체적으로 분석하면 아래 〈표 6〉과 같다.

<표 6> 초급 교재의 단원 구성

단위: 개

		주제	대화문	단어	문법	연습 활동	문화	보충단어
제1과	가	안녕하세요?	2	23	8	6	인사의 문화	
	다	인사	1	13	7	4	인사말 (13개)	45
제2과	가	저는 해연입니다.	2	58	6	8		
	다	자기소개	1	14	5	3	한국어의 인사말	16
제3과	가	수업을 시작합니다,	2	80	7	6		
	다	식사	1	24	6	5	한국 음식	30
제4과	가	도서관이 어디예요?	2	96	6	10	한국인의 방향	
	다	수업 시간	1	24	6	5	수업에서 쓰는 말	32

		주제	대화문	단어	문법	연습활동	문화	보충단어
제5과	가	남대문시장에 어떻게 가요?	2	71	6	7	서울의 길	
	다	날씨	1	13	4	4	한국의 기후1	14
제6과	가	이 사과 얼마예요?	2	82	10	10	한국의 돈	
	다	위치	2	22	6	8	한국의 호텔	22
제7과	가	뭘 주문하시겠어요?	2	91	9	9	한국의 식사 예절	
	다	슈퍼마켓	2	27	10	8	한국의 슈터마켓	26
제8과	가	지금 몇 시예요?	2	58	6	10		
	다	과거 시술하기	2	25	8	9	한국의 여행	46
제9과	가	내일까지 비가 온대요.	2	82	7	11		
	다	주문	2	20	6	7	한국의 전통음식	34
제10과	가	사계절이 분명해요.	2	51	9	9	한국의 기후	
	다	약속	2	21	6	8	전화하기	23
제11과	가	여보세요?	2	48	7	8	한국에게 전화하기	
	다	계절	2	25	9	8	한국의 기후2	27
제12과	가	시간이 있어요?	2	44	7	8	한국인의 예의	
	다	우체국	2	39	7	7	한국의 돈	28
제13과	가	우리 가족사진이에요.	2	45	6	9	한국의 5월	
	다	쇼핑(1)	2	29	5	6	서울 쇼핑	20
제14과	가	어디가 아프세요?	2	64	6	11	한국의 보험제도	
	다	길 묻기	2	18	6	6	한국의 교통	13
제15과	가	한국어가 어렵지요?	2	37	5	7	한글	
	다	은행	2	28	5	4	한국의 은행	22
제16과								
	다	약국	2	20	8	7	약국	28

〈표 6〉을 보면 현재 중국에서 쓰고 있는 말하기 교재 대부분 대화
문이 두 편이고 각 과 마지막 부분에서 주제에 관한 문화를 소개하
고 있다. (가)교재는 단어를 대화문 뒤에 바로 제시하고 제1과부터
15과까지 총 930개 단어를 제시하며, (다)교재는 단어를 두 부분으로
나눠 제시했다. 제2과부터 16과까지 대화문 뒤에 351개 단어를 제시
한 후에 각 과 마지막에서 보충단어 426개를 제시했다. 그러므로 중
국에서 사용하고 있는 초급 말하기 교재는 과마다 평균적으로 57개
의 단어를 제시하였다. (가)교재에서는 총 105개 문법을 제시하였으
며, (다)교재에서는 총 104개 문법을 제시하였다. 초급 말하기 교재
에서 과마다 평균적으로 7개 문법을 제시하였다. 그리고 (가)교재에
서 총 134개 연습 활동을 제공하였으며, (다)교재에서는 총 100개 연
습 문제를 제공했다. 그러므로 초급 말하기 교재에서 과마다 평균적
으로 7~8개 연습문제를 제시했다.

다음으로 중급 교재의 단원 구성 및 각각 부분의 수량을 구체적으
로 분석하면 아래 〈표 7〉과 같다.

〈표 7〉 중급 교재의 단원 구성

단위: 개

		주제	대화문	단어	문법	연습활동	보충지식	문화	보충단어 (개)
제1과	나	주말에 뭐 할 거예요?	2	12	5	7	문장 20개	사물놀이	56
	라	친구사이	2	17	11	6	인사말 (45개)	한국의 도시	24

		주제	대화문	단어	문법	연습활동	보충지식	문화	보충단어(개)
제2과	나	하숙집을 구하기가 쉽지 않아요.	2	24	5	5	문장 20개	한국의 하숙집	47
	라	차 타기	2	22	6	5	지하철 용어 11개	한국의 음식1	20
제3과	나	코트를 세탁하려고 해요.	2	16	6	5	문장 20개	한국의 성명	33
	라	병원	2	7	5	6	병원의 용어 26개	한국의 음식2	44
제4과	나	통장을 만들려고 해요.	2	21	5	6	문장 20개	인터넷 은행	50
	라	쇼핑	2	21	9	7	의성의태어 27개	한국의 띠 문화	31
제5과	나	카드로 될 수 있어요?	2	22	6	7	문장 20개	한국에서 쇼핑하기	50
	라	물건 분실	2	15	8	7	물건 분실 용어 13개	한국의 소설	14
제6과	나	축하해요.	2	23	5	6	문장 20개	선물을 보내기	70
	라	생일 파티	2	15	9	7	초대 문장 10 감탄사 7개	한국의 명절	28
제7과	나	항공우편을 이용하세요.	2	17	4	7	문장 20개	한국의 인터넷	38
	라	가족사진	2	36	10	8	가족 관계 단어 38개	한국의 특산	12
제8과	나	어떻게 잘라 드릴까요?	2	16	5	7	문장 20개	한국의 대학	43
	라	학원 공부	2	15	6	7	공부에 관한 용어 18개	한국의 설날	12

		주제	대화문	단어	문법	연습활동	보충지식	문화	보충단어(개)
제9과	나	몸은 좀 어떠세요?	2	14	5	7	문장 20개	방문과 초대	47
	라	음식점 이야기	2	12	7	7	색깔 단어 16개	한국의 예의	18
제10과	나	운동을 하시지요.	2	25	7	7	문장 20개	채육	54
	라	명절	2	14	5	5	설날 및 추석날 풍속 용어 12개	한복	6
제11과	나	택시 잡기가 힘들어요.	2	19	6	7	문장 20개	지하철	59
	라	여행	2	20	4	7	한국 소개 용어 18개	역사	15
제12과	나	취미가 아주 많아요.	2	15	6	7	문장 20개	대학생의 창업하기	49
	라	운동	2	23	5	7	연결 용어 18개	명산	9
제13과	나	시험이 어려워요.	2	15	8	7	문장 20개	학교 문화	55
	라	동아리 활동	2	23	5	5	편지 용어 11개	쓰기 방법1	22
제14과	나	여자 친구랑 다퉜나 봐요.	2	17	6	7	문장 20개	제주도	57
	라	시험	2	17	4	3	반의어 72개	쓰기 방법2	7
제15과	나	방학에 어떻게 지낼 거예요?	2	11	4	6	문장 20개	부산	36
	라	리포트	2	21	5	5	높임말 30개	속담1	16
제16과	라	방학 계획	2	14	6	4	전화 용어 16개	속담2	16

중급 말하기 교재 대부분은 대화문이 두 편이고, 각 과 마지막 부분에서 주제에 관한 한국 문화를 소개했다. 즉, 연습문장을 제시한 후에 학습자들에게 일상생활 속에서 더 자유스럽게 대화할 수 있도록 (나)교재는 과마다 주제에 관한 20개 보충문장을 배열하며 (라)교재는 평균적으로 23개 일상 용언이나 단어를 제공했다. 그리고 두 교재의 단어를 두 부분으로 나눠 제시했다. (나)교재는 제1과부터 15과까지 총 267개 단어를 제시한 후에 마지막 부분에서 744개 보충단어를 제시했다. (라)교재는 제1과부터 16과까지 총 292개 단어를 제시한 후에 마지막 부분에서 342개 보충단어를 제시했다. 그러므로 중국에서 사용하고 있는 중급 말하기 교재는 과마다 평균적으로 53개의 단어를 제시하고 있다.

그리고 (나)교재에서는 총 83개 문법을 제시하였으며, (라)교재에서는 총 105개 문법을 제시했다. 중급 말하기 교재에서는 과마다 평균적으로 6개 문법을 제시했다. 그리고 (나)교재에서 총 98개 연습활동을 제공하였으며, (라)교재에서는 총 96개 연습 문제를 제공했다. 그러므로 중급 말하기 교재에서 과마다 평균적으로 6개 연습문제를 제공했다.

위의 분석을 바탕으로 중국에서 편찬된 초·중급 말하기 교재 각 단원의 평균 수량을 정리하면 아래 〈표 8〉과 같다.

〈표 8〉 중국에서 편찬된 초·중급 말하기 교재 각 단원의 평균 수량

단위: 개

	대화문	단어	문법	연습 활동	보충 용언
초급 교재	2	57	7	7~8	
중급 교재	2	53	6	6	23

(2) 한국에서 출판된 교재

한국에서 출판된 교재의 단원 구성을 정리하면 〈표 9〉와 같다.

〈표 9〉 한국 말하기 교재의 단원 구성

초급 교재	준비해 봅시다 – 이야기해 봅시다 – 정리해 봅시다
중급 교재 1	준비해 봅시다 – 이야기해 봅시다 – 정리해 봅시다
중급 교재2	준비해 봅시다 – 이야기해 봅시다 – 정리해 봅시다

초급 교재는 '준비해 봅시다' 부분에서 듣기를 결합하여 주제를 도입하고, '이야기해 봅시다'는 총 3단계로 구성된다. 우선 각 항의 학습 목표에 적절한 어휘 및 문법 등의 표현 목록을 제시하고 있다. '이야기해 봅시다'【1】 단계에서는 전체 담화 구성요소를 중심으로 이를 두 부분으로 분리하여 각 부분을 연습할 수 있도록 모범대화와 과제 활동지가 제시된다. '이야기해 봅시다'【2】 단계에서는 이전 단계에서 분리 연습한 담화를 전체적으로 다양한 상황에서 연습할 수 있도록 과제 활동지와 모범대화가 제시된다. '이야기해 봅시다'【3】 단계에서는 학습자가 자신의 상황에 맞도록 혹은 주제와 관련하여 다양한 담화를 구성할 수 있도록 하는 심화 확장 단계로서 다양한 활동지가 제시된다. 마지막 부

분인 '정리해 봅시다'에서는 말하기 활동에 대한 평가 혹은 유사한 경험과의 비교나 연계를 통해 말하기 활동을 정리하고 마무리한다.

중급1 교재는 총10개의 단원으로 이루어져 있고 뒤에 듣기 지문과 답안, 어휘와 문법 색인이 학습자를 위한 자료로 붙어 있다. 각 단원은 두 개의 항으로 구성되며, 각 항에서는 제목과 함께 담화 형식 및 기능이 드러나도록 학습목표가 제시된다. 각 항은 모두 세 단계로 구성되며 이는 '준비해 봅시다', '이야기해 봅시다', '정리해 봅시다'로 구성된다. '준비해 봅시다'는 도입 단계로서 항의 상황이나 주제를 도입할 수 있는 지문으로 구성된 담화를 듣는 활동으로 구성된다. '이야기해 봅시다'는 총 3단계로 구성되며, 각 단계는 통제된 말하기와 자유로운 말하기로 단계적으로 진행할 수 있도록 구성되었다.

【1】단계에서는 전체 담화 구성요소를 중심으로 이를 세 부분으로 분리하여 각 부분을 연습시킬 수 있도록 과제 활동지와 모범 대화가 제시된다. 【2】단계에서는 이전 단계에서 분리 연습한 담화를 전체적으로 다양한 상황에서 연습할 수 있도록 과제 활동지와 모범 대화가 제시된다. 【3】단계에서는 학습자가 자신의 상황에 맞도록 혹은 주제와 관련하여 다양한 담화를 구성할 수 있도록 하는 심화 확장 단계로서 다양한 활동지가 제시된다.

중급2 교재는 중급1교재와 대부분 비슷한데 중급2 교재는 총 10개의 단원으로 이루어져 있으며 각 단원은 모두 '준비해 봅시다', '말해 봅시다', '정리해 봅시다' 세 단계로 구성되었다. '말해 봅시다'는 총 3단계로 구성되며 우선 각 단원의 학습목표에 적절한 어휘 및 문법 등의 표현 목록을 제시하였다. 보기를 통해 어휘와 표현이 대화에서 어떻게 구현되는지를 보여준다. 그리고 어휘와 표현을 사용해서 실제 담화를 생산해 낼 수 있도록 연습 활동을 제시하였다. 【과제】는 이전 단계에서 분리 연습한 담화를 종합해서 연습할 수 있도록 보기와 과제가 제시되었다.

'이야기해 봅시다'는 초급 교재에서 단어 총 469개를 제시하였으며, 문법은 78개를 제시하였다. 구체적으로 정리하면 아래 〈표 10〉과 같다.

〈표 10〉 한국 초급 말하기 교재에서 나온 단어와 문법 수량

단위: 개

과	제목	단어의 수량	문법의 수량	과	제목	단어의 수량	문법의 수량
1과	1항	0	0	6과	1항	11	2
	2항	16	2		2항	12	2
	3항	11	1		3항	19	2
	4항	16	2		4항	13	2
2과	1항	15	2	7과	1항	8	1
	2항	18	1		2항	8	2
	3항	21	3		3항	11	2
	4항	21	2		4항	10	2
3과	1항	8	1	8과	1항	8	1
	2항	6	2		2항	17	2
	3항	12	2		3항	3	2
	4항	9	3		4항	6	2
4과	1항	12	2	9과	1항	14	2
	2항	15	1		2항	5	1
	3항	11	2		3항	17	2
	4항	8	3		4항	5	3
5과	1항	9	2	10과	1항	27	2
	2항	14	2		2항	11	2
	3항	10	2		3항	5	2
	4항	15	1		4항	12	3

〈표 10〉에서 항마다 평균적으로 12개 단어를 제시하였으며, 2개의 문법을 제시하였다.

이런 방식으로 정리하면 중급1 교재는 총 170개 단어를 제시하였으며, 44개의 문법을 제시했다. 항마다 8~9개의 단어를 제시했으며 2~3개의 문법을 제시했다. C교재는 총 31개 단어를 제시하였으며 50개의 문법을 제시했다. 과마다 평균적으로 3개의 단어를 제시하였으며 5개의 문법을 제시했다. 정리하면 한국에서 출판된 말하기 교재의 어휘와 문법 등 항목은 아래 〈표 11〉과 같다.

〈표 11〉 초·중급 한국에서 쓰고 있는 말하기 교재 각 항의 평균 수량

단위: 개

	대화문	단어	문법
초급 교재	0	12	2
중급 교재	0	5~6	4

위의 비교 분석 결과를 바탕으로 중국에서 출판된 교재의 단원 구성과 한국에서 출판된 교재의 단원 구성을 비교한 결과는 아래와 같다.

첫째, 중국에서 출판된 초급 교재와 중급 교재의 대화문은 2편이 있다. 초급 교재에서 단어와 문법을 많이 제시했고, 연습 활동의 수량이 많지만 문장에서 제시한 문법의 연습 문제 활동이 주를 이룬다. 한국에서 출판된 교재는 대화문이 없지만 대화문 대신 보기를 많이 제시했다. 그리고 한국에서 출판된 교재는 중국에서 출판된 교재보다 단어와 문법의 수량이 상대적으로 적은 편이고 보충 단어는 거의 없는 편이다.

둘째, 한국에서 출판된 말하기 교재는 문화를 제시하지 않은 반면에 중국에서 출판된 말하기 교재는 문화에 관한 지식을 많이 제시했다.

셋째, 중국에서 출판된 중급 교재와 초급 교재의 단원 구성은 별 차이가 없고, 초급의 문법이나 어휘의 수량이 중급과 마찬가지이다. 한국에서 출판된 초급 교재는 어휘와 문법의 수량이 중급보다 많이 제시하였다. 그리고 중급 말하기 교재에서 문법에 대한 설명이나 연습은 초급 교재보다 적은 편이다.

2.2.2. 활동 유형 분석

(1) 중국에서 출판된 교재

본고에서는 각 교재에서 나타난 활동 유형을 분석 기준으로 분석했는데. 초급 교재(가)와 (다)교재의 과마다 활동을 분류하여 제시하면 아래 〈표 12〉와 같다.

〈표 12〉 초급 말하기 교재에서 과마다 활동 유형 분류

단위: 번

	활동 유형	(가)교재	(다)교재
제1과	기계적인 연습	1, 7	
	형태적인 연습	2, 3, 4, 5, 6	1, 2, 3, 4
제2과	형태적인 연습	1, 2, 3, 4, 5,	1, 2, 3
	유의미한 연습	6, 7	
	인위적 의사소통 활동 (시각 자료를 이용하여 말하기)	8	4
제3과	형태적인 연습	1, 2, 3, 5, 9, 10	1, 2, 3, 4
	유의미한 연습	4, 6, 7. 8	5

	활동 유형	(가)교재	(다)교재
제4과	형태적인 연습	1, 2, 5, 6, 7, 8	1, 2, 3, 5, 6
	유의미한 연습	3, 4,	4
	인위적 의사소통 활동 (시각 자료를 이용하여 말하기)	9, 10. 11	
제5과	기계적인 연습:	2	
	형태적인 연습:	1, 3, 4, 5,	1, 2, 3, 4,
	유의미적인 연습	6, 7,	5
제6과	형태적인 연습	1, 2, 3, 4, 9	1, 2, 3, 4, 5
	유의미한 연습	6, 7, 8	6
	인위적 의사소통 활동 (시각 자료를 이용하여 말하기)	5	7, 8
	역할극: 짝 활동	10	
제7과	형태적인 연습	6	1, 2, 3, 4,
	유의미한 연습	2, 3, 4, 5, 7, 8,	5, 6, 7
	인위적 의사소통 활동 (시각 자료를 이용하여 말하기)	9	8
제8과	기계적인 연습	1	
	형태적인 연습	7, 8	1, 2, 3, 5
	유의미적인 연습	3, 4	4, 6, 7, 8, 9
	위적 의사소통 활동인 (시각 자료를 이용하여 말하기)	2, 5, 6, 9	
	발표하기	10	
제9과	형태적인 연습	1, 2, 3, 6, 7, 8, 9,	1, 2, 3, 4, 5
	유의미적인 연습	4, 5, 10	6, 7
	발표하기	10(최근의 날씨 소개)	

	활동 유형	(가)교재	(다)교재
제10과	형태적인 연습	1, 2, 3, 4, 5, 8	1, 2, 3, 5
	유의미적인 연습	6, 7,	4,
	위적 의사소통 활동인 (시각 자료를 이용하여 말하기)		6, 7, 8
	발표하기	9(좋아하는 계절)	
제11과	형태적인 연습	1, 2, 3, 4, 5	1, 2, 3, 4
	유의미적인 연습		5, 6, 7,
	인위적 의사소통 활동 (지문을 읽고 질문에 대답하기)	6, 7	8
	역할극	8	
제12과	형태적인 연습	1, 4, 6, 7	1, 2, 3, 4, 5
	유의미적인 연습	2, 3, 5,	6, 7,
	역할극	8	
제13과	형태적인 연습	1, 2, 3, 4, 6, 7, 8	1, 2
	유의미적인 연습	5	3, 4, 5, 6
	발표하기	9	
제14과	기계적인 연습	5	
	형태적인 연습	1, 2, 6, 7, 8, 10,	1, 2, 3, 4
	유의미적인 연습	3, 4, 9, 11	5, 6
제15과	기계적인 연습	5	
	형태적인 연습	1, 2, 3	1, 2, 3
	유의미적인 연습	4	4
	발표하기:	6, 7	
제16과	형태적인 연습		1, 2, 3
	유의미적인 연습		4, 5, 7
	인위적 의사소통 활동 (지문을 읽고 질문에 대답하기)		6

〈표 12〉에서 (가)교재는 134개 활동 중에서 기계적인 연습은 6개이고, 형태적인 연습 활동은 72개이며, 유의미적인 연습 활동은 35개이다. 그리고 인위적인 의사소통 활동은 12개가 있고, 역할극 활동은 3개가 있다. (다)교재는 100개 연습 활동 중에서 형태적인 연습은 63개이고, 유의미적인 연습 활동은 28개이며, 인위적인 의사소통 활동은 9개이다. 종합하여 다시 정리하면 〈표 13〉과 같다.

〈표 13〉 초급 교재 각 활동 유형의 수량 및 비율

	(가)교재 활동의 수량	(가)교재 각 활동 비율	(다)교재 활동의 수량	(다)교재 활동의 비율
기계적인 연습	6개	4.48%	0개	0%
형태적인 연습	72개	53.73%	63개	63.00%
유의미적인 연습	35개	26.12%	28개	28.00%
인위적 의사소통 활동	12개	8.95%	9개	9.00%
기능적 의사소통 활동	0개	0%	0개	0%
사회적인 의사소통 활동	9개	6.72%	0개	0%
함께	134개	100.00%	100개	100.00%

이런 방식으로 중급 교재 (나)와 (라)의 교재에서 과마다 활동을 구체적으로 분류하면 아래와 같다.

〈표 14〉 중급 교재 각 활동 유형의 수량 및 비율

	(나)교재 활동의 수량	(나)교재 각 활동 비율	(라)교재 활동의 수량	(라)교재 활동의 비율
기계적인 연습	0개	0%	0개	0%
형태적인 연습	22개	22.45%	0개	0%
유의미적인 연습	38개	38.78%	57개	59.37%
인위적 의사소통 활동	33개	33.67%	28개	29.17%
기능적 의사소통 활동	2개	2.04%	3개	3.13%
사회적인 의사소통 활동	33개	3.06%	8개	8.33%
함께	98개	100.00%	96개	100.00%

(2) 한국에서 출판된 교재

A교재의 '이야기해 봅시다'는 3개의 단계로 구성된다. 1단계는 어휘나 문법에 관한 연습 활동이다. 10과에서 총 41개의 연습 활동으로 유의미적인 활동에 속한다. 보기를 통해 교수자는 앞에 제시한 어휘나 문법을 훈련시킨다. 2단계는 총 39개의 활동인데 모두 보기를 보면서 그림에서 나온 내용을 자유롭게 연습하게 한다. 대부분 모두 인위적인 의사소통 활동인데 총 39개의 활동 중에서 5개는 듣고 대답하기인 활동에 속하며, 나머지 35개는 시각 자료를 활용하여 말하기 활동에 속한다. 3단계는 총 42개의 활동으로 발표 활동은 2개이고, 역할극 활동은 1개이며, 기능적 의사소통 활동 중에 묘사하며 말하기 활동은 2개이다. 그리고 정보 간격 활동은 17개이며, 인위적 의사소통 활동은 20개이다. 정리하면 아래 〈표 15〉과 같다.

<표 15> A교재 말하기 활동 유형 수량 및 비율

A교재 '이야기해 봅시다'	활동 유형	수량	비율
1단계	유의미적인 활동	41개	33.61%
2단계	인위적인 의사소통 활동	39개	48.36%
3단계	인위적인 의사소통 활동	20개	
	사회적 상호작용 활동	3개	2.46%
	기능적 의사소통 활동	19개	15.57%
합		122개	100%

같은 방법으로 B교재의 말하기 활동 유형을 정리하면 아래 〈표 16〉과 같다.

<표 16> B교재의 말하기 활동 유형 수량 및 비율

	활동의 수량	비율
기계적인 연습	0개	0%
형태적인 연습	0개	0%
유의미적인 연습	41개	25.31%
인위적 의사소통 활동	59개	36.42%
기능적 의사소통 활동	19개	11.73%
사회적인 의사소통 활동	43개	26.54%
합	162개	100.00%

위의 〈표 15〉과 〈표 16〉에서 보듯이 크게 연습과 활동으로 나뉜다. 우선적으로 연습 영역을 살펴보면 총 41개(25.13%)로 기계적인 연습이나 형태적인 연습은 활동에 대한 제시가 없고, 유의미적인 연습

은 41개(25.13%)이다. 그리고 활동 영역은 121개(74.87%)로 인위적인 의사소통 활동은 59개(36.42%), 기능적 의사소통 활동은 19개(11.73%), 사회적인 의사소통 활동은 43개(26.54%)이다.

지금까지 중국에서 출판된 초·중급 말하기 교재와 한국에서 출판된 초·중급 말하기 교재를 구체적으로 분석했다. 중국에서 출판된 말하기 교재의 활동 유형은 한국에서 출판된 교재와 차이점이 많이 있는데 이를 정리하면 아래와 같다.

첫째, 중국에서 출판된 말하기 교재에서 대부분의 활동 유형은 연습적인 활동이고 활용적인 활동은 아주 적은 편이다. 그 반면 한국에서 출판된 말하기 교재는 기계적인 연습과 형태적인 연습은 거의 없고, 유의미한 연습은 초급에서 많이 나타난다.

둘째, 중국에서 출판된 초급 말하기 교재는 연습 문제가 주로 기계적인 연습이나 형태적인 연습이다. 또한 중급 말하기 교재는 연습 문제가 주로 유의미적인 연습이다. 그 반면 한국에서 출판된 초급 말하기 교재는 연습 문제가 주로 유의미한 연습이고, 중급 말하기 활동유형은 주로 활용적인 활동이다.

셋째, 중국에서 출판된 초급 말하기 교재는 활용적인 활동은 적은 편이며, 활동 유형은 대부분 그림을 보고 연습하는 기능적인 의사소통 활동이다. 중급 말하기 교재에서 활용적인 활동은 많아지는 동시에 사회적인 의사소통 활동도 많이 등장했다. 그리고 기능적인 의사소통 활동 중에서 문제를 해결하는 활동이 나타났다. 반면에 한국에서 출판된 말하기 교재는 활용적인 활동이 많고, 특히 중급 교재에서 사회적인 의사소통 활동을 많이 제시했다.

2.2.3. 인터뷰 내용 분석

중국인 학습자를 위한 말하기 교재, 특히 단원구성과 활동유형의 개선 방향을 모색하기 위해 〈초급 한국어 회화(상, 하)〉와 〈한국어 회화(상, 하)〉 교재를 사용하고 있는 중국 국내 대학교 1학년 학생 6명, 2학년 학생 6명을 선정하며 2016년 6월 10일부터 15일까지 현재 사용하고 있는 말하기 교재에 대해 부족한 부분을 중심으로 인터뷰를 진행한 결과를 정리하여 제시하면 〈그림 1〉과 같다.

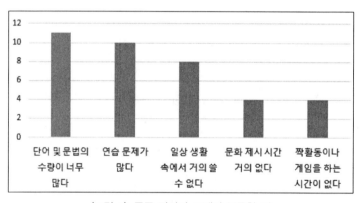

〈그림 1〉 중국 말하기 교재의 부족한 점

그림 〈1〉을 정리하면 아래와 같은 결과를 얻을 수 있다.

첫째, 초급 학습자들이 문화에 대한 관심이 많지만 수업에서 문화에 관한 내용이 너무 적다고 지적했다. 특히 중국에서 출판된 말하기 교재에서 문화에 관한 그림이나 활동이 거의 없다고 했다.

둘째, 12명 학생 중에서 11명 학생들이 말하기 수업에서 교수자는 주로 단어 및 문법을 중심으로 수업을 진행한다고 지적했다. 한국의 문화를 이용하여 수업을 활용하는 것이 좋다고 응답했다.

셋째, 12명 학생 중에서 10명 학생들이 교재에서 연습 문제가 너무 많다고 지적했다. 연습 문제를 풀이하는 시간이 오래 걸려서 보다 자유롭게 말하기를 연습하는 시간이 매우 부족하다고 답했다.

넷째, 중국 대학에서 한국어를 연습할 수 있는 환경이 제한되어 있어 상대적으로 말하기 수업에서 한국어를 연습하는 수업이 매우 필요하다고 응답했다. 12명 학생 중에서 4명 학생은 말하기 수업에서 짝 활동이나 주제에 따라 자유롭게 대화할 수 있는 부분이 필요하다고 제시하였다.

3. 개선 방향

呂金鴿(2015 : 28)에서 교재 개발의 원리에 관한 선행 연구를 기반으로 중국인 학습자를 위한 말하기 교재 개발의 원리는 학습자 중심의 교육이 되어야 하고, 학습자의 배경 지식을 활용하여 지적 호기심을 유발할 수 있는 교재의 구성이 필요하다고 제시했다. 앞에서 제시한 교재의 비교 분석과 인터뷰를 바탕으로 중국에서 출판된 말하기 교재의 단원 구성 및 활동유형의 개선 방향을 제안하고자 한다.

3.1. 단원 구성 개선 방향

단원 구성의 개선 방향은 아래와 같다.

첫째, 말하기 교재에서 단어와 문법의 수량을 줄여야 한다고 본다. 말하기 교재에 대한 만족도를 인터뷰할 때 학습자들은 단어와 문법의 수량이 너무 많다고 지적했다. 특히 현재 중국 대학에서 말하기 수업은 주마다 1~2회이고, 회마다 90분 수업을 진행할 때 교사들은 주로 단어와 문법을 설명하는 데에 중점을 둔다고 지적했다. 어휘와 문법은 문법 수업에서도 학습할 수 있기 때문에 말하기 교재에서 주제에 관한 중요한 단어 15개 정도와 문법항목 2~3개 정도 제시하면 적당하다고 본다.

둘째, 대화문을 1편 정도 제시하고 나머지 주제에 관한 내용들은 교사들이 동영상이나 PPT 등 매체를 통해 학습자들에게 흥미롭게 학습하는 것이 좋다. 읽기 수업에서 학생들은 대부분 주로 교사에 의해 따라서 읽곤 한다. 그리고 많은 학습자들은 대화문을 주로 외우는 방법을 통해 말하기 능력을 학습하고 있다. 그러므로 교재에서 주제에 관한 대화문은 1편 정도 제시하고, 교사는 매체를 통해 한국의 일상생활 속에서 자주 나타나는 내용을 재미있게 제시할 수 있으면 학습자들이 더 효율적으로 학습할 수 있을 것이다.

셋째, 교재에서 문화에 관한 지식을 더 많이 보충해야 한다. 중국에서 출판된 말하기 교재의 경우, 문화에 관한 부분이 있기는 하지만 학생들은 수업을 진행할 때 교사들은 어휘에 초점을 맞추어 간단하게 소개하기 때문에 그림이나 활동을 통해 소개하면 학습자의 흥

미를 유발시킬 수 있을 뿐만 아니라 한국 문화에 대한 정보를 더 효
율적으로 제시할 수 있을 것이다.

3.2. 활동 유형 개선 방향

활동 유형의 개선 방향은 다음과 같이 기술할 수 있다. 첫째, 초급
학습자들에게 연습적인 활동 유형은 형태적인 활동과 유의미적인
활동에 중심을 두고, 활동적인 활동은 인위적인 의사소통 활동에 중
심을 두어야 한다. 초급 학습자들은 한국어 능력이 매우 부족해서
연습 활동이 아주 중요하다. 기계적인 연습 활동은 교재에서 많은
비중을 차지하기 때문에 학습자들에게 크게 도움이 되지 못한다. 그
리고 형태적인 연습 활동과 유의미적인 연습 활동은 초급 학습자들
에게 문형에 대해 보다 잘 학습시킬 수 있다고 본다. 활동적인 활동
은 초급 학습자에게 어려울 수도 있지만 '질문 듣고 대답하기', '시각
자료 이용하여 말하기' 등 인위적인 의사소통 활동이 매우 효과적이
라고 판단한다.

둘째, 중급 학습자들에게는 연습 활동의 비중을 줄이고, 의사소통
활동 부분을 늘이는 것이 좋다. 그리고 중급 학습자들은 한국어의
능력이 높아지면서 어휘와 문법에서 초급 학습자들보다 많이 습득
하기 마련이다. 문제 해결, 직소 활동, 정보차 활동, 게임 등 기능적
의사소통 활동과 사회적 상호작용 활동은 중국 대학에서 학습자들
에게 도움이 더 크다고 본다. 인터뷰에서 알아본 결과 중급 학습자
들의 가장 큰 문제는 일상생활 속에서 한국어를 사용할 수 있는 장

소나 환경이 너무 적다고 지적했다. 예를 들면 우체국에서 자주 쓰는 용어를 말하기 수업에서 학습했는데 배웠던 용어들을 실제 생활 속에서 사용할 기회가 거의 없어서 잊어버린다고 했다. 그러므로 말하기 수업에서 학습자들에서 한국어를 사용할 수 있는 기회를 주는 동시에 학습자들이 짝을 지어 서로 연습할 수 있는 기회 제공과 습관을 키우는 학습이 필요하다고 본다.

4. 결론

한국어 교육에서 의사소통 능력의 강조로 인해 한국어 말하기 교육의 중요성이 더욱 부각되어 일반 목적 중국인 학습자를 위한 말하기 교재들이 증가했지만 학습자 중심으로 한 교재의 개발은 미흡한 실정이다. 본 연구는 말하기 교재의 단원 구성 및 활동유형을 중심으로 초·중급 중국인 학습자를 위한 말하기 교재를 비교 분석하였다. 이에 2장에서 중국에서 출판된 초·중급 말하기 교재와 한국에서 출판된 초·중급 말하기 교재를 비교 분석하면서 초·중급 말하기 교재의 공통점과 차이점을 발견했다. 한국에서 출판된 교재는 중국에서 출판된 교재보다 단어와 문법의 수량이 상대적으로 적고, 보충 단어도 거의 없는 편이다. 또한 한국에서 출판된 말하기 교재는 문화를 제시하지 않은 반면에, 중국에서 출판된 말하기 교재는 문화에 관한 지식을 많이 제시했다. 활동유형의 측면에서 보면 중국에서 출판된 말하기 교재에서 대부분의 활동유형은 연습적인 활동이며 활용적인 활동은 아주 적은 편이다. 또한 중국에서 출판된 초급 말하기 교재는 연습 문제가 주로 기계적인 연습이나 형태적인 연습 위주이다. 그리고 중국에서 출판된 초급 말하기 교재는 활용적인 활동은 적은 편이며, 활동유형은 대부분 그림을 보고 연습하는 기능적인 의사소통 활동이다. 중급 말하기 교재에서 활용적인 활동은 많아지는 동시에 사회적인 의사소통 활동도 많이 출현했다.

제3장에서는 중국 대학 초·중급 학습자 12명을 대상으로 인터뷰를 실시하여 앞으로 말하기 교재 단원 구성과 활동유형의 개선 방향을 제안했다. 다만 보다 많은 교재를 분석하지 못해 중국에서 말하기 교육 현황을 구체적으로 제시하지 못한 점이 아쉽다.

■ 참고문헌

가패패(2014), 「중국인 학습자를 위한 말하기 교재 연구」, 숙명여자대학교 대학원, 석사논문.

강　곤(2016), 「중국대학의 한국어 말하기 교육과정 연구」, 인하대학교 대학원, 박사논문.

김선정·김용경·박석준(2010), 『한국어 표현교육론』, 형설출판사.

김재옥 외(2010), 『한국어 교수법』, 형설출판사.

량징보(2015), 「중국인을 위한 한국어 교재 분석 연구-중국 출판 초급 말하기 교재를 중심으로」, 가톨릭대학교 대학원, 석사논문.

서종학 외(2007), 『한국어 교재론』, 태학사.

왕흠매(2015), 「중국에서 출판된 한국어 말하기 교재 분석 연구」, 동국대학교 대학원, 석사논문.

유　양(2010), 「중국 대학교에서 사용하는 한국어 교재의 비교 분석과 개선 방
　　　안」, 경기대학교 대학원, 석사논문.
呂金鴿(2015), 「중국 내 대학용 한국어 말하기 교재 개발 연구－중·고급 수준
　　　을 중심으로」, 연세대학교 대학원, 석사논문.

부록

찾아보기

(ㄱ)

간접적인 제시 방식 / 181

강조 표현 / 169, 170, 172

결속 기능 / 162, 170, 172, 177, 178

결속성의 화용적 표현 / 161

겸손 태도 표현 / 166, 170, 172

계획 단계 / 21

과제 기반 교수법 / 128

과제 중심 교수법 / 135

교수·학습 모형 / 185

교수법 연구 주제 분류 / 121, 123, 126, 129, 131, 139, 140, 141, 143

교수법에 따른 분석 / 122, 124, 127, 130, 132, 139, 141, 142, 144

교재 개발의 원리 / 283

교재 분석 대상 선정 / 261

교재에서의 '그냥'의 실행 기능별 빈도 / 177

구어 문법 및 표현 익히기 / 31

구어 문법 및 표현 / 31

구어 문법 / 14, 15

구어 문법의 교육적 가치 / 15

구어 문법의 특질 / 16

구어 어휘 / 33

구어문법 교수법 / 128

구어적인 특징 / 19

구조적 활동 / 263

'그냥'의 기능 및 대응되는 중국어 표현 / 170

'그냥'의 기능별 빈도 비교 / 178

'그냥'의 기능별 사용 빈도 / 172
'그냥'의 단계별 교수 방법과 내용 /
　183
'그냥'의 분포 양상 / 174
금지 표현에 관한 교수법 / 122
기능적 의사소통 활동 / 263
기존 읽기 수업에 대한 조사 / 251

（ㄴ）

내용 스키마 / 240
노래를 활용한 교수법 / 144

（ㄷ）

다른 요소의 삽입 불가능성 / 83
다양한 교수법 연구 / 122
단계별 교수 내용 선정 / 182
단계별 분포 양상 / 66
단순 의문 기능 / 49, 59, 60
단순 종결어미 / 51
단어의 피동 표현 쓰기 오답 / 207
단원 구성 / 264
단원 구성을 비교한 결과 / 274
단원 구성의 개선 방향 / 284
단형 부정 / 52
담화 결속 기능 / 161
담화 기능 / 159, 172, 178
담화 상황 층위 / 16
담화분석 활용을 적용한 담화표지 교
　수 절차 / 185

담화표지 / 160
담화표지 '그냥' 교육을 위한 교수·
　학습 절차 / 188
담화표지 '그냥'의 교수·학습 모형 /
　189
담화표지 '그냥'의 단계별 교수 내용 /
　184
담화표지 교수 절차 / 185
담화표지 기능별의 비중문제 / 181
담화표지의 기능 / 160
담화표지의 선정과 위계화의 기준 /
　183
담화표지의 제시 양의 문제 / 181
당위 보조용언의 오류 / 101
대본 읽기 / 25
대조언어학적인 교수법 / 124
대치 불가능성 / 83
도약기 / 112, 116
도입 단계 / 189
동일한 의미별 보조용언의 오용 /
　101
드라마 '도깨비' / 20
드라마 수업 모형 / 21
드라마를 활용한 교수법 / 144
드라마를 활용한 한국어 교육 / 18
드라마의 교육적 가치 / 18
듣기 / 138, 147
듣기 교수법 / 135, 145
듣기와 읽기 기능 교수법 / 132
등급별 분포 양상 / 174

등장 인물 소개하기 / 23

(ㅁ)

마무리 단계 / 192
말하기 / 137, 146, 147
말하기 교수법 / 135, 144, 145
말하기 활동 유형 분석 / 264
말하기 활동 유형 수량 및 비율 / 280
명령 화행 / 61
모국어 사용 / 250
모국어 영향 / 60
모국어 화자 / 45
모국어 화자의 사용 빈도 / 180
모국어의 영향 / 49
모듈(module)식 교수법 / 142
목표어 / 60, 250
문법 / 137, 146
문법 교수법 / 123, 124, 126, 127, 130, 133, 145
문법 및 표현 / 65
문법 번역식 교수법 / 235
문법 항목 / 71
문법적 요소 / 47
문장 교육 / 39
문제 풀기 / 24
문학 / 147
문학 교수법 / 135, 143, 145
문화 / 138
문화 교수법 / 123, 125, 134

문화 콘텐츠 / 13
문화에 관한 지식 / 284
문화인지 교수법 / 142
문화투영 교수법 / 124

(ㅂ)

발음 / 136, 137, 146
발음 교수법 / 122, 134, 141, 145
발전기 / 111
번역 과제 수행 중심 교수법 / 124
범주 설정 / 82
변화기 / 111
보조용언 / 81
보조용언 총 목록 / 85
보조용언의 목록 / 84
보조용언의 문법적 특성 / 83, 86
보조용언의 사용양상 / 88
보조용언의 오류 양상 / 97
보조용언의 오류 통계 / 98
보조용언의 판별 기준 / 82
본용언 / 81
봉사 보조용언의 오류 / 100
부분 의문형 종결어미 / 60
부사 '그냥'의 의미 / 172, 178
부정 보조용언의 오류 / 100
부정 표현 / 52
부정사 / 61
부정적 태도 / 172
부정적 태도 표현 / 168, 170

부정표현 / 61
부탁 화행 / 46, 47
분석 단계 / 185, 190
분포 범위(range) / 183
비의문 기능 / 69
비중의 문제 / 181
비판적 태도 / 172
비판적 태도 표현 / 168, 170
빈도(frequency) / 183

(ㅅ)

사용 빈도 분석의 결과 / 96
사용빈도 순위의 대조 / 96
사전 설문조사 / 254
사회적 상호작용 활동 / 263
사후 설문조사 / 256
상호문화적인 의사소통 교수법 / 129
상호보완식 문법 교수법 / 131
생략 불가능성 / 83
선어말 어미 / 55
선정된 한국어 보조용언 목록 / 87
선행용언 제약의 오류 / 101
성장기 / 116
순환교수법 / 133
스키마 활성화의 중요성 / 238
스키마를 활성화시키기 위한 질문 /
  243
스키마의 개념 / 238
스키마의 유형 / 240

시간 벌기 / 165, 170, 172
시기별 연구 동향 / 108
시기별 연구 성과 / 112
시기별 중국 교수법 연구 논문 발표
  현황 / 120
시기별 한국 교수법 연구 논문 발표
  현황 / 115
시제 / 98
시청 단계 / 23
시청 전 단계 / 22
시청 후 단계 / 23
실제적 수준으로서의 교수 기법 / 137,
  138, 146, 147
실행 기능 / 177
실행 단계 / 21
심화 확장 단계 / 271
쓰기 / 137
쓰기 교수법 / 135, 145

(ㅇ)

양태 기능 / 62
양태동사 / 59
양태적 기능 / 161, 166, 170, 172, 177, 178
어휘 교수법 / 138
어휘적 피동 / 200
어휘적 피동 표현 오류분석 / 212
어휘적 피동 표현의 각 유형의 혼동 /
  221
어휘적 피동의 비교 / 201

어휘·표현 / 137, 147
어휘·표현 교수법 / 134, 140, 145
언어 교수 / 107
언어의 의사소통 / 40
얼버무리기 / 166, 170, 172
연결어미 / 99
연구 주제에 따른 분석 / 121, 123, 126, 129, 131, 139, 140, 141, 143
연구 주제의 특징 / 122
연습적인 활동 / 264
오류 분석(error analysis) / 204
오류 원인 분석 / 218
완곡한 표현 / 46
유의미적인 연습 활동 / 285
유학중인 한국어 고급학습자 보조용언 사용빈도 / 93
의문 어기사 / 49
의문문 사용 실태 / 59
의문문 표현항목의 기능별 분포 양상 / 67
의문문 활용 / 59
의문문의 교육 실태 / 64
의문문의 기능별 분포 양상 / 68
의문문의 다양한 기능 / 62
의문문의 사용 빈도 조사 / 45
의문문의 학습 효과 / 70
의문문의 화용 능력 / 63
의문사 / 65, 69
의문사 교수법 / 123
의문형 종결어미 / 49, 51, 69
의미 기능 / 172, 177, 178

의미 재구성 / 235
의미적 오용 / 99
의사소통 기능 / 41
의사소통 기능의 실현 / 46
의사소통 전략 훈련을 위한 수업 절차 / 186
의사소통 중심 교수법 / 135
의사소통 활동 / 285
의사소통적 문법 교수법 / 141
의향 기능 / 49
의향기능 / 60
'-이/히/리/기'의 오용 / 220
이론적 / 136
이론적 수준으로서의 접근법 / 146
인식 양상 분석 / 206
인위적 의사소통 활동 / 263
인위적인 의사소통 활동 / 285
인지 단계 / 185
읽기 / 138, 146, 147
읽기 교수법 / 135, 141, 143, 145
읽기 수업의 도입 활동 / 253
읽기 전 활동 / 237
읽기 전 활동 유형 / 237
읽기 전 활동의 중요성 / 237
읽기 텍스트 / 241

(ㅈ)
자료 분석 방법 / 111
장형 부정 / 52, 61

적용 단계 / 185
전개 단계 / 190
전시기(全時期) 연구 동향 / 133, 144
전신반응 교수법 / 131
절충 교수법 / 127
제시 방법의 문제 / 181
제시 방식의 문제 / 181
제시 양상 / 176
종결어미 / 55, 65
주제 관련 지식 공유하기 / 22
줄거리 요약하기 / 23
중국 국내 말하기 주요 교재 / 261
중국 말하기 교재의 부족한 점 / 282
중국 성장기 연도별 논문 발표 현황 / 118
중국 현지 한국어 고급학습자 보조용언 사용빈도 / 92
중국에서 출판된 교재 / 262, 264
중국에서 출판된 교재 단원 구성 / 265
중국의 읽기 교육 / 235
중국의 한국어 교육의 시기 / 115
중국인 고급 학습자 작문 자료 구성 / 89
중국인 고급 학습자의 보조용언 사용빈도 / 90
중국인 고급학습자들의 작문자료 / 88
중국인 학습자 / 45, 59

중국인 학습자의 보조용언 사용빈도 / 91
중급 교재 각 활동 유형의 수량 및 비율 / 279
중급 교재의 단원 구성 / 267
지식구조 / 239
직설적 화행 / 46
직설적인 표현 / 60
직접적인 제시 방식 / 181

(ㅊ)

초급 교재 각 활동 유형의 수량 및 비율 / 278
초급 교재의 단원 구성 / 265
초창기 / 111, 115
추측 표현 / 50
축약어 / 33
침묵식 교수법 / 131
침체기 / 116

(ㅌ)

통사적 비자립성 / 83
통사적 오류 / 98
통사적 피동 / 201
통사적 피동 및 형태적 피동의 의미 혼동 / 222
통사적 피동 표현 오류분석 / 214
통합 교수법 / 127
통합적 교수법 / 125

(ㅍ)

평가 단계 / 21
표현항목의 단계별 분포 / 66
피동 접미사와 사동 접미사의 혼동 / 220
피동 표현 오류에 대한 지도 / 220
피동 표현의 개념 / 198
피동 표현의 유형 / 199
피동문의 회피 / 223

(ㅎ)

학습의 용이도(learnibility) / 183
학습자 중심 / 286
학습자 중심의 교수법 / 139
학습자 중심의 교육 / 283
학습자의 배경 지식을 활용 / 283
학습자의 필요(Learner's needs) / 183
한국 도약기 연도별 논문 발표 현황 / 113
한국 말하기 교재의 단원 구성 / 271
한국 한국어 교육 시기별 교수법 논문 발표 현황 / 112
한국어 / 136, 137, 146
한국어 교수법 / 122, 123, 132, 133, 139, 141, 144
한국어 교수법의 연구 동향 / 107
한국어 교육 시기별 교수법 논문 발표 현황 / 117
한국어 교육에서 활용한 교수법 정리 / 136, 146
한국어 교육의 시기 / 111
한국어 교재 / 174
한국어 교재 제시 양상 점유율 / 176
한국어 교학법 / 108
한국어 문법 수업 / 71
한국어 문법 수업의 개설 현황 / 71
한국어 정독 교재 / 64
한국어 정독(精讀) / 205
한국어 피동 표현의 각 유형별 특징 / 203
한국에서 출판된 교재 / 262, 271, 279
한국의 연구 동향 / 120
한국인 모어 화자 / 59
한국인 모어 화자의 보조용언 사용 빈도 / 95
한국인 모어 화자의 보조용언 사용양상 / 94
한자 교수법 / 123
한·중 연구 동향 비교 / 147
핵심 어휘 익히기 / 22
핵심어휘 / 244, 249
현시적 읽기 교수법 / 133
현지 학습자와 유학생 학습자 보조용언의 사용 빈도 대조표 / 96
협동 중심의 교수법 / 124
협력학습 문법 교수법 / 141
형식 스키마 / 240
형태적 피동 / 199
형태적 피동 표현 오류분석 / 207

형태적인 연습 활동 / 285
화용 교수법 / 135
화자의 발화 의도 / 40, 62
화제 마무리 / 163, 170, 172
화제 연결 / 162, 170, 172
화제 전이 / 164, 170, 172
확인 기능 / 57
확인 단계 / 185, 191
활동 유형의 개선 방향 / 285
활동유형의 측면 / 286
활용 단계 / 191
활용적인 활동 / 264

(E)

ESA 수업 모형 / 188

(L)

Littlewood의 네 가지 활동 유형 / 263

(P)

PPP 수업 모형 / 187